U0108066

八百萬種走法

一個小說家的步行人生

A PEDESTRIAN MEMOIR

STEP BY STEP

LAWRENCE BLOCK

勞倫斯·卜洛克——著　祁怡瑋——譯

獻給所有與我同行的夥伴，不分真實與抽象，無論是繞著某一座名字很難唸的湖，或在萬幸的命運之路上跋涉。尤其要獻給琳恩（Lynne），以我全心全意的愛。

也謝謝洛基和汪星人。

你必須繼續，
我無以為繼，
我會繼續。

——山繆．貝克特（Samuel Beckett）《無以名之》（*The Unnameable*）

行走，就是過日子的姿態

臥斧（文字工作者）

一直認為卜洛克是個慣於行走的人。

這個印象從當年初讀第一本「史卡德」小說的時候就有了。卜洛克寫了一系列以史卡德為主角的推理小說，故事裡的史卡德除了查案子之外，最常做的事大概就是走路了。他走過紐約的街巷，走過人心的滄桑——有時候光是讀史卡德走路，就會覺得這書實在太好看了，倘若不是卜洛克不是一個和史卡德一樣長時間行走的人，實在沒法子寫出這麼入味的行走風景。

你或許會撇撇嘴道：「走路」本身沒什麼好寫的。

因為卜洛克筆下真正吸引人的，是史卡德行走時的所見所思，似乎與「走路」這個舉動沒什麼直接相關——這麼想無可厚非，但這麼想也並不正確。往後翻幾頁，你會發現：在這本書裡，光是幼時學步這件大家都記不得自己是怎麼辦到的事，卜洛克都能寫得饒有興味。由是可見：落到能人手裡，就算只寫走路，都會值得一讀。

何況，這書裡的行走經驗，有許多超乎尋常。

例如一時興起，打算走遍美國每個相同地名的城鎮；例如一時興起，決定在歐洲不顧語言不大通信仰也不狂熱的事實，走上宗教朝聖路線；例如從走到開始跑馬拉松到改練競走，放棄比賽幾年後又莫名開始練習，甚至加入二十四小時的耐力賽……似乎都沒什麼理由得這麼做，但卜洛克走著走著（或跑著跑著），就變得似乎沒什麼理由不這麼做了。

更何況，這書裡一路走過的，不只空間，還有時間。

從年少時期的成長歲月（腳踏車騎不好，偷香菸倒是挺上手的），到求學階段的懵懂荒唐（「啤酒球賽」光用想的就覺得體能大考驗），從對寫作志業的選擇（他曾說過自己「絕對不會成為作家」），到與終身伴侶的相處（他結識了一個對他「不可思議地溺愛」的妻子）；加上用筆名發表的作品，已經出版超過一百本書的卜洛克在《八百萬種走法：一個小說家的步行人生》裡走過他的生命旅程，最後甚至走到這本書的寫作經過，出現一種奇妙的後設趣味。

嘿，先別急著翻頁。維持行走的速度閱讀就好。

因為人生中總會記住什麼，遺忘什麼，獲得什麼，錯過什麼；無論自認為用多快或多慢的步調前進，每段人生其實都維持著一定的速率。卜洛克的觀察及自省、幽默及嘲諷，讓這一步與下一步之間想像起來單調平乏的韻律充滿閱讀興味；透過行走，他一步一步認識了世界，也認識了自己，而在一個字一個字跨過去的閱讀過程裡，或許你也會在從這一行邁入下一行的剎那，讀到自己的人生片段。

所以，走吧。行走，就是過日子的姿態啊。

走路——逃避的最健康形式

張國立（作家）

許多作家熱愛跑步，村上春樹跑著跑著竟寫下《關於跑步，我說的其實是……》，連侯孝賢在金馬獎頒獎典禮上，也不忘提到他從跑步到健走的過程。美國幽默小說家約翰．厄文甚至將跑步寫在他幾乎每一本小說裡。我了解跑步或步行對健康的意義，也體驗過當跑到某一程度，腦內啡分泌出來時的快感，但看完卜洛克的《八百萬種走法：一個小說家的步行人生》，我恍然明白，原來步行是最佳逃避方式。

大學快畢業時我開始跑步，動機單純，趕緊練好身體準備入伍服役。當兵時「欣逢」（真是「辛逢」）郝柏村當陸軍總司令，要求官士兵每天都得跑五千公尺，我不得不繼續跑。退伍之後，跑步成了習慣，又住在溫州街，從鳳城燒臘前穿越新生南路便是台大運動場。每天跑，跑到下雨時渾身不對勁，對著雨怨天咒神。直到某段時期工作繁忙，連著幾年根本忘記跑步這回事，可是跑步已經成為某種宿命，它遲早會回來。

四十歲時它回來了，我在健身房內跑。醫生警告我，膝關節要顧呀。沒關係，我走。從健身房走到南京東路，走到上海，走到克羅埃西亞。凡是能走的，我幾乎不坐車。結婚前帶老婆去上海、南京看朋友與親戚，我帶著她逛外灘，走，走到她站在街角臭著臉說：

「我們都快走上高速公路了。」

愛走路究竟是種什麼毛病？

卜洛克在一九七四年九月戒了菸，一九七七年再戒了酒，事後反省，「我有這麼一股焦躁不安的精力，不知道該拿它怎麼辦」，於是他開始跑步。所以，跑步有平復心情、避免焦躁的功能。

一九八三年他和琳恩結婚，得到「我們不可思議地幸福快樂」，他再次反省，「情況讓人情不自禁想把事情解釋成我之所以投入跑步（以及最後投入競走），是出於我對自身處境的不滿足」。那麼，跑步更有安撫靈魂的功能囉？

這本書，卜洛克用跑步與步行記憶他的一生，看著他如何在兩條歷經滄桑的腿上，寫小說、結婚、旅行，進而享受高高低低的人生。書的最後幾句話是：

「重要的是走路本身，不是時間，不是距離，不是獎盃，不是獎牌，不是T恤。你必須繼續。我無以為繼。我會繼續。這就對了。」

哈，對喜歡折磨雙腳的朋友而言，多麼真實。我們因不同的理由而愛上走路，中間停過、傷過，到最後還是會穿上運動鞋出門，畢竟天底下還有什麼方法比走路更能逃避或者自我療傷？工作遇到困境，不能罵老闆；感情受到打擊，不能找個縫衣師傅請他將破碎的心重新縫合。我們走出門，不是有人說：人生是一步一腳印走出來的嗎？

看完書，我穿上運動鞋走了出去，恰好老婆買菜回來，她斜眼問我：

「我剛進門，你又去逃避什麼？」

忽然想起，洗衣機裡的衣服忘了晒——我說：

「走點人生去。」

楔子

如果我沒記錯……

我已經當了五十年的職業作家，除了四本寫作指導書，基本上我所寫的一切都是小說。（我確實以筆名發表過幾本疑似不是小說的著作，它們表面上是精神分析案例研究，但內容完全是杜撰的，實屬披著羊皮的小說。）

所以，對我而言，這是一次全新的出發。在接下來的篇幅當中，我所寫的一切都是原汁原味忠於事實。我知道這對回憶錄來說已不再是必要條件，有些回憶錄作家顯然會放任自己的想像力去改造現實，但當我想要發揮想像力時，我就會坐下來寫一本小說。在我看來，一本回憶錄的內容就該是作者所記得的事實。

顯然，不是每個人都在乎這一點。儘管歐普拉．溫弗蕾（Oprah Winfrey）和我深有同感，但當我表達我對其中一位這種想像派回憶錄作家的不以為然時，我女兒艾美（Amy）不能理解我何以如此激動，她說：「或許他捏造了一些片段，但我必須要說，我覺得還滿有意思的。」

好吧。至於那個希特勒呢？你想怎麼說他都可以，但這傢伙是個超殺的舞棍。[1]

1 一九四〇年希特勒接受法國投降後，在受降典禮上做出類似跳舞慶祝的滑稽舉動，典禮紀錄片中的這個畫面因而深植人心，習稱「希特勒的傻子舞」（Hitler's Silly Dance）。

所以，我謹守我的記憶，並且避免做任何改造。我父親沒辦法不誇大其辭地去說一個故事。他一心只想讓故事顯得更動人。這一點老是困擾我，而我總是反其道而行，堅守字面真相的界線。盡我所能忠實呈現。

你也知道，記憶是個狡猾的亞拿尼亞[2]。我深深懷疑那些陳年舊案——歷經數十年後，在某位厲害的催眠師協助之下，喚醒無意識的記憶，從而提出童年時期受到虐待的控訴。我發現，就連有意識的記憶都是個過度配合的目擊者，迫不及待要告訴你，你想聽到的說法。從潛意識裡硬拖出來的東西能有幾分可信？（何況同樣的治療師老是從一個個客戶腦子裡挖出諸如此類的記憶，豈不是很不尋常？）

有時候，我的記憶是個騙子。有時候，它純粹只是怠忽職守。我無意全心相信它，但如果我要寫自己早年的日子，卻又必須仰賴它，否則我還能徵詢誰呢？

舉例而言，我要說一九四九年跟兩個朋友傑瑞・卡普和瑞特・戈柏一起走路的故事。我至少還滿確定是這兩位與我同行。我記得的是這個樣子。

我不能問瑞特。他走了，死於癌症，而且都死十多年了。我可以問傑瑞，我們還是朋友，但他記得嗎？就算他記得好了，他的記憶憑什麼比我的更可靠？

2 Ananias，與其妻撒非喇（Sapphira）為聖經故事中代表欺騙的人物，他們私自留了一部分賣田所得的銀錢，卻向使徒謊稱全數奉獻。

再說了，那次是誰陪我在市區散步真的很重要嗎？

✦

這裡有個記憶打架的例子。一九六〇年，我是一票六個每週玩玩小額撲克牌戲的牌友之一。我們多數人都是作家，靠寫一些垃圾來磨練文筆兼賺取微薄的收入。為了共同的利益，我們當中有個人想出結合這兩項活動的主意。

比方說吧，假設這六位作家牌友聚在某個人家裡。其中五個人玩牌，第六個人到別的房間去寫一章小說。寫完之後，他回來玩牌，換另一個牌友去寫下一章。

以此類推。

玩個兩輪下來，我們就有十二章小說。我們總共也就需要這麼多。如果一切順利，到天亮就有一本書了。我們會把這本書拿給本身也是撲克牌玩家的經紀人亨利・莫里森（Henry Morrison）過目，他則會負責向出版社兜售，大夥兒再平分最後的收入。這將是有史以來第一場全體獲益的撲克牌戲。

事情能出什麼差錯呢？

我們六個人在莫爾・福克斯（Mel Fox）家集合——莫爾、唐・威斯雷克（Don Westlake）、戴夫・佛利（Dave Foley）、哈爾・德瑞斯納（Hal Dresner）、巴尼・馮恩（Byrne Fone），以及我自己。某人洗牌，某人發牌。某人到樓上去，坐在打字機前。

我不記得誰第一個上樓，但我確實記得哈爾、唐、戴夫和我是先上樓的四人，我們都以穩定的配速完成了自己那一章，並在回來玩牌時把它拋諸腦後。接著輪到巴尼・馮恩，而他提出了一個要求；對於讓自己徹夜保持清醒的能力，他不是那麼樂觀，而且他反正不是那麼愛玩牌，所以，不如他一口氣寫完兩章，然後直接回家睡覺？

我們都同意這樣也可以，他就這麼上樓開工了。沒過多久，他下樓來，已經以破紀錄的時間寫完不只一章、而是兩章的小說。我們祝他晚安——儘管那時可能應該要道早安了，如果要嚴格說來——他回家去，我們的東道主莫爾接在他後面爬上樓。

這時，時間停滯了。

幾個小時後，莫爾才搖搖晃晃地下樓，而我們其他人發現了問題的癥結。擔心會在牌桌或打字機前睡著的巴尼，吞了一把安非他命，想要藉此偷吃步。而我們幾乎可以確定，他飆完兩章小說的速度和這大有關係，但那同時也把他的腦子搞得面目全非，他寫出來的那兩章完全是胡言亂語。文法正確的胡言亂語，打字打得整整齊齊的胡言亂語，甚至是富有高度文學性的胡言亂語，但故事整個失去了輪廓，而且頁面上的每個字都是牛頭不對馬嘴。

這只是一半的問題而已。如果哈爾或唐或戴夫或我排在巴尼後面，問題就擺平了。我們四人都是軟調色情界的老手，馬上就會做出巴尼的篇章除了拿來墊在鳥籠裡之外別無用處的結論。我們會把那兩章丟了，直接從他開始的地方接下去。

但莫爾是這一群裡的菜鳥，他想都沒想過要質疑像巴尼這樣的前輩寫的作品。所以，他所做的是努力接著寫下一章，而且要把故事圓過來，但那根本是不可能的任務。這就是他為什麼會花了好幾小時，也是他為什麼最後下樓來的時候會一副遭受重度腦震盪的模樣。

事情差不多就這樣結束。天破曉了，我們的精神也渙散了。我們把籌碼換成現金，回家去。

事隔經年。在這段期間，戴夫．佛利得了血癌，不幸英年早逝。而我們在某個時候，挖出那不完整的草稿——我們已經習慣稱它為《色肏》（*Lust Fuck*）——砍掉巴尼那兩章，也砍掉莫爾奮勇寫出的續章，唐、哈爾和我輪流把斷簡殘篇補足，直到終於完成一份就算不是書、也有一本書那麼長的稿子。我們把它交給亨利，亨利把它賣給我們固定合作的出版商比爾．哈姆林（Bill Hamling），每一分錢的收益——一千美元？一千兩百美元？——則給了戴夫．佛利的遺孀珊蒂．佛利。就我們所知，亨利的老闆史考特．梅瑞迪斯在這筆交易當中沒有抽一毛佣金。而我要告訴你，這一點是這整件事裡最不可思議的部分了。

以一次共同創作的實驗而言，《色肏》是一場難堪的失敗，但其軼事價值高過所有相關人等應得的酬勞。年復一年，我不知道說過這則軼事多少次，唐和哈爾也是。

但我們沒有一個人像某個傢伙一般，把這則軼事講得那麼言過其實。那個傢伙像亨利一樣也是史考特．梅瑞迪斯旗下的經紀人。他也是我們每週撲克牌局的常客。而且，儘管當時我們沒有一個人知情，但他用筆名為哈姆林寫書，藉以在經紀工作之外賺取外快。（最後這件事，他之所以保密，可能是為了避免利益衝突。）

我不會把他的名字說出來讓他難堪。他這人不討厭，也是個稱職的文學經紀人，整體而言，他絕對是這世上的好人一枚。

而且我必須要說，這人超級能言善道。他以無比的熱情鉅細靡遺地介紹《色肏》的故事。在他的版本中，他也是我們在莫爾．福克斯位於皇后區的家中作客的成員之一。在樓下，他是積極投入撲克牌局牌友；在樓上，他是打字機前盡心竭力的寫手。

可是，你瞧，在場的沒有他啊。我的老天爺，他不可能在那裡。那時我們甚至不知道這婊子養的是個作家。

他單純是覺得把自己放進去會讓故事變得比較精采嗎？又或者，一如某個關於O・J・辛普森[3]的理論所主張的，他以自己的方式說這個故事說了太多次，多到連他自己都信以為真了？我不知道，也不在乎。我知道他不在那裡。他或許知道，也或許不知道。事到如今——事實上，不管是在什麼時候——到底有什麼差別呢？

✦

啊，好吧。

我得格外努力避免過度使用像「如果我沒記錯」、「就我記憶所及」以及「我還記得」之類的句子。讀者可自行假定每一件我所追述的事件都有這樣一句沒說出口的開場白。

所以：據我所知，接下來的一切都是事實。

✦

還有另一件事應該把話說在前頭，儘管各位可能很快就會自己發現了。

這本書是自我耽溺之作。

在我看來，這個傾向是伴隨文類而來的。一本回憶錄若非自我耽溺之舉又是什麼？一個人之所以會寫回憶錄，背後便假設了自身的經驗與觀察是別人會感興趣的。業經證實，此一假設往往沒有根據，這或許也說明了何以有這麼高比例的回憶錄是自費出版，又或者根本沒有出版。

3 Orenthal James Simpson，*1947~*，美國球星，被控犯下殺害前妻及其友人，但自稱無罪；即著名的辛普森案。

就我而言，我發現要完成這本書，唯一的辦法便是任由它的每一個字都盡情自我耽溺。可以確定的是，這本書是我身為一名步行者的經驗紀錄；而這書本身如果是位步行者，那它就會是一名晃遊者及漫步者，並不急於衝到終點線，而且隨時可能踏上一條看起來很迷人的岔路。

我發現，「回憶」是一場離奇的探索。人的記憶是一棟有著許多密室的房子，走進其中一間，就會有一道暗門彈開，引誘你走進某部分多年未曾探訪的過往。但就這樣，你一腳滑了進去，另一扇門又打開了……

第一部

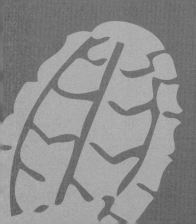

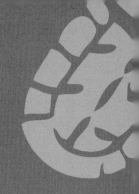

1 我沒辦法繼續，卻蠢到沒能棄賽……

星期天的氣象預報是全天下雨。

馬拉松就像美式足球賽，天氣不足以導致賽事取消，除非情況非同小可。颶風便有這等威力，但時間是二〇〇七年二月，懺悔星期二[4]過後的週末，還要幾個月才是颶風季。所以，星期天會下雨，而我們會做馬拉松選手在下雨時做的事。我們會任憑風吹雨淋。

我不介意淋濕。小時候，我母親向我保證過我不會融化。截至目前為止，她說的都沒錯，儘管一年前我一度起疑。

那是在休士頓，二月的最後一個週末，我去參加一場二十四小時耐力賽，場地是熊溪公園裡一條兩英里長的環狀柏油路。比賽在早上七點展開，過了大約一小時，天上下起雨來，連下八小時左右才完全打住。有時是毛毛細雨，有時是傾盆大雨。但天上降下來的雨水事小，要命的是降下來之後的雨水。賽道排水不良，整趟路途有很多區塊都水深及踝。這讓我慢了下來，也讓我縮短了步伐，還把我的腳泡得亂七八糟，而且我可以告訴你，這對我的脾氣有害而無益。更有甚者，它搞得我大概比了十八個小時左右就半途而廢，留下六十四點二五英里的個人紀錄。雖然已經超

4 Mardi Gras，或稱懺悔節，許多地方舉行嘉年華會等活動慶祝這個節日，尤以紐奧良、莫比爾和雪梨三地為盛；接下來即展開基督徒的大齋期。

越我上一次的二十四小時耐力賽，但也只多了一英里。如果地面乾燥，我不知道我可以在休士頓撐多久，但我還滿確定至少能再繞場幾圈的。

所以，我不太期待紐奧良的賽事下雨，但無論晴雨，我都會出現。我不會融化。

✦

我太太，琳恩，和我在星期五飛到紐奧良。

（如果你願意，不妨注意一下在她名字前面和後面的逗號。這個句子沒有它們會比較流暢，但逗號之所以在那裡是有原因的。它們代表琳恩是我唯一的太太。稍早我也提到我女兒艾美，而且不必用兩個逗號把她框起來，因為她是我三個女兒之一。如果我只有一個女兒，我就會用這一組逗號。如果我沒把這一組逗號用在琳恩身上，你絕對有權利懷疑我犯了重婚罪。說來這是一種語言上的講究，就像假設語氣之類的東西，似乎主要是設計來供會講究的人自我感覺良好之用。我很樂意省略這些逗號，但我不想讓你覺得我不只有一個太太。一個就很多了。）

她通常不會陪我去馬拉松——她有她的生活要過，就算我沒有——但她在紐奧良出生，始終對那裡深懷眷戀。前一年，我們就南下參加懺悔星期二馬拉松，並計畫要再來一次，只不過有一點不同；星期二她就會先回紐約，我則多留一個月，把一本書寫出來。那是一本我摸索了一年多還沒有進展的書，我很害怕面對它，但它讓我提心吊膽的程度絲毫不比這場馬拉松。

三星期前，我去加州的杭亭頓海灘走了太平洋岸馬拉松。比賽在一個很美的濱海場地舉行，天氣好得不得了，我一路漫遊，不疾不徐。直到走了十六英里左右，腳前掌突然一陣劇痛，痛得我大有可能停下來，要不是這場比賽的路徑是要沿原路折返，我唯一能回旅館的方式就是繼續走下去。我的腳真的痛得滿厲害的，但我還是忍痛保持速度，就這樣又過了四、五英里，腳不痛了。我從不知道它為什麼不痛了，但話說回來，我也從不知道它為什麼會痛。我走完全程，拿到獎牌，吃了八到十顆柳丁和任何我找得到的東西，接著去我的房間沖澡，把腳抬起來休息。

而我的腳狀況可不妙。賽程中給我惹麻煩的右腳，在會痛的地方什麼問題也沒有，至少我是看不出來。但小腳趾就問題大了，外層皮膚像脫手套似的剝了一層下來，連指甲也一起帶走了。並沒有很痛，而且我有自信少了那層皮也活得下去，少了那片指甲也沒差。

話雖如此，那玩意兒都跟著我六十八年了……

✦

幾天後，我去《深夜秀》（*The Late Late Show*）當來賓，一心只想談走路這件事，但克雷格・費格斯（Craig Ferguson）一直要把話題拉回我的書上頭。他想知道我最近在寫什麼樣的作品，而當然了，我什麼也沒在寫。

那是二月的第一個週末，接下來的三週我回到紐約，為紐奧良的賽事做著微乎其微的準備。二〇〇六年，他們在二月的第一個週末舉行賽事，在懺悔星期二之前而非之後，那次是我在這個體育項目上最大的一次勝利。我以五小時十七分完賽，是我在同樣距離走出的最佳成績。（一九八一年時我的速度更快，那年我完成五場馬拉松，但有三場都是半跑半走。一九八一年的澤西海岸馬拉松，我確實以四小時五十三分走完，但當時我四十三歲。二〇〇五年重拾競走活動時，我已六十六歲了。在那之後，紐奧良的五小時十七分是我的最佳成績。）

我不只破了個人紀錄，還真的贏了比賽。紐奧良是少數幾個有競走裁判的馬拉松，抵達終點之後，我得到一面男子組競走第二名的獎牌。前一個月，我在莫比爾市也得到一樣的名次，但那次的勝利相形失色，因為參賽的只有兩個人。在紐奧良，我是七、八個參賽者中的第二名，而排名第一的那個佛羅里達年輕人只贏我四十二分鐘。

但當時是當時，現在是現在，如今五小時十七分看來遙不可及。尤其萬一下雨的話。又尤其萬一我在杭亭頓海灘遭遇的腳痛再度歷史重演的話——這在我偶一為之的訓練當中不時發作。

✦

星期六的天氣還可以。那天的重頭戲是和格蘭．米澤相見歡，我對他的認識僅止於他在步行者網站（Walking Site）的貼文。在我的建議之下，他和凱洛訂了法爾柴德之屋的房間，琳恩和我向來都住那裡。它在下花園區的普利塔尼亞街，馬拉松參賽者會經過那裡兩次，分別在十五英里和二十四英里的時候。格蘭在星期六的下午上來到我們的房間，我們倆一拍即合。我沒有用錄音機錄下來，但後來我發揮最佳的記憶力，把我們的對話貼在論壇上：

「喔，我的狀況不太妙，能站上起點線就是奇蹟了。自從上一場比賽以來，我還沒出去練走過。」

「你的狀況還是比我好，夥伴。上一場比賽，我甚至走都沒走呢。幾個老傢伙把我揹在背上，揹過終點線。」

「昨天我倒是出去走了幾分鐘，但我得用拐杖。」

「我弄了一副四腳助行器來用。」

「今天早上我本來也要用助行器的，但我試著要從輪椅上爬起來的時候，一下子失去重心。」

「你的輪椅是手動還電動的？」

格蘭也是一名競走同好，而且走得比我快，又比我年輕。然而，最近某種不知名的創傷迫使他必須在快走當中穿插很慢的慢跑——「超慢跑」，他這樣稱呼那種跑法。所以，他必須以跑者的身分參賽，而不能歸到競走的類別。這個消息並未讓我心碎。

我們也聊了天氣。氣象預報已經從週日全天下雨改成週六晚間開始下雨，到比賽開始後一小時左右雨停。我們講好風雨無阻都會去——我猜格蘭的媽媽也跟他透露過他不會融化的消息——但放晴當然更好。我們就聊到這裡打住。

琳恩和我到隔一個街廓的聖查爾斯大道上的義式餐廳用晚餐。我遵循傳統吃了一碗義大利麵。我不知道這年頭還有沒有人在管肝醣超補法[5]，但每個人都知道在參加馬拉松之前你就該吃義大利麵。何況這麼做也不算太大的犧牲，畢竟是吃義大利麵，又不是吃蜘蛛，何樂而不為呢？

儘管如果有人證明或強烈建議馬拉松選手在賽前一晚吃蜘蛛能有更好的表現，唔，我敢打賭義大利麵醬裡就會有一堆各種各樣的蜘蛛在游泳……

✦

夜裡下了一陣子的雨，但不是傾盆大雨，而且在天亮前就完全止住了。我早早起床，吃了一條能量棒當早餐，更衣，把我的兩塊號碼布別上。（競走選手會多發一塊號碼布，用來別在背上，裁判就能一眼看出誰是競走選手。）格蘭在外頭等著，琳恩開車送我們倆到超級巨蛋——比賽開

5　carbo-loading，指賽前增加人體內的肝醣儲備量以促進表現，主要是透過補充高碳水化合物的食物來達成。

始和結束的地方。

開賽之後，格蘭以他的超慢跑跑了出去，消失在遠方。我則以溫和暖身的步調緩緩漫遊，在最初的三英里左右，一切都還順利。

接著，我的腳痛了起來——右腳，就是在加州時困擾我的同一個地方。情況並不糟，是我能忍受的程度，事實上，是我能忍痛走下去的程度，但如果不痛當然更開心。我當下立刻明白，反正我心裡可以有個底了——去年的五小時十七分，想都別想。但是沒關係，我還是可以撐過這場比賽，並且以差強人意的時間完賽。

跑道往西，穿過法語區，出去到市立公園，我們在那裡轉彎，沿原路回超級巨蛋。到了那裡，對半馬選手而言，比賽就結束了；對其餘的人而言，則已跑完一半。大約在第八或第九英里處，我判定要走完二十六英里將會超過我的負荷。我決定我應該做的是走完半馬的路程，在十三點一英里處結束，收工回家。

現在的我常有諸如此類的念頭。一場比賽進行到某個階段，我往往就會決定去它的不管了，而「我太老了，做不動這種屁事了」這句話就會像一首老歌般反覆迴盪。事情是，你瞧，我從來不認輸——或至少還不曾認輸過。四十出頭歲時，有時我一年參加四十場賽事，從來不曾在抵達終點線前半途而廢。這樣的紀錄比較是一種毅力的證明，而不代表我很明智，因為有幾場賽事旁人絕對會說放棄得好，但截至目前為止，我始終堅持撐到終點線。

（二十四小時耐力賽則略為不同，容我稍後再談。）

儘管如此，就像自殺的念頭可能伴著一個人度過整個糟糕的夜晚，撤退的念頭也能讓一個人屹立不搖堅持下去。我告訴自己，完成一半賽程我就不玩了，但當我來到半馬參賽者要向左轉越過他們的終點線之處時，我卻跟著其餘全馬參賽者一起向右轉。

現在，跑道要往上穿過花園區，接到奧杜邦公園，繞公園一周再往右回到超級巨蛋。普利塔尼亞街是這條路徑上的主要幹道，而法爾柴德之屋就在我們的路線上，先是在十五英里處，接著到了二十四英里左右再度經過。就算我半途而廢好了，我還是得回到法爾柴德之屋，所以我決定繼續下去，至少到我抵達那裡為止。

就這麼辦。繼續下去，到我抵達法爾柴德之屋為止，接著就去我們房間躺下來，然後六月下旬的安克拉治馬拉松就別去了，而且這輩子都不要再做這些狗屁倒灶的事情了。

琳恩在法爾柴德之屋前面等。我告訴她我腳痛，但我想我會再撐一下，因為情況沒有惡化。於是，我繼續沿著普利塔尼亞街前進，並在拿破崙大道折返，回到普利塔尼亞街，在大約十七點五英里處，我的右腳小腳趾突然一陣前所未有的抽痛。相較於腳前掌的痛楚，小腳趾的痛算是輕微的，在此之前還沒難受到值得一提的地步。但現在，毫無預警地，那裡感覺就像有一輛坦克車輾過。那種痛難以言喻（儘管似乎沒能阻止我設法形容一下），而且我每走一步它就又痛得像燒起來似的。

突然間，我只能慢慢走，甚至是可憐兮兮地瘸著走。我在原地呆站了一兩分鐘，考慮接下來要怎麼辦。如果這是在半小時前、我人在法爾柴德之屋時發生的，答案就很明顯。我會當下立刻喊停，毫無疑問。但現在我已離法爾柴德之屋二英里遠，而我手上有的兩個選項都牽涉到繼續走路；我可以走回去或走下去。

話說回來，那股劇痛也有機會像來時那般突然消失。所以我一拐一拐地走下去，給它那個機會。

它沒有消失。格蘭出現時，我一拐一拐地走著。他已經抵達位於奧杜邦公園的折返點，正在返回超級巨蛋的路上，而且他自己也感覺很糟；他喝了某種讓他肚子不舒服的運動飲料。他問我打算怎麼辦，後來又說如果當時我說要棄賽，他自己也會棄賽，陪我走回法爾柴德之屋。但基於某種原因，我說我還要再撐一下下，我也確實這麼做了。

接下來的兩英里路，我花了一小時走完。讓我撐下去的念頭是如果在抵達折返點之前就往回走，結果腳卻不痛了，那我會作何感想。我一定會非常惱怒。所以我繼續跛著腳走，盡可能忽略那些問我「你還好嗎」的人（當然不好啊，廢話，否則我就會好好走路了），以及那些想要知道我需不需要電解質補充錠或能量膠的熱心人士（謝了，但吃這些對我的腳趾能有什麼幫助？）。到我抵達奧杜邦公園，展開沿著公園走的一點五英里環道時，我認清我的處境了。我痛得無法繼續，但又蠢到沒能棄賽。

這變成我的一道咒語。「我沒辦法繼續。」我告訴自己。「我蠢到沒能棄賽。」我回應自己。我沒辦法繼續。我蠢到沒能棄賽。沒辦法繼續。蠢到沒能棄賽……

繞行公園時，我的腳痛緩和到可以不用跛著走的地步，但還是只能慢吞吞地龜行。離開公園、朝二十一英里的指標邁進時，我的速度加快了一點點。這時，我發現我可能終究還是可以完成比賽。唯一的問題是我能不能在他們預定比賽結束的七小時內抵達終點線。我不在乎我是不是要花足足七小時，不在乎我是不是最後一個越過終點線，但我真的很想完賽。

而那股疼痛消退了。我實在是不知道怎麼會這樣。冥冥之中有一股力量介入，但我很難想像是有個天神閒來無事，索性協助這位年邁的運動員繼續他的愚行。我能想到最有可能的是：提出抗議的神經系統判定我顯然收不到訊號，既然如此，何必再白費功夫傳遞訊息？**對這個蠢蛋最有**

利的選擇是停下來，但他真是蠢到不知該停，就像他嘟嘟囔囔自言自語的那樣，所以咱們幹嘛在他身上浪費時間？

若是撇開擬人化的觀點不談，我就不確定還能有什麼解釋了。就像其他萬事萬物，疼痛的存在自有其目的。以這個例子而言，它的目的在於警告這個生命體他已經對自身的某一部分造成損害的事實。訊息已經傳遞給他，而且挾帶著敵意；他已經忽視了這則訊息；因此便沒有必要再繼續傳遞，傳遞的動作於焉停止。

我試過向一個朋友闡述這套理論，但他搖搖頭，反過來對我大談腦內啡。他告訴我，我的大腦開始分泌腦內啡，而腦內啡比嗎啡還更能痲痺痛覺。嗯，好啦，但促使大腦分泌這一波腦內啡的是什麼？運動嗎？我已經運動了幾小時，也正因如此才會搞得腳痛。我還是喜歡我自己的理論，而且這套理論也有容納腦內啡的空間。大腦明白到它所送出的訊息被忽略了，便召喚了一波腦內啡，啟動取消訊息的機制。是吧！

腳不痛了，我得以重振旗鼓。抵達法爾柴德之屋時，我以從容不迫的速度快走。最後的兩英里路，我以我正常的競走步調移動，算是差強人意了。終點線映入眼簾，我開始全力衝刺，最後以六小時三十四分二十五秒的個人時間[6]通過。這比我去年在同樣的場地多花了一小時又十七分鐘，也比我走最慢的一次馬拉松足足多出半小時，但這次卻感覺是我最大的一次勝利。

「除了我那可悲的固執脾氣之外，我實在不曉得是什麼讓我繼續下去。」我在我的比賽報告

6 net time，指運動員個人從起跑線至終點所花費的時間，現在許多賽事均採用電子晶片計時，故又稱「晶片時間」；相對於鳴槍後起算的大會時間（grosstime）。

上貼文道：「但無論是什麼，我都很感激。」

✦

越過終點線之後，他們在我的脖子上掛了一面獎牌，而且在體育場坡道的頂端還剩很多食物和飲料。更重要的是，琳恩在那裡。我在二十四英里處經過她之後，她就動身前往超級巨蛋。她開車載我們回到法爾柴德之屋，要不了多久，我就雙腳抬高地坐在椅子上了。

不過，我拖了一陣子才把襪子脫掉，因為我很怕即將面對的結果。我還是令人訝異地一點兒也不痛，但襪子滲出的血足以讓我知道情況超乎我的想像。最終，我還是把襪子剝掉了，那根腳趾看起來不妙，但也沒有太糟，很難理解它怎麼會痛成那樣。

我為它纏上繃帶，接著就繼續過我的日子。那天晚上，我們在旅館房間裡吃飯，琳恩出門去，帶了披薩回來。到了第二天，我就可站可走，生龍活虎了。第三天是星期二，琳恩自己開車去機場，還了我們租來的車，搭上飛機回家去。我則到書桌前坐定，打開我的筆電，開始寫那本新書。

情況很順利。星期三或星期四，我走過一個街廓，走到聖查爾斯大道的健身房，成為一個月的會員。接下來待在那裡的時間，我每週去個幾次，在跑步機上投入一小時左右，再搭配一小段短暫的重量訓練。天氣從頭到尾都很好，早晨涼爽，夜裡則溫暖得多。我可以走在聖查爾斯大道的中央分隔道上，在卡崔娜颶風迫使它暫時關閉之前，電車就在這裡開來開去。但結果我發現這有點太過刺激，我還是玩玩跑步機就夠了。

我給這本書五星期的時間，而我只花三星期多就完成了（如我所說，情況很順利）。那個星期，我逗留在外，花了其中一天在法語區遛達，另一天沿著彈藥庫街漫步，再一天沿著普利塔尼亞街走到鄰近的一家電影院看電影。其中有兩英里路，我走在馬拉松的路徑上，卻仿如初見。今年和前一年的馬拉松，我各經過它兩次，我還以為自己當下清楚意識到周遭環境了，但我其實從未認真注意過比賽以外的一切。何況我在比賽或訓練時不會戴眼鏡（我只需要用它來看東西）。這是一條迷人的街道，這個普利塔尼亞街，我很高興自己好好看了它一眼。

我花了當初買機票一樣的錢更改機票，提早一週飛回紐約。琳恩讀了那本新書——《殺手打帶跑》（*Hit and Run*），我第四本關於職業殺手凱勒的書——說它很精采，我的經紀人和編輯也認同。需要修改的地方微乎其微，大概只花了我一小時。書完成了。直到六月二十一日的安克拉治馬拉松之前，我都沒有別的比賽，而我可以去比，也可以取消，隨我高興。

一切都很美妙。我決定這本書會是最後一本預先簽訂合約的書。從今以後，我只在想寫的時候寫，並在完成之後找出版社出。如此一來，我就再也不會落入欠誰一筆書債的處境，而這樣就趨近於我一直認為自己需要的正式退休狀態。

一週有幾次，我會換上運動鞋，出門沿著哈德遜河走路。過去幾年，他們把河濱整頓了一番，使得那裡變成一個適合運動的好地方。所以，我會出門一兩個小時，再回家讀點東西，或者坐在電視機前。

✦

我回到家差不多是接近三月底的時候，有好些超馬賽事即將展開。早前我曾考慮愛荷華州的玉米帶二十四小時耐力賽，它在四分之一英里長的賽道上進行，每隔四或六小時（我忘記確切是哪一個），所有逆時鐘行進的參賽者都要改成順時鐘，只為了避免比賽變得無聊。

（事實上那不是它真正的目的啦。我想之所以要這樣，是為了避免你變成長短腳。而且，儘管我認識的多數人對於那份可能伴隨著這種賽事而來的無聊都覺得頭皮發麻，我卻從來不去考慮無不無聊的問題。如果我能穿越普利塔尼亞街四次都不曾注意過兩旁的美屋華廈，景色如何對我又有什麼差別？有的人會在跑步機上跑個一百英里——是一口氣，不是分批累計——這聽起來也不無聊；聽起來天殺的要人命，但並不無聊。）

玉米帶二十四小時耐力賽在五月的第一個週末舉行，我之前想過要參加，不過在紐奧良之後就沒去認真考慮了。但在玉米帶之後一個月，是明尼蘇達州的FANS二十四小時耐力賽（FANS是簡稱，而且比Family Advocate Network System〔家庭倡導聯盟〕說起來順口；這場年度賽事是要為這個單位募集資金來的）。FANS這一場看來我參賽有望。我深思熟慮了一番，最後決定不想讓自己受到那麼嚴峻的考驗。我還是保持每週輕鬆練走個兩三次，看一點電視，讀一點書，然後舒舒服服地陷入憂鬱之中。

我有罹患臨床憂鬱症的朋友，而我離那種地步還很遠。他們沒辦法下床，滿腦子自殺的念頭。他們之所以過不下去，只是因為提不起勁。我的症狀差他們個十萬八千里，甚至輕微到我很猶豫要不要用這個字眼，但也沒別的字眼可用，憂鬱就是憂鬱。

於是，我憂鬱地進行活著的種種動作。我能做的就是看看我訂閱的那兩個步行同好論壇；我每隔幾天才會看一下，而且不可能在上面貼東西。當我成功逼自己出門走走時，我的思緒飄來飄去，一下子想著報名FANS的賽事，一下子想著取消安克拉治的賽事。

四月底左右，我的朋友安迪·凱博貼了篇有關他生平第一場連日賽的報告，那是在皇后區舉行的親穆儀馬拉松。（親穆儀大師〔Sri Chinmoy〕是一位心靈導師，他啟發他的弟子在運動上自我超越、挑戰極限，主要是在耐力賽方面；他的組織在世界各地舉辦相關賽事。）

要不是憂鬱的緣故，我可能會出門去看看安迪比得怎麼樣。那裡搭個地鐵就到了，但在我的感覺上卻有蒙古那麼遠（我去過蒙古，而且玩得並不開心）。安迪堅持了整整六天，總共走了兩百三十五英里。他貼的比賽報告主要是在解釋為什麼他的成績那麼差，以及他從這次經驗學到什麼教訓。沿著公園裡一英里長的環道走六天！六天！兩百三十五英里！等於是六天九場馬拉松。他卻對自己的表現很抱歉？呿……

✦

讀到安迪的報告時，我自己已經做出決定。四月二十六號那天，我把報名表印出來，把一張支票寄到明尼蘇達州，給FANS那場比賽的辦事人員。

我有五個星期可以為走二十四小時做準備。我不知道五個星期的準備夠不夠，也沒理由相信我的腳可以迎接挑戰。它們在杭亭頓海灘給我找麻煩，又在紐奧良讓我生不如死。

如同我急於向琳恩解釋的那樣，我所知道的很簡單：亦即如果能夠選擇，我寧可因為虛脫被送進醫院，也不要是因為憂鬱。

✦

而這招奏效了。

一天我完成了報名。第二天下午，我就出去練走，走了一小時。第三天，我走了兩小時。第四天，一小時。第五天，三小時。

在最初這幾天的某一刻，我不再憂鬱了。

腦內啡，毫無疑問。每個人都會告訴你，運動促使腦部分泌腦內啡，隨之讓你產生一種幸福感。太常有人用「跑者快感」（runner's high）來形容它了，但就我年復一年做過的所有跑步和走路運動來說，就運動為我帶來的所有愉悅感受來說，我從來沒體會過什麼我會稱之為「快感」的東西。

但或許使用這個字眼的人年輕時疏於體驗那些改變情緒的化學物質，他們哪知道什麼叫做快感呢？

管它的。在我看來，這件事值得注意的地方，不在於腦內啡帶我上天堂，而在於我從紐奧良回來之後的幾星期，這同一種運動並沒有製造出什麼腦內啡。我每週都出去走幾趟，每次一兩個小時，只換來晒黑的皮膚和汗濕的頭帶，不見腦內啡的蹤影。現在，突然之間，在同樣的場地上的同一種運動，卻把我變成歡樂小啡啡[7]。

不只是走路的緣故。在我看來這很明顯。重點是我報名了一場比賽，這場比賽為走路這件事以及我的生活帶來一種疑似有個目標的幻覺。我到外面走來走去，不是為了心情好、保持身材，或要趕走我內在的沙發馬鈴薯，而是懷著一個把我自己準備好的崇高目標——到底，是要準備來幹嘛呢？

幹嘛？就是去明尼蘇達州一座無辜的小湖邊走無數遍的二點四英里啊。

7 此處原文為Little Endorphin Annie，典故出自艾倫·狄珍妮（Ellen DeGeneres）的脫口秀。她以擬人化的方式詮釋能帶給人幸福感的腦內啡，並為其取名為Little Endorphin Annie。

而我辦得到嗎？我有足夠的時間做充分的訓練嗎？我的腳撐不撐得住？

這些都是無法回答的問題。我想，最糟的情況是，我可以充分訓練到能夠繞諾科米斯湖走二十六點二英里。這是一場馬拉松的長度。如果我辦到了，就可以把明尼蘇達州加到我的馬拉松生涯清單上。我告訴自己，這樣我就滿足了，但我知道我不會滿足。自二〇〇五年七月以來，我參加過三場二十四小時耐力賽，每一次的表現都比前一次進步，儘管只進步了一點點。最近的一次比賽是二〇〇六年七月在麻薩諸塞州的威克菲爾德鎮，我走出六十六點三英里的成績。所以，我要明尼蘇達州的比賽打破這個紀錄。而且我要轟轟烈烈地破紀錄。我這年紀如果能走出六十八英里就太漂亮了。七十英里又更好。

也說不定不可能啦，但以目前來講，那不重要。我在走，而且是為了某個理由而走。如果我不發自內心地自我感覺良好，那才有鬼了！

2 別人騎單車，我走路

我一輩子都是個步行者。

唔，等等，不完全是這樣。在成為步行者之前，我是爬行者。在更之前，我只是躺在那裡的一坨肉。

或者據說是這樣的，但我不能說自己記得那一切。有意識以來，我的童年記憶都是我已經學會走路的時期。我甚至不記得學步的過程——站起來，跌下去，再站起來，再跌下去。要我相信有這個過程並不難，但我不記得了。

不過，仔細想想，我特別有一次爬行的記憶。那是在我早已學會走路之後，我想我一定是四歲。不可能大於四歲，因為我們還住在水牛城的園側大道。而我們搬到幾條街外的斯達仁大道時，我還不滿五歲。我也不可能小於四歲，因為我爬過客廳去看報紙。所以我已經大到能讀，或至少認得幾個字。

所以，我已經學會走路好一段時間了，我坐在地上不曉得在幹嘛，然後我想看看報紙，本來我要站起來走過去，接著卻突然覺得不必這麼做，我大可繼續待在地上，用爬的過去。我記得自己認為這樣會很好玩，我也記得自己就這樣爬起來了，但我不記得到底好不好玩。我猜答案是肯定的吧。

從那次之後，我不認為我還爬行過，除了在抽象比喻的層次之外。但我確定如有必要，我還是能這麼做的。

✦

對於不記得學步的過程，我感到很遺憾，因為那是一個奇蹟。喔，不是我個人的奇蹟，儘管以我先天的笨拙來講，這或許是個比一般學步兒稍微大一點的成就。不，我相信學會步行是全人類的超凡成就，而且是意志的勝利，而非進化的奇蹟。

沒有人生下來就知道怎麼走。草食動物從娘胎一落地就會站會走，牠們必須如此，否則無法跟上團隊。但人類嬰兒生下來就像倉鼠一樣無助，步行是他們必須學習的一件事。

或者有人會說是必須自學的一件事。沒有指導手冊供你閱讀。除了做給你看，父母也沒辦法教你怎麼走。你爬行了一陣子，接著你站起來、跌下去，然後你又站起來，又跌下去。再接著時候到了，你站起來，走個幾步，再跌下去。

如此如此，這般這般。

而這件事之所以是奇蹟，就在於：除了重度殘障者以外，每一個孩子都學會了，而且做得很好。有些起步較早，有些起步較晚。有些跌得很輕，有些跌得很重。但每個人遲早都會走路。

沒有人氣餒。沒有人放棄。每個人都堅持不懈。而這一切並沒有獎賞的鼓勵或懲罰的威脅，沒有上天堂的期望或下地獄的恐懼，沒有紅蘿蔔引誘，也沒有棍子伺候。跌倒，起來，跌倒，起來，跌倒，起來——起步走！

太神奇了。

如果你願意，不妨想像一下一個成年人置身類似的處境。想像這個成年人腦袋裡跑過的念頭：

去它的。如果結果只是又跌下去，我起來幹嘛？我要是繼續下去，只會搞得遍體鱗傷，而且徹底顯得自己像個天殺的笨蛋。

在地上爬有什麼不好呢？我爬得很好啊。要去哪裡都沒問題。如果上帝不要我們到處爬來爬去，那祂幹嘛給我們手和膝蓋？

誰說每個人都該走路的？有些人可以，但那並不代表每個人都可以。首先，你要有平衡感，你的腳和眼睛要協調，而有些人在這些方面就是沒有天分啊！

我痛恨跌倒。那感覺像個失敗者。何必一直重複這個過程，加重那種挫敗感呢？徒勞無益嘛。

到底是有什麼意義呢？我是說，天底下也沒什麼我真的非去不可的地方，待在這裡有什麼不好？

去它的。如果他們覺得會爬還不夠好，他們可以把我抱起來揹著我，因為我已經受夠了。我不幹了。

但人類從來沒有這樣。我沒辦法揣測一個孩子在學步時腦袋裡想些什麼，但我不認為他浮現過一絲放棄的念頭。他遲早會學成。而且，一旦學會了，他就再也不會忘記。怎麼說呢，那就像學會騎腳踏車一樣。

說到這裡，問題來了。

✦

我學不會騎腳踏車。

讓我們打開天窗說亮話。對一個男孩來講，不會騎腳踏車幾乎就像不會走路一樣失敗。在我生長的水牛城，你到哪裡都騎腳踏車。你騎腳踏車上學，你騎腳踏車出去玩，除了少數遠到需要搭公車或電車或請父母開車的地方以外，你到哪裡都騎腳踏車。

還是個小小孩的時候，我有一輛三輪車，我騎那個沒問題。從來沒人需要學騎三輪車。你把腳放在踏板上，踩下去，這能有多難？不需要做平衡的動作，因為這玩意兒不會翻過去。事實上，想把它翻過去還要費一點工夫。

所以，我騎三輪車沒問題。一直到我七歲或八歲，其他小孩大多有了第一輛二輪車的時候，我得到一輛四輪車。那是一項怪異的新發明，要靠臂力推進。你握住把手，將把手往你的方向拉，再把它們推回去，這東西就會以還算過得去的速度往前滑。除了我那台，我從沒看過別的四輪車，也沒看過別的小孩有，但近年來我看到某個東西的照片，那東西看起來很像我有過的那台車，而且它的名稱似乎叫作「愛爾蘭郵務車」。

不曉得我那台到哪裡去了。我想我長大就不騎了。我想我爸媽把它送人了。我想它早就鏽成廢鐵了吧。而且我想我也不可能靠它有什麼出息，但它是我珍愛的回憶。而且我可能騎它騎得有點太久，因為我學不會騎我那台天殺的腳踏車。

那是一輛橘黑相間的速穩牌自行車，如果我沒記錯的話，而且它是單速車，因為那年頭只有單速車。時值一九四八年，自行車沒有變速器，或者就算有也沒人知道。它們也沒有手剎車，你把腳踏板往後踩，車子就剎住了。我想，和時下的孩子騎來騎去的腳踏車相比，那時的單速車算是很原始的交通工具，而且你絕對不會騎去參加環法自由車賽。但整體而言，單速車騎起來夠順暢的了。

對其他所有人而言。

✦

我不記得自己是怎麼得來一輛腳踏車的。它無疑是一件大禮，而且我想必然是在某個大日子送給我的，或許是某一年的生日。我在六月出生，在這個月分送一個小孩腳踏車很合理。水牛城的冬天沒有你想的那麼糟，但絕對不是適合騎腳踏車的天氣，聖誕節送腳踏車會是一件深深令人沮喪的禮物。「這給你的，兒子，你一個人的，等到差不多四月之類的你就可以騎。」好極了。

教我騎車是我老爸的工作。我們到家門前的人行道上，我爬上腳踏車，他抓住把手。我踩啊踩的，慢慢加速，他就在旁邊小跑步跟著。接著，他放開手，我跌下去。

三番兩次。

以我們這本書的目的而言，我但願自己記得這整個過程的更多細節。但話說回來，我的記憶隨著時間模糊或許也不是壞事。據說童年的記憶到了晚年會變得更為鮮明，或許這個記憶就會，但如果沒有，唔，我也不介意，畢竟它不是個愉快的回憶。

就這樣，我不知道我爸和我花了一天或整整一個禮拜。住在對面的一個男人——喬・羅森伯格，他後來成了我的繼父——告訴我，看到我和我爸在人行道上來來回回，到頭來終究徒勞無功，真是教他心碎。這或許意味著我們試過不只一次，但我的記憶已經將這場災難瓦解到只剩一天，這一天的結尾是我倆回到屋裡，彼此行個禮，達成這個案子不可行的共識，最好的建議是就此放棄。

所以我們就放棄了。那台腳踏車被丟在車庫，以眼不見為淨的方式處理。我們家是一個很棒的家庭，而且我總覺得自己不是普通地幸運，才能擁有一對超級慈愛的父母，但這並不表示我們家就沒有幾件眼不見為淨的東西。

✦

如果，如果，如果。

如果一九四八年有輔助輪這種東西，故事或許就不一樣了。但也說不定有，只是我們不知道。有了輔助輪，我不會一失去平衡就跌得狗吃屎。我也不需要我爸抓著把手在旁邊跟著跑，跑得氣喘吁吁，跑得失去耐性。有了輔助輪，我就可以自己把腳踏車牽出去，而或許我就會比較持之以恆，最終甚至或許會掌握到訣竅。

如果腳踏車的尺寸適合我，故事也有可能不一樣。我的父母從來不小氣，但我們國家才剛脫離大蕭條，說他們很節儉並不為過。他們買了一輛很好的腳踏車給我，只不過尺寸有點大，這樣我才不會太快大到不能騎。

如果換成是衣服，這麼做還滿合理的。你總是可以把袖子捲起來一點，或把褲管折上來一點，隨著穿衣者越長越大再一點一點放開。但你不能把腳踏車捲起來、折上來，而我那台對我來講真是大得不像話。事實上，要到過了四年半之後，它的尺寸才比較剛好。這時，我把車拉出來，自己學會怎麼騎。

不過，這是後話。

喔，天啊。另一個能讓事情大大改觀的關鍵，在於如果我爸是個好老師的話。他是一個很棒的人，很疼我，很愛我，但斷斷不是個好老師。

我沒有直接跳上車就騎起來，像他年輕時可能的那樣，我確定這想必讓他很挫折。身為一個成年人，他唯一的體育活動是打高爾夫，而且也很少去打，但他是個還算不錯的高爾夫球手，揮桿揮得流暢自然。我懷疑他別的運動也很在行，就算沒有很投入。

我不知道他對這個沒有運動細胞的兒子是不是很失望，但我確實知道我學不會騎腳踏車讓他急於想要結束這種嘗試。我什麼都沒學到，而這意味著我沒有學習的能力，把我們的損失降低、把腳踏車塞進車庫，豈不是簡單得多，也人性化得多？

幾年後，他教我打高爾夫，過程還算順利。我一樣笨拙，但我可以把球桿揮出去，打到球，走到球落下的地方，然後再擊球。整件事不會牽涉到跌倒，也不會考驗到他的耐心。我不知道我和我爸一起出去打過幾次高爾夫——可能八次或十次吧，頂多十二次——但我們總是玩得很開心。

他也教我開車，過程並不順利。但我們倆都堅持下去，我通過考試，拿到駕照。我們開車出去玩時，我學到的更多。他是一個很好的公路駕駛，小心謹慎，但不畏怯，我注意看他怎麼開，在旁邊跟著學。

✦

他是一個體貼而慈愛的男人，我的這個老爸，完全支持我當作家的決定。對於我在學業和專業上的早慧，他說不出來地欣慰。我出生時，他三十歲，而他在他五十二歲生日前一天與世長辭。現在寫到他，我已經比他過世時的年紀還要大上十七歲。

這種感覺很奇怪。他試圖要把我變成單車騎士時是幾歲？四十嗎？我的三個女兒當中有兩個已經年逾四十。他的死期在我的長女出生前四個月到來。

而我學不會腳踏車，既不是他的錯，也不是腳踏車的錯。讓我們打開天窗說亮話，那完全是我自己的錯。

✦

瞧，我沒能做到每個爬行的寶寶都做到的事，也就是持之以恆，試到做對了為止。我父親讓我輕鬆過關。他把一時的失敗當成永久的失敗，明白表示我不會騎腳踏車也沒關係，並且認為放棄好過繼續為我倆製造挫折。

而我樂於接受失敗，甚至迫不及待擁抱它。我知道這有一部分要歸因於我是個極為順服的孩子——只認識成年的我的人會很驚訝，但我幾乎是全盤接受我父母認為怎麼做對我最好的意見。我學了七、八年的鋼琴，因為我那彈琴有成的母親認為我該學；我對這種樂器沒有感覺，整體來講，我對音樂也沒有感覺。而且我從來就彈得不好，也沒有從中得到一絲絲的樂趣，但我也沒有求媽媽讓我放棄，或者很怨恨自己必須和鋼琴綁在一起。她認為那樣對我很好，我就覺得她或許是對的，無視於種種反證的存在。

除此之外，承認我學騎單車無望意味著我可以不必再試下去。一個不好玩又充滿挫折的活動可以停止了。那些年來別人騎車、我都走路的事實，那些年來我是鄰居當中唯一不會騎單車的小孩的事實，不是我需要考慮的問題。

我需要做的，其實只是繼續下去。我需要做的，只是在每次跌倒之後再爬上去。遲早我就不會再跌倒，接下來我就會騎了。這個道理，我在幾年前學走時就已莫名懂得，但後來長大的過程中，不知怎麼忘記了。

於是，腳踏車進了車庫，並且待在那裡。我對其毫不關心，不久之後差不多就忘了它還在那裡。

✦

在關上車庫門之前，我有另一個關於我父親的故事要告訴你。那是一個我直到最近才知道的故事，之前我毫不知情。

十一歲的時候，我從五年級跳到七年級。我的五年級導師蜜朵蕾．葛德法斯深信揠苗助長這一套。她是六十六號公立學校的三位五年級導師之一。在過去，她被分配到教資優班。她密集地教導他們，到了學期末就直接把他們送上七年級。

學校的政策早就改了，但葛德法斯女士依舊比較偏愛聰明的孩子，而她在我和我朋友迪克．里德曼身上看到這樣的資質。於是，她把兩對父母都找來，提出讓我們跳過六年級的建議。迪克的父母很明智地拒絕了。我的父母同意了，我就這樣在九月進入七年級，班上的新同學全都大我一歲，不確定該怎麼看待這個空降到他們當中的小鬼。

他們也都會騎腳踏車，不過這已經不稀奇了，我在五年級的同學也會。

跟上課業進度不成問題。我在運動方面或許很笨拙，但從來沒人說過我很笨。而且，七年級班上的同學傑克．竇夫曼提出了一個邀請。他帶領一支球隊，這支球隊有著從「傑克隊」到「威靈頓老虎隊」等各種名稱（竇夫曼住在威靈頓路）。我願意加入他們嗎？

我說我願意，並得知我需要一頂頭盔和一組墊肩，我父母義不容辭地為我準備好了。（很高興在此報告，他們並沒有為了讓我長大還能用，而買了比較大的尺寸。）

而我上場了。我們踢的是美式足球，比賽由傑克的父親菲爾當裁判，他頗能勝任，也判得很公平。我是鋒線球員，而且一定參加了三、四場比賽。我想我們也就比過那麼多次。我並不十分清楚自己在做什麼，但當球落到我們這一隊時，我就盡力擋住敵隊球員；輪我們防守時，我就朝運球人的方向移動。

三場比賽，或許四場。我但願有更多場。球季結束時，我覺得很遺憾。

傑克是我們文法學校班上的班長，也是班奈特中學的傑出運動員，在美式足球隊是四分衛，在棒球隊則是游擊手。畢業之後，他參加了職棒大聯盟的選拔，並獲選進入芝加哥小熊隊的農場系統。但他卻跑去念水牛城大學的藥學院；他父親是開藥房的，如此一來，傑克就有資格進入家族企業。因為每個人都知道，打棒球別想賺大錢、過好日。

時代不同了……

現在，讓我們跳過半個世紀，到我二〇〇五年的第五十屆中學同學會。看起來和威靈頓老虎隊時期沒什麼差別的傑克．竇夫曼，走上前來和我攀談。他說：「我要告訴你一個故事，我打賭你不知道。你記得我們在六十六號公學的那個美式足球隊嗎？我們時不時和其他球隊踢踢球？」

我說我記得。

「唔……」他說：「那你知道你父親打過電話給我嗎？他一定是查了電話簿上的號碼，打到我家裡來。他說：『傑克，我想請你幫我一個忙。你們踢球的時候，不要讓勞倫斯坐冷板凳，一定要讓他有機會上場。你願意幫我這個忙嗎？』

「『當然。』我告訴他：『卜洛克先生，我會讓他打頭陣，跑都跑不掉。他說不定會沒命，但他一定會玩到。』『還有，傑克，請不要把我們的談話告訴他。』而我到現在都沒說。我打賭你沒聽過這個故事吧？」

沒，我當然沒聽過。

否則我會無地自容。我會認為他的做法很不妥（可能也確實不妥），而且非常丟臉。但現在，畢業五十年之後，距離我短暫的威靈頓老虎隊球員生涯五十五年之後，我只覺得我父親是那麼體貼，又那麼疼我。

✦

我妹妹貝琪（Betsy）小我五歲。在一九四三年五月她出生前不久，我們從園側大道的低樓層公寓搬到斯達仁大道的獨棟房屋。我得到那輛腳踏車約一年之後，她六歲或七歲時，她在她的生日得到一輛屬於她的腳踏車。

（可能是她要求來的。我確定如果我開口，就會更早得到一輛腳踏車。一般而言，我只要開口，就能得到我要的東西。但，你瞧，我簡直從沒要求過任何東西。天啊，我真是個怪小孩。）

我父親帶著貝琪和她的腳踏車到人行道上。她爬上車，他抓住把手，在旁邊跟著跑。一兩個小時之內，她就騎得像個天生好手似的。

話說，如果這件事發生在小說裡，年紀較長的哥哥大抵就會發展出一種延續一生的怨恨，但就算我對貝琪懷有一絲負面的感受好了，我自己也從來不曾發現過。為什麼要怨恨她會做一件每個我認識的人都會做的事呢？

我並沒有因為她的新技能怨恨她，也沒有因此受到刺激再次嘗試騎腳踏車。這件事要等到過幾年後——等到騎腳踏車這件事在人生中再也無足輕重了的時候。

3 火腿可以，培根可以，豬肉不行

我不會騎腳踏車，但我天殺的會走路。

我初次展露對走路的異常癖好，應該是在學騎車的災難過後不出一年的時間。我不記得確切的月份或年份了，但我還滿確定是在某個週一下午；那是學校會讓某些學生提早半小時放學去上宗教課的時候。

對天主教學生來說，這意味著上教義問答課，猶太教學生則是要上猶太文化課。（我不太確定，不過我想新教學生是待在他們的座位上，學習財金和獵鴨子。）我們一家所隸屬的改革派猶太教堂「貝斯錫安堂」，在成年禮的前兩年，男孩子每週要上一次猶太文化課。（女孩子不用，沒有一個女孩子舉行過猶太教成年禮，我只能希望她們學了一點財金和獵鴨子的知識。）

我的猶太教同學多數是去以馬內利堂，從學校走一小段路就到。但有少數幾個，每週一次一起去貝斯錫安堂。那裡離學校四、五英里遠，在德拉瓦大道上，介於北街和艾倫街之間。我們會搭公車。一般而言，某個人的父母會來載我們回家。

於是，某個週一下午，我和我的朋友瑞特．戈柏及傑瑞．卡普碰頭。我們發現我們全部的資金加起來總共只有十分錢。我們每人需要五分錢搭公車，所以還短少了五分錢。

情況似乎很明顯，我們只要跳上一台天殺的公車就好。如果沒辦法說服司機別去計較差額，肯定也會有某個好心的大人丟個五分錢到零錢箱裡，就算是只為了讓我們閉嘴、讓公車趕快開動。

但當然，我們完全沒想到。我們有十分錢，我們需要十五分錢，而那意味著——說得白話一點，我們糗大了。

當然，我們也可以其中兩個人去猶太學校，而第三個人說管它的、我回家。但我們也沒想到要這麼做，就算想到也會立刻推翻。有福同享，有難同當，對吧？這還用說嗎？

在某個人的提議之下，我們投入一半的資金打電話回家問該怎麼辦。我家沒人接，於是我們拿回五分錢，接著打到傑瑞家，清潔婦接了電話。她很同情，但沒貢獻什麼建議。這下子，我們只剩五分錢，瑞特的雙親都在上班，所以，就連我們都知道打去他家沒多大意義。

於是，我們決定走路。

瞧，我們不能回家，因為我媽準五點會出現在貝斯錫安堂，載我們回家。如果她看到沒人在那裡會怎麼想？她要怎麼辦？

我不確定是我們哪個人提議走路的，但我強烈懷疑是我的主意。無論是誰，我們都同意三十六計走為上策。就這樣，我們走了起來，而且，我相信我們在路上花掉了那最後的五分錢。我們好像是在范斯萊克藥妝店買了一條巧克力棒，分成三份，為旅途補充能量。如果我能在此報告那是一條三劍客巧克力棒就太好了，因為這樣要分成三等份就很容易，但我有信心它不是。

我們無疑沒有迷路的危險。貝斯錫安堂是我們社交生活的中心，我們一週有幾次都要到那裡去。主日學啦，猶太文化課啦，幼童軍的團集會啦，還有後來的童子軍團集會。感謝老天，週六晚上是跳舞課。無論是搭公車或用共乘的方式，反正我們對這條路線滾瓜爛熟。

如我所說，這條路線長四、五英里。如果我現在還在水牛城，就可以實際測量一下。不過，以回憶錄來講，我覺得四、五英里就夠接近事實真相了。我們學校介於園側大道和塔科馬大道之間，我們要從園側大道走到阿默斯特街，沿著阿默斯特街往西，碰到德拉瓦大道左轉，經過諾丁漢路，沿著德拉瓦大道往市中心走。德拉瓦大道是這座城市的一條主要幹道，它一路穿過德拉瓦公園，途經森林草坪公墓，接著再一路直行通往市政府。

坐車經過森林草坪公墓時，我們都會暫時停止呼吸。據說吸進墓地的空氣會招來厄運，所以我們從來沒人這麼做，儘管我不認為我們真的感受到了某種不知名的恐懼。反正你就這麼做，坐車或搭公車經過那裡也不過半分鐘，暫時停止呼吸不是多大的挑戰，但走路就問題大了。當然，我們盡力了，到最後還是憋不住，拚命大口吸氣，然後哈哈大笑、開開玩笑，又繼續走。

這整段路開車一般只花十到十五分鐘，萬一塞車就稍微久一點。後來我沒再徒步走過那段路，但我認為馬力全開的話絕對不會超過一小時，慢慢走的話或許再多個半小時。我不確定我們三個確切花了多久，因為我不確定我們是什麼時候開始走的，但我知道我們是什麼時候抵達那裡。五點，不出兩、三分鐘，我媽的車就出現了。所以我猜我們花了大約兩小時走完，而這兩小時是我珍藏的一段回憶。我不記得詳細的細節，但我知道，有關猶太文化課的一切，我印象最深刻的就屬這件事了。

✦

一定是在第二年，我七年級的時候，我在這座城市展開一個人的徒步長征。

我不記得背後的動機是什麼。你會認為這一定和我學不會騎腳踏車有關，或許是吧，但並不是在我有意識的層次。回顧起來，我想我記得的是我對自己所居住的城市有一股求知慾，而且我想以最基本的方式認識它——不是透過閱讀相關書籍，不是透過獲取資訊，而是藉由用雙腳走過它的街道。

此外還有步行帶給我的成就感。我會一口氣走五、六英里，接著搭公車或電車回家。我會回到我的房間，打開水牛城街道圖，看看我所走過的所有土地。

有一兩次，我的朋友大衛．克蘭茨加入我的行列；或許我也有過其他同伴。我們沿著一條我自己建立起來的習慣路線走——在藥妝店的飲料吧要杯水、歇歇腿，在沿路的每個加油站收集道路地圖。信不信由你，那年頭的加油站有免費地圖可拿，看看能拿到什麼是一種富有挑戰性的活動。幾乎每個加油站都有紐約、賓夕法尼亞州和俄亥俄州，但奇怪的是，水牛城的加油站沒幾個認為有需要擺奧勒岡州的道路地圖。天曉得為什麼。

我都去哪裡？唔，沒去奧勒岡州，甚至沒去賓夕法尼亞州。我會選一些大的街道，大到足以位於公車路線上，然後就沿著大路走。我記得我踏遍菲爾摩大道和百老匯大道。我也走完了整條主街，直到薛爾頓廣場為止。我不確定在每一次的徒步之旅結束後，我是否更認識水牛城一點，但我做了幾小時很好的運動，而且無疑感覺像是達成了什麼東西。

我一定是有一天把我的活動告訴七年級班上的新同學了，接下來我知道的就是我們組了個健行社，社員有六個或八個。每到星期六，我們就在學校碰頭，一起出發。我不記得我們走了什麼路線，但我記得我們人數夠多，足以讓飲料吧和加油站的工作人員將我們當成一群有特殊癖好的同好，而不是一群白吃白喝的寄生蟲。結果我們走到東渡輪街和沃勒斯大道交界處的菲爾．多曼藥妝店，得到的不是免費的白開水，而是蘇打水或奶昔，每個人都有。

這部分沒什麼問題，但走路這件事本身變得不一樣了。而且，一般的共識似乎是這還滿好玩的，只不過如果是騎腳踏車就更好了。

而這，如你所能想見，為故事劃下了句點。

✦

在童子軍避風港，我們一週健行一次。那是我度過暑假的童子軍營地，有三年的夏天我都去那裡待個六週。我愛去那裡，儘管甚至在當時我就意識到這段經歷本質上的古怪之處了。因為我去的營地是一個營地中的營地，那裡叫做霍皮村，是童子軍避風港裡的猶太區。

整個營地分成一個個小小的次營地，分別取了印第安村名，不同的童軍團就到不同的村子去，一般是一連待上兩星期。但霍皮村不一樣，所有來自猶太童軍團的男孩都參加，待上兩星期到六星期不等，端看你父母能供你多久。（我的父母一週支付二十美元。我知道有些孩子會去加拿大的夢幻營地，他們的父母一個暑假要花八百美元左右。我們的優惠許多，不過，客觀說來，還有更便宜的。在主營地那邊的非猶太子女，一週只付十二美元。）

我們有自己的活動和節目。我們和其他所有人一樣在水晶湖游泳，主營地的救生員會確保我們不溺死。除此之外，我們就像中世紀的隔坨區[8]一樣孤立。更不用說，我們在獨立出來的餐廳吃專屬於我們的餐點。

當然，就是這一點將這個小小的種族隔離實驗給合理化了。幾世紀以來的猶太教徒以飲食限制為莫大的享受，所以我們有專屬的餐點。沒有豬肉，沒有殼類海鮮——這還不是最過分的。一餐不能同時出現奶類和肉類，此外，為了讓遊戲順利進行，你需要兩套餐具。就我所知，有的家

8 ghetto，中世紀歐洲城市中法律規定的猶太人居住區。

庭有兩間廚房，不是因為非如此不可，而是因為這樣可以省事一點。

嘿，如果你想要省事一點……

我們是改革派猶太教徒。據說（好吧，其實是我說的）猶太教改革派有點像基督教一位論派，只不過吃得比較好。改革運動是在十九世紀於德國掀起，目的是要讓這個宗教跟上時代，以及——我不懷疑有此可能——為了讓猶太人融入德國主流社會。

猶太教改革派沒有什麼規定。每個教堂都照自己的方式來，每個家庭也是。然而，普遍的傾向是全面廢除飲食戒律，而且在我們家的屋簷下，這套法規顯然沒有容身之處。

故事是關於我的外曾祖母（也就是我外公的媽媽）和一隻潔食[9]雞。雖然她持家並不堅守潔食標準（儘管我懷疑她早年或許堅持過），但她確實固定光顧潔食肉販，而理所當然地認為潔食肉類就是比較好。我外公結婚之後存了一點錢，在秀修尼街附近的哈特爾大道買了能住兩家人的房子。他讓他的妻小住在下層，上層給他兩個未婚妹妹——我的外姑婆莎爾和娜媞——和他們的媽媽住。

一天，我的外曾祖母從潔食肉販那裡帶了一隻雞回家。而我的外婆——她的媳婦——正在廚房料理一隻雞，我的外曾祖母進廚房去看。她看看那隻飽滿豐腴、毛拔得乾乾淨淨的雞，再從包裝袋裡拿出她自己那隻潔食雞打量一番。潔食這一隻瘦巴巴的，顏色也不漂亮，還有幾根毛沒拔乾淨。

她問我外婆：「妳的那隻是潔食雞嗎？」

9 kosher，一般譯為「潔食」或「可食」，指符合猶太教教規的食物。

我外婆說：「不是欸。」

「嗯哼。」我的外曾祖母看看這一隻，又看看那一隻，從此以後再也沒買過一隻潔食雞。

我不認識我的外曾祖母，她在我九個月大時過世，所以我沒辦法說她是個怎樣的廚子。但我媽和我外婆廚藝都是一流，而且兩位都不受飲食戒律的束縛。

我們家吃了好些火腿，以及數不清的培根。我們當然也吃某些令人費解的猶太法典所禁止的上好牛肉部位。我們在家很少吃殼類海鮮，因為我爸不愛。但我媽、我妹和我在餐廳會吃蝦子、螃蟹和蛤蜊。許多年後，我才知道只有一樣受到禁止的食物是我們從來不吃的，那就是帶有「豬肉」這兩個字的任何食物。

話說，火腿是豬肉，培根是豬肉，我們家也沒人笨到不知道。但你可以把它買回來、煮一煮、吃掉，而從頭到尾都沒看到「豬肉」這兩個字。

所以，我們家從來沒人吃過「豬排」或「豬肉香腸」或「烤乳豬」或任何以「豬肉」自稱的肉品。離開我們家的餐桌，我自己依舊不自覺地謹守這種做法。我從沒想過要點「豬排」來吃，這麼做就是令人說不上來的反感，點個培根起司堡或火腿排來吃想必文明得多吧。

幾年後，我才意識到我們一直以來都是一套不成文的飲食戒律的奉行者，而且是在文字遊戲層面的奉行者。我想過要問我媽為什麼我們家餐桌上從來沒有豬肉，但我老是忘記問，接著她就不在了，我也多了一個從來沒能問出口的問題。

幾年前，我去了一趟巡迴簽書的活動。來到狄蒙市時，在州長夫人克莉斯蒂．維爾薩克的邀請之下，我在州長官邸「露臺丘」借宿一宿。一早，她煮了我的早餐。（這種事能讓巡迴簽書會變得比較可堪忍受，但別誤會了，那是空前絕後的一次。）

早餐包括火腿，那是她從地方上的一名有機養豬戶那裡買來的。而我發現，那是多年來我所嚐過最美味的火腿。自從我的猶太媽媽不在以後，第一次有火腿比得上她放在我們位於斯達仁大道家裡餐桌上的火腿。

在那一趟把我帶到露臺丘的巡迴簽書之旅中，我寫了一個部落格——這是一件我不曾做過、也很懷疑還會不會再做的事。與維爾薩克夫人共進早餐之後，我在我的部落格細細玩味我吃到的火腿、我在斯達仁大道吃過的火腿，以及我們家絕無僅有的一個禁忌。

我得知我們不是唯一的一家。「跟我們家一模一樣！」一個女性讀者寫電郵給我說：「火腿可以，培根可以，豬肉不行。我一直不懂為什麼。」

為什麼？因為猶太教徒不吃豬肉，這就是為什麼。我還以為每個人都知道呢。

✦

我不知道霍皮村有多少比例的孩子來自潔食家庭。想必是多到足以設立一間潔食廚房，以及一個分開的餐廳，乃至於一整個和別人分開的露營經驗。我們和其他童子軍共用湖畔和登山步道，此外一切分開。

回顧起來，這一切似乎違背童子軍活動的理念。首先，為什麼是猶太童軍團呢？為什麼不是按照鄰里組成童軍團，而是按照宗教組織？

唔，某種程度而言，也是按照鄰里分的啦。但它們一般是以鄰近的教堂為中心，因為這些機構有可用的空間。而且……好吧，算了。我們有我們的小隔坨區，營地中的營地，簡直不認識其他的孩子，其他孩子痛恨我們，而這也很難怪在他們頭上。

最終，事情到了危急存亡的關頭。猶太童軍團聯合會從童子軍避風港退出，買了一大片土地，自己成立了一個營地。但那是我大到不再參加童軍團之後的事，我所記得的營地是童子軍避風港，而且我在那裡很開心；我們每週去健行一次。

每星期五，霍皮村的每位營友就為自己挑一兩個夥伴。我們把水壺裝滿、鞋帶綁好，並且確保我們的口袋裡有一點錢。接著，我們就出發前往幾個鄰近的城鎮。

童子軍避風港在水牛城南邊，它的郵遞地址是阿凱德鎮。阿凱德鎮是很受我們歡迎的一個目的地，因為它有一家餐廳賣的速食很好吃。餐廳大門上的招牌寫道：「在這裡吃，不然我們都要餓肚子。」我覺得是我所見過的一個很棒的行銷手法，儘管我懷疑實際住在阿凱德鎮的人已經看膩了。

阿凱德鎮在七英里之外，去那裡大概要花兩小時，看你覺得有沒有必要趕時間。吃吃喝喝、東晃西晃再花個一小時左右，然後我們再走回來。一天差不多就這樣。輔導員和營地職員可以放鬆一天，我們則樂得活動活動筋骨，外加有機會脫離團隊，三三兩兩結伴同行。

除了阿凱德鎮，我們也可以選擇走去自由鎮或桑達斯基鎮。一個距離五英里遠，另一個近一點。事實上，桑達斯基鎮就在前往阿凱德鎮途中。那裡有一家店，供應地方上的農家所需；你可以買個可樂或巧克力棒，有一次我花了半塊錢，帶回一頂農夫稻草帽。我不記得自由鎮有什麼，儘管一定不多，而且有可能我從來沒去過。

馬路是二線道的柏油路或碎石路，車流量少。大人教我們要靠左走，面對車流的來向，這樣才看得到有車過來並移到路肩上去。從來沒有人被車撞到，就我所知也沒人惹過什麼真正的麻煩，除了賴瑞．比爾托克夫之外。他是大我幾歲的營友，領到讓他有資格成為鷹級童子軍的第二十一枚榮譽勳章之後，為了慶祝這項成就，他跑到附近的其中一個鎮上，擺脫了童子的身分。天曉得他是怎麼辦到的。不可能是霸王硬上弓，否則他會被關進監獄。而要在阿凱德鎮找到一個阻街女郎，簡直比要在天堂找到一個有錢人還難。所以，他一定是走運碰到某個飢渴的業餘人士。

為此，他默默受到懲處——沒人會挑明了說是為什麼——到了營隊的結業典禮時，他也沒能得到他的「好印第安人獎」。（每個童子軍輪流站在由前輩組成的評議委員會面前，與你同屆的營友則圍成一個大圓圈，把你包圍起來。委員會問你是否接受好印第安人獎；換句話說，就是你覺不覺得自己是個好的營友？如果你說不是，那事情就結束了，你回到你在圓圈中的位置。如果你說是，那就輪到他們說是或不是。如果答案是肯定的，就會有某個在美勞方面表現出色的人，在你的童軍帆布腰帶上畫個印第安人頭像。如果答案是否定的，那就沒有。我認為這整個把戲比較是為輔導員好，而不是為我們其他人好。他們只有這個機會能對著我們當中的老鼠屎發自肺腑說一句去你的。）

賴瑞．比爾托克夫自有先見之明，於是主動說了不是，事情就這麼平息了。所以，賴瑞跟人上了床，但沒得到他的好印第安人獎，而我不認識任何不會樂意跟他交換處境的人。無論如何，我認為他們不該扣下他的獎。我認為他們應該頒給他一個特別榮譽勳章，獎勵他的足智多謀。

✦

並不是每週五，但每隔一段時間，健行日的選項也包括前往石灰湖的越野大健行。這就不是兩、三個人一組的行動，而是有十五到二十個男孩由一個以上的輔導員帶領。（順帶一提，我們不說輔導員；除了營友之外，我們有初級長官和高級長官，簡稱初官和高官。較為年長的營友一旦被認為準備好了、可以負起這個責任，就晉升為初級長官，我懷疑他們來這裡度暑假是免費的。高級長官是付錢請來的輔導員，但他們幾乎都是依序晉升上去的。）

我們的目的地是一個湖畔度假勝地，到那裡要翻山越嶺個十二英里。在那邊吃東西、游泳、玩玩遊樂設施，消磨個兩小時，我們再全體集合起來走回營地。石灰湖健行團一吃完早餐就出發，並設法在餐廳停止供應晚餐前趕回來。這樣一次出遊就花掉了一整天，而且需要相當的體力，因為這段距離差不多就是全程馬拉松的距離，而且有些山丘是很雄偉的。

✦

我們也會在外野營過夜，這就要牽涉到登山了，因為唯有如此才能抵達野營地點。目的地通常是議會丘，一次大約會去一打人。我們爬上山，在地上把睡袋攤開，升火，煮一些只有餓壞了才會放進嘴裡的東西吃。

以每兩週為一期，霍皮村本身會分成六、七個小村，每個小村有三座四人帳篷，由村長代表初官監督。（每座帳篷也有一位篷長。我不曾從軍，但若是從軍，小時候的營隊生活就足以讓我做好準備。）每個小村遲早都會輪到健行去議會丘，野炊，睡在星空底下，第二天早晨回到營地，無疑因此而得到了更多磨練。

我去過幾次，都還算愉快，不過我們其實也沒走多少路，而且從來沒發生過什麼了不起的趣事。只除了有一次，我的好友大衛·克蘭茨——偶爾和我一起漫步水牛城的同伴——堅持要把他的睡袋鋪在營火上方的坡地上。

大衛是個絕頂聰明的傢伙。他把數學當成一種嗜好來自學，才上一年級而已，班奈特中學所開的每一門數學課，他都考了A；中學畢業時，他已經學完微分學和積分學。（我記得這些名詞，但完全不知道是什麼意思。）他接著去念耶魯，又從賓州大學拿到生物心理學博士學位，在密西根大學教了幾年書，在貝爾實驗室做研究，最近剛當上哥倫比亞大學統計系系主任。我可以告訴你，這個大衛不是傻子。

而且，他向我們解釋為什麼我們是錯的，以及為什麼他的睡袋絕對安全無虞。因為他把睡袋和營火垂直放置，而不是橫向放置，所以不會有地心引力的問題，也所以他不會有問題。他講得頭頭是道，我們都覺得自己像個白痴，竟然什麼都不懂。當然囉！垂直的啊！我們在想什麼？

接著，半夜兩點左右，每個人都驚醒了，因為大衛的睡袋著火了。只燒到最靠近營火的尾端而已，而且只是小火，他在他的腳變成烤肉之前及時逃出來了。

✦

議會山另外一宗我記得的重大事件，事發當時我並不在現場。那次輪到別的小村，第二天早晨，他們下山不久之後，其中一名成員就收拾行李回家去了。

消息很快傳開。負責監督的其中一位長官抓到他為另一個營友吹簫。身為吹簫人，他被踢出去。至於被吹的人，就我所知，他沒受到任何處分（應該要有人叫他收起臉上的笑容才對）。

現在回顧起來，有趣的是我始終沒搞懂他們在說什麼，而我也不是唯一沒搞懂的人。我記得有幾個男孩在推敲吹簫可能是什麼意思。我必須要說，這個詞本身並未透露任何線索。你不得不納悶一開始究竟是誰想到要這樣稱呼它的，而它又是怎麼流行起來的——我是指那個名詞，不是指那個活動。

這兩個男孩的名字我都說得出來，但你不會從我口中聽到。儘管現在我覺得一方受到處分、另一方逃過一劫顯然很不公平，但我向你保證，那時我們沒人質疑這一點。顯然，做出這種動作的人一定是個變態，而被做了這個動作的人是不幸的受害者。

啊，好吧。我和被遣送回家的那個男孩完全失去了聯繫；他念別的學校，參加別的童軍團，我再也沒看過他或聽說過他的消息。我不時會碰到另一個男孩，在我們有限的接觸當中，他算是個不錯的人，沒什麼怪異之處。但我確實記得，聽說他在家靜靜消磨一下午的方式，一般會牽涉到為他的狗手淫。

4 眼不見為淨的東西

在班奈特中學念完二年級後的夏天，我剛滿十五歲，加州聖塔安娜的爾灣牧場舉行了一場國際童子軍大露營，水牛城地區的童子軍委員會做了一件非比尋常的好事；他們安排了一次長達一個月的旅行，從搭乘專用火車橫越加拿大開始，沿著太平洋岸南下，接著在童子軍大會的地點紮營一週，再繼續搭火車穿過美國國土的心臟地帶，最後回到水牛城。

我父母認為這是很棒的一個機會，而且整趟行程含所有餐點在內總共是三百五十美元。我的好友賴瑞．李維也報名了，旅途中我倆成了哥倆好。我們的交通工具是一列加拿大軍用火車，車上有臥鋪，睡起來夠舒服的了。上路的第一天，我們都要學加拿大國歌〈啊，加拿大〉（*O Canada*），接下來幾週，我們常常唱，也表現出值得嘉許的熱情。

在亞伯達省的班夫，大家可以自由活動一天，照理說是要讓我們去探索賈斯珀國家公園。賴瑞不知從何得知那裡有個很棒的高爾夫球場，並主張我們應該去打一下。於是，我們找到那地方，但卻發現我們負擔不起。在俱樂部人員的巧妙慫恿之下，我們想出一個對策。我們就付一個人的場地費，只租一套球具，一旦離開第一洞的視線之後，我們倆就都可以玩到了。

我還記得關於那天的兩件事——一是高爾夫球場的美景，一片綠油油的草地襯著加拿大洛磯山脈；二是我們的高爾夫球賽噩夢。賴瑞打得比我好，但實在沒好到哪裡去，我們倆把整件事搞得一塌糊塗。我們買了兩盒三顆裝的高爾夫球，打到第六洞時，其中五顆已經被我們打到上帝也找不到的地方。我們輪流打最後一顆球，不知怎的撐完了剩下的三洞（我們估計打個半場就夠受的了）。終於回到火車上時，兩人都頗為鬆了一口氣。

✦

我們在一個週五來到西雅圖，某個稀世奇才決定這是讓猶太教的孩子到當地猶太教堂做安息日禮拜的機會[10]。我們共有七、八個人，而我不認為這當中有任何一個人特別覺得需要精神上的洗禮，但沒人問我們的意見，於是我們就去了。

我提到這件事，不是因為做禮拜的任何一部分在我心裡留下永難磨滅的印象，而是因為在那之後我做了一件事，到現在我都覺得很了不起。他們辦了某種會眾接待會，接待人員裡有個很漂亮的女孩，而我向某人——可能是賴瑞——宣布說我要上前去自我介紹。我得到的回應是「嘿啦，最好是」，或一樣意思的話。

當然，我穿著我的童軍服，看起來一定很蠢，但我不知哪來的勇氣，邁開大步穿過教堂，把自己呈現在這一幕場景中——我對她說：「妳看起來像是我會想認識的人。」接著，我們就聊開了。而當我們全都回到火車上去時，我的皮夾裡多了一張紙，上面寫著她的名字和地址。

凱倫．霍奇菲德。

我從水牛城寫信給她，她也回信給我。我們書信往返了一兩年。她父親是醫生，而她還滿會

10 猶太教的安息日從週五日落開始，到週六日落結束，週五晚上去教堂晚禱，週六早上去教堂早禱，是為安息日禮拜。

打高爾夫球的，我就記得這麼多。在這樣的你來我往之間，我們其中一方從未回過某一封信，事情就這麼結束了。

我在想，不知道她怎麼樣了？這些年來我常常想，但就連邁入Google時代之後，我也不曾發現她的蛛絲馬跡。女性的名字隨著婚姻改變，要找她們因而難上加難。她應該小我一歲，也或許兩歲，所以她是一九三九至一九四〇年出生的。

凱倫，如果妳在，我很想聽到妳的消息……

但我還是當時的那個少年嗎？「妳看起來像是我會想認識的人。」我哪來的自信？我想不是童軍服的緣故。不管是什麼，這種事之前從來不曾發生過。

之後也沒有。

✦

我們繼續沿著海岸南下，看了紅木林，最後來到橘郡的帳篷裡落腳。我朋友賴瑞在童子軍大露營有個特別的際遇，那就是他開心地邂逅了一支來自波多黎各的童子軍。他在學校修了西班牙文課，所以能夠和他們交談。

這讓我深受震撼。在班奈特中學，你可以當文科生或理科生。不為什麼特別的原因，我選了理科。我學過兩年拉丁文，這我會繼續學下去，而在秋季學期時，我被安排要上化學課，到了高年級就緊接著上物理課。

結束童子軍大露營回家後，我有了其他的想法。我轉去當文科生，修了第一年的西班牙文課，同時也沒放過第三年的拉丁文課。結果我從沒上過化學課或物理課。

我學西班牙文很容易就上手了。它不是一種困難的語言，而兩年的拉丁文也為我鋪了許多路。上大學時，我已學過兩年的西班牙文，本來也可以繼續學下去，但卻沒有機會。我進安提阿學院的前一年，在那裡教了幾年西班牙文的教授申請了終身職，但是沒有拿到，於是他離開了，而安提阿學院的西班牙文課就這麼結束了。

✦

在童子軍大露營會場，除了那些勤練西班牙文的人之外，你做的事情主要就是以物易物。來自全國各地以及世界各地的孩子，帶來一些當地特產的垃圾，拿來交換其他人帶的當地特產的垃圾。有些人和外國的童子軍交換了制服，這讓他們得到一件很棒的紀念品，卻也讓他們在集會時沒有衣服可穿。有某一種肩章特別受到大家青睞，原因我不記得了，很可能在當時我也沒搞懂。我換來一條皮鞭，想說可以拿它去換那個肩章，但我沒換到。如今我很難想像有哪個頭腦清楚的人會寧可要肩章而不要皮鞭，但這只是順帶一提。我把那條皮鞭帶回家，但不要問我它到哪裡去了。它不見了。換作是肩章的話，可能也一樣留不住吧。

我做的真正蠢的事，是寄了一張明信片給莫瑞．戴維斯的女朋友。

莫瑞和我以及賴瑞都在第七分團。他住在肯莫爾村，和一個叫萊絲莉的女孩子已經穩定交往兩年，她剛好也姓戴維斯。他們愛得火熱。而基於不明原因，我認為寄一張明信片給她會很有趣。明信片上要寫「我知道妳和其他人亂搞，我真的很生氣」之類的台詞，並且簽上莫瑞的大名。

我不知道是什麼讓我認為這是一個好主意。

接下來我知道的就是明信片寫好了，貼上郵票、投進郵筒，然後我差不多就把它給忘了。

✦

童子軍大露營在一週後結束，我們打包完畢、坐上火車，很快地返回水牛城。關於回程，我只記得自己望著窗外，經過堪薩斯州，看到地平線上面一點點的地方有好大一顆血紅色的滿月。人的腦海裡會留下什麼真的很妙。幾年後我還為這顆月亮寫了一首詩，說它「撥動汪洋中奮不顧身的浪濤」。我把注意力轉移到小說創作上或許是件好事，那顆月亮在小說裡可以發揮得更好。

回到家，我告訴爸媽我想學西班牙文，他們覺得沒什麼不好。我打開行李，所有的東西都送進了洗衣機，除了那條皮鞭以外。我不知道它去了哪裡。

接著，一天晚上，簡恩．戴維斯上門了。他是莫瑞的爸爸，而且他氣得七竅生煙。他想和我父母談一談。他或許也想和我談一談，我還滿確定的，但他沒有機會。我被請上樓，關上門待在房間。

他在樓下一定待了超過半小時。我是怎麼度過這段時間的？我毫無印象。最有可能的是挑一本書來讀，並且盡可能不要去想樓下發生什麼事。

接著，他走了，我媽到我房間來。「剛剛是戴維斯先生。」她多此一舉地說：「莫瑞的爸爸。他手上有一張很惡毒的明信片，某個人仿照莫瑞的簽名，寄給萊絲莉．戴維斯的。他很不高興，因為郵差和郵局裡的任何一個人都能讀到上面的內容。」

「喔。」我說。

「他確定明信片是你寫的。我們看了一下，告訴他說不可能是你。首先，那不是你的筆跡。其次，我們知道你絕對不會做出這種事。」

「喔。」我說。

「我不認為他相信我們，但他放棄爭辯，離開了。」她說：「我不懂的是，你怎麼會蠢到在明信片上寫這種東西，你在想什麼？」

好問題。我沒有答案，她也沒有等我回答。我們沒有一個人再提起這件事。有一兩天的時間吧，我們睜一隻眼、閉一隻眼，接著就把它塞到車庫一個遙遠的角落裡藏好，和我那輛在那裡待了好幾年的可憐腳踏車一樣，成為一件眼不見為淨的東西。

5 我終於學會了騎腳踏車

在小說裡，事件會有來龍去脈。重大的進展就是不會無端冒出來。某件事發生了，而另一件事又因為這件事發生了，接著才會發生某件非同小可的大事。

我不確定人世間是否真是這樣運作的。在我看來，有時候事情似乎就是突如其來地發生。或許事先蓄積了一些能量，像是引起火山爆發的地震活動，但沒有靈敏到能讀取這些震動的儀器。

這是一段冗長而過度戲劇化的前言，它要帶出的無非是一個簡單的事實，亦即在一九五三年春天，在我滿十五歲前兩個月，我把我的腳踏車從車庫牽出來，沿著車道牽到人行道上，在那裡，不出一小時左右，我學會了騎腳踏車。

我不記得自己事前有任何相關的念頭。我人在車庫，注意到那輛腳踏車，一時衝動想要騎騎看，然後，一旦我把各種雜物移開，清出一條路讓我可以走到它那裡，我所做的就是把車牽出去，騎騎看。事情就這樣在我父母把它送給我快要滿五年之前發生。

畢竟，老天爺是至高無上的大諷刺家。我一直等到會不會騎車對我的人生來講都沒差時才開竅。當時是我在班奈特中學的第二年，沒有人騎腳踏車去上學。你會走到哈特爾大道，搭二十三號電車，這班電車就停在學校正前方。或者，更多時候，你會走到迪克·里德曼家，他父親會用新買的凱迪拉克載我們一程。（那輛凱迪拉克永遠都是新買的，因為以色列·里德曼先生每年買新車。他很愛那些車，而我毫不怪他。）

放學後，你會走路回家。

或者，在很難得的情況下，開車。我即將要滿十五歲，而我班上的同學平均比我大一歲。所以，已經度過十六歲生日的同學都開始學開爸爸的車了。班上的女同學交了大一兩歲的男朋友，成天坐在車裡四處遨遊。

而我正在學騎腳踏車。

✦

還有一點就跟我事前想都沒想一樣令人困惑，那就是事後我也沒想太多。我剛剛不費吹灰之力完成了一件事，我怎麼會沒想到幾年前我或許也一樣能輕易辦到呢？你會以為，我一定拍了一下我的額頭，以自行車騎士的身分說：「哎呀，我早該想到的啊！」

而我確實早該想到的，早在幾年之前，當它能為我的人生帶來重大差別的時候。確實，這輛腳踏車對我來講已經不會太大，事實上它還稍嫌太小。萬一失去平衡，我大可兩腳一伸，借助路面來支撐我自己和腳踏車。確實，我比較大隻，比較強壯，也沒那麼笨手笨腳了。但話說回來，如果是兩年前，或三年前，或四年前，這件事對我來說會有多難呢？

唔，管它的，我沒有要現在去思考這件事，但我很訝異自己當時沒去思考一下。

✦

那輛腳踏車——或更準確地說，我騎腳踏車的新技能——讓我得到生平第一份正式的工作。我一直是個積極進取的孩子。我會跑去按鄰居家的電鈴，提供任何符合時令的家事服務。我為走道和車道剷雪，我掃落葉、割草坪。我推著推車四處奔走，以押金的半價向鄰居買啤酒瓶和汽水瓶[11]。（我敢打賭如果我提出要免費拖走，多數鄰居也會接受。但我表示要付錢給他們，而從來沒人說不用。）

人的腦袋會浮現什麼真的很妙。我還記得一個一度裝有科爾曼薑汁汽水的大瓶子，它價值五美分——或者本來應該價值五美分，如果我找到一家願意把它收回去的商店的話。我所得到的教訓比我所付出去的兩分半還寶貴。我不是最後一次學到，天底下沒有「只要付出就有回報」這回事。

但現在我有一輛腳踏車，我可以把我的推車丟在車庫裡了。而且，我幾乎是馬上就得到一份工作——為「福樂刷子人」公司發目錄。

他的稱號是史畢爾先生。他是一個藉由挨家挨戶賣刷子來實現美國夢的歐洲難民。我去為他工作時，他的地盤是離我家北邊幾英里遠的圖那旺達鎮，走到那裡要花好一段時間，但我有腳踏車，一個全新的世界在我眼前展開。

我會騎著腳踏車到圖那旺達鎮，和史畢爾先生在某個事先講好的十字路口碰頭。他會給我一落目錄，告訴我要去哪裡、按哪家的門鈴。我會沿街走過一個街廓，再接著到下一個，按門鈴，告訴每個來應門的家庭主婦說我有一本目錄要給她。我的雇主幾天後再來登門拜訪，把目錄收走，送對方一件免費的贈品。

大概每個人都收下目錄了。我不記得有誰甩上門、叫我滾。我也不記得自己遇過任何時下年

11 美國的一種回收政策，飲料售出時價格包含押金，顧客將飲料瓶退回即可取得押金。

輕人會稱之為「辣媽」的人物。在未來的日子裡，我會寫出一個年輕人挨家挨戶登門拜訪的情節——在其中一本長篇小說裡，這人假裝要勘查白蟻——而我小說中的人物總是會有不可思議的性愛冒險。我必須很痛苦地承認，我在圖那旺達鎮從未發生過類似的遭遇。

但或許我應該多給它一點時間。我不太確定，但我好像只為史畢爾先生工作了短短一週。它實在算不上一份工作。每發一份目錄，我可以賺得兩分錢。並且只能在有人接受的情況下，才可以把目錄留下。接著，我就在一張表格上寫下這一家是幾號，確保我能拿到兩分錢。第二天，我和史畢爾先生碰頭，把這張表格交給他，他算一下上面的數目，確定和他交給我的目錄份數相吻合，就把我賺得的錢付給我，並給我另一批目錄去發送。

第一天上工時，我試圖藉由在馬路上來回穿梭縮短路途，好讓我工作得更有效率。但他不喜歡這樣，因為他希望房屋號碼按照順序排列，方便他之後的作業，而他之後則是要沿著一個街廓的一邊走，再接到下一個街廓。所以，從此之後我就照他的方式來。

這工作難以言喻地無聊，但做起來並不難，問題是我賺不到什麼錢。他會給我三十或三十五份目錄，全部發完的話，我就賺到六十或七十分錢。為此，我必須踩著腳踏車，來回各騎上幾英里路。

以現在來講，一下午賺六十分錢聽起來可能不多。但讓我告訴你，就算在當時，這個數目也不多。去他的，我的空瓶回收事業還經營得比較好。

而且，萬一下雨，這一天就完了。有一天，水牛城天氣很好，但我一抵達圖那旺達就下雨了。於是，我騎了大老遠到那裡，緊接著就往回騎回家。我連起點線都沒有跨過去，更別說要拿到六十分錢。

所以，一個星期就夠了。

✦

那年秋天，我得到一份真正的工作，時薪七十分錢，是那年頭的最低基本工資，而一個孩子期望能從兼差工作賺得的收入也就這麼多了。我在帕克藥局打工，老闆皮爾斯丁先生是我爸的一個熟人。我做各種打雜小弟要做的雜務，有藥方要遞送時，我就跳上我的腳踏車去當快遞。有時遞送一份藥方意味著一筆小費，但你會很訝異往往並沒有。真的有小費的時候，則會是五分錢或一角錢。我還記得，有個人給了我二十五分錢。

多數時候，我都把小費花在買巧克力棒。我從不浪費一分錢買菸。我是個吸菸者無誤，兩年前我就開始從我父母的菸灰缸偷菸屁股。但就像我所認識的每個曾在藥妝店打工的孩子，我偷香菸。我試過我們店裡賣的每一種牌子，甚至是沒人聽過的牌子。維吉尼亞．朗茲，翼牌，魅影（比寶馬長一倍半、菸嘴還包了玻璃紙），穆拉，海爾默，皮德蒙。有任何人花錢去買這些鬼東西嗎？或者它們的存在只是為了讓孩子們偷走？

我在放學後和星期六早上去打工，每週賺十或十二塊。要不是有腳踏車，我永遠也不會得到這份工作。

而到了這時，我騎的已經是另一輛腳踏車了。我不知道這件事是何時發生的，但我猜當我把那輛橘黑相間的速穩牌從車庫拖出來時，它已經鏽得亂七八糟，而且對我來說有點太小了。我在幫史畢爾先生發目錄以及為皮爾斯丁先生送藥方時，那輛老速穩似乎已經變形，進化成某種別的東西，這東西不但有齒輪，還有手剎車。我就是騎著它在水牛城北部的大街小巷穿梭，遵守交通規則，等紅燈變成綠燈，甚至還表達我左轉或右轉的意願。你會以為我是駕著一輛雪佛蘭。

儘管沒有辣媽穿著性感睡衣、露出迷人笑容站在門口迎接我，但純真的失落確實伴隨著工作而來。我不是一個相當觀察入微的孩子，但有些事情你很難不去注意到。

就像那天，藥劑師兼店經理巴柏透過電話記下一帖處方，然後派我去藥櫃拿一瓶思必樂——一種不需醫師處方即可直接購買的止咳糖。我拿來給他，他把標籤沾濕、撕掉，打了一張處方箋貼上去，把價格從六十九分錢提高到十塊錢，外加一點零頭，再派我騎腳踏車快遞過去。

我真是大開眼界。而我的眼睛持續睜圓，大得足以注意到在每個月一號，寄出去的郵件裡有八到十個小信封，全都是要寄給鄰里的醫生的。就連我都想得出來這是在幹嘛。

6 沒了菸，還有酒，人總是有辦法的

我想當作家的念頭，是在我中學低年級的時候成形的。那些年來，我想過各種各樣的職業，但都沒有一個發展成一種熱情。四、五歲的時候，我想當垃圾清運工，直到我媽告訴我說他們會得富貴手為止。後來，我對當獸醫有興趣，可能是因為我喜歡動物。若是當醫生，我父親會為我高興，他認為醫生能過好日子，同時又能做出有用的貢獻。而我也把當醫生的想法琢磨了一番，但沒辦法想像自己追尋這項志業。我也可以走上法律這條路，我有執法需要的正確心態，但那些年來，我父親是個鮮少開業的律師，他對這項職業很反感，並積極說服我不要進入那一行。

在三年級的英文課，學期初的一份作業使得我從垃圾清運工開始，一一細數我的生涯願景。我寫得很高興。我用輕鬆詼諧的筆調去寫，最後還寫說這一切的結論是，回顧一下我寫的東西，至少有件事情是確定的，那就是我絕對不會成為作家。

在這篇作文下方，梅．杰普森老師寫道：「這我可不確定！」

於是，事情就這麼發生了。在讀到她的評語之前，我從未有意識地產生過一絲要當作家的念頭。我心裡大概有個參考的輪廓，我最近剛開始讀一些成人小說（要稱之為「成人」小說不免令人猶豫，因為那彷彿有別的意思似的），並且正在讀美國寫實主義的幾位大師——史坦貝克（Steinbeck）、海明威（Hemingway）、詹姆斯．T．法雷爾（James T. Farrell）、湯瑪士．伍爾夫（Thomas Wolfe）等等。我讀得很享受，也對寫出這些作品的人極為崇拜，但我的腦袋裡從來沒有要跟他們一樣的念頭。

一旦有了這種念頭，我就不曾認真考慮要做其他事情了。

我繼續寫英文課的作文，而且我猜我在那些作文裡好好賣弄了一番。我也寫詩給杰普森老師看，並沉浸在我所得到的讚美之中。（關於堪薩斯之月的那首詩不是這時候寫的。我是在安提阿念大二那一年，寫了那汪洋中奮不顧身的浪濤什麼什麼的。）

我告訴每一個問我的人：我要當作家。「喔，所以你要當記者。」「喔，你要到報社工作。」他們說。

不。我要當「作家」。

✦

六月，我沒有像時下有類似志願的青少年那樣跑去參加文藝營。我所做的是跳上一台灰狗巴士，過了四十八個小時之後，我在佛羅里達州南部下了車。具體說來，我是在佛羅里達州的達尼亞灘市下了車，馬歇爾醫生再把我載到小夥子客棧。

原名馬歇爾．古賓斯基的馬歇爾．A．馬歇爾醫生是個不同凡響的人。我加入童子軍第七分團時，他就是團長，直到他和妻小在我跳上灰狗巴士前兩年搬去佛羅里達州為止。馬歇爾醫生是牙醫，做假牙、裝假牙是他的專長。他愛上佛羅里達州，一心想住在那裡，但是佛州牙醫公會為了防範外來投機分子，訂下了嚴格的規定，馬歇爾醫生因而無法在那裡執業。

於是，他買了一些土地，決定要為孩子們蓋一個營地。他自己親力親為，在太太艾妲、孩子邦妮和麥克的一點協助下，一磚一瓦蓋出一棟可以供人居住的宿舍。

以前他從未蓋過房子，但這人酷愛挑戰新任務，並想方設法做到盡善盡美。小時候他當過童子軍，但也就這樣而已；到了被指派擔任團長時，他自認應該立下一個好榜樣，於是歷經重重考驗，拿到缺一不可的二十一枚榮譽勳章，成為鷹級童軍。如果認真投入，我認為從這個過程學到的搞不好比念四年大學還多，而馬歇爾醫生抱著業餘人士的熱情與專業人士的精確，投入每一項任務。此外，由於他無意招搖，所以拿到二十一枚榮譽勳章之後，他就停了——但他從未停止嘗試新事物及發展新技能。

我來當他的營隊輔導員。除了我，還有另一名年輕女性，她是懷抱奧運夢的游泳選手，比我大兩歲。我們帶孩子們去游泳時，就由她負責監督。這個營隊也沒什麼，無非是為等不及擺脫孩子（而且不是沒有原因）的父母提供為期一個夏天的保母服務。他們是貨真價實的一群小兔崽子，無可救藥地被寵壞，有事沒事哀哀叫，是我有生以來最難忍受的那種。

我不記得我們每天都做了哪些鳥事去娛樂他們，但日子一天天過去，沒有人跑回家，所以我猜我們做得還可以。（他們或許也對父母抱著一樣的感受，而且也不是沒有原因。）但就我個人而言，我的日子是從那些臭小鬼上床睡覺後開始。

這時，馬歇爾醫生和我和艾妲就圍著餐桌而坐，抽抽菸，聊聊天。他們的愛爾蘭雪達犬「庫柏」一般也會加入我們。庫柏是我所見過最聰明也最乖的狗，以至於我對這品種的評價很高。（幾年後我自己也養了一隻，名叫瑪克辛，但那隻笨頭笨腦的母狗並未對這個名字或任何其他東西有反應就是。牠像一顆牡蠣一樣笨，並且像龍捲風一樣不受控制。）我們抽抽菸、聊聊天、抽抽菸、聊聊天，然後再抽更多菸。我不記得我們聊了什麼，但就算不記得又怎樣呢？我彷彿身在天堂。

那是一個很棒的夏天。我放了一天假，搭巴士到邁阿密，在那裡看了《亂世佳人》這部電影。

回程巴士上，司機溫和地制止我坐後面的座位。他告訴我，那是給有色人種坐的。這一帶有很多無知的北方佬，所以我猜他常常得這麼做。

幾年後，我聽到或讀到有個傢伙碰到類似狀況。在司機的告誡之下，這傢伙低下頭來，意味深長地咕噥說他父親是白人，司機就不管他了。後來，到了下車的時候，這傢伙回過頭來丟下一句：「忘了告訴你——我媽也是白人！」

我絕對不會想到來這招，就算想到了也不會去做。我所做的就是換了個座位。

✦

小夥子客棧的活動表上沒有健行這一項。我不認為那些孩子在家走過比從電視機到餐桌還遠的距離，而就算他們想走好了，佛羅里達州的夏天也太熱了。我不記得自己在那裡搞得滿身大汗過，除了只是身在那裡就流了一身汗以外。但我在那裡工作的六到八週之間，莫名其妙掉了一定有二十磅之多，或許還更多。

我一直都是個小胖子——不是時下會看到的那種病態的肥胖，但是是賣衣服的人口中所謂的「中大尺碼」。我把我的胖視為理所當然而不甚在意。當我的父母和妹妹開車南下來接我時——回程不用再搭灰狗巴士，感謝老天——奇蹟發生了。我再也不是中大尺碼。

✦

我們一家四口在邁阿密海灘的汽車旅館住了一週，接著再開車回家。我升上班奈特中學的高年級，又找了一份在藥房的工作。

回到水牛城後，我嘗試與馬歇爾醫生和艾妲通信。怪的是，我依然記得郵遞地址：佛羅里達州好萊塢郵政信箱五〇七號。我寄了幾封信過去，從沒收到回信。他倆都忙得完全沒空寫信。

接著，我確實收到過一封他們的來信，那是一封制式郵件，他們想徵求有需要的家庭和企業到小夥子客棧來辦活動（以夏令營營地來說，這是一個很爛的名字。以餐宴場地來說，這甚至是個更爛的名字）。他們把我放在他們廣發郵件的通訊錄上了，而我對這一點感到很哀怨。

幾年後，《水牛城晚報》（*Buffalo Evening News*）上登了一則訃聞。艾妲已死於肺癌。她過世時必定還不到五十五歲。我考慮要寫一封信，但遇到這種事時我總會考慮要寫一封信，卻幾乎從來不曾提筆。這次我也沒寫。

接著，自我在小夥子客棧度過夏天以來，時隔二十一年之後，我去找馬歇爾醫生，也找到他了。那時我正無所事事浪跡天涯；我放棄了在紐約的公寓，搬去水牛城和一個女人住在一起，幾天後，她的頭腦清醒過來，我就又搬出來了。我把所有家當塞進一輛靠不住的福特旅行車後座，決定駕車四處遨遊，看看我最後會淪落到哪裡。

評論家H．L．孟肯（H. L. Mencken）在哪裡寫過說上帝抓住緬因州，把美國提起來，所以一切不牢固的玩意都滾到南加州去了。我也是個不牢固的玩意，並且也滾到南加州去了。只不過我花了四、五個月才滾到那裡，而我在路上經過達尼亞灘市，想起了馬歇爾醫生。

於是，我跑去找他，並奇蹟似的找到了。我聯絡上他的牙醫辦公室——顯然如果你在佛羅里達州住得夠久，他們就得准你重操牙醫舊業——和我談話的那位女士說馬歇爾醫生已經因病退休了。我找出他住的地方，過去那裡看他。

他得了肺氣腫，走到哪裡都得從一條管子吸氧氣。他認得我，而且就像我記得他一般清楚記得我。他將自從我認識他之後到目前為止的人生娓娓道來。艾妲死後，他再婚過兩次，每一次都比上一次更糟。他又回去當牙醫，還自己開業。他告訴我他孩子的事，但就算我聽進去了，也早就忘光了。

他也告訴我，他在水牛城是怎麼和貝斯錫安的機構搏鬥的。他們不要一個像馬歇爾・古賓斯基這樣的東區男孩兼俄籍猶太人帶領童軍團。他和我們某些人的家長也有一些疙瘩——不是我父母，而是其他某幾個人，他對我們家二老只有好話可說。

他還聊了聊他的肺氣腫。他沒說那會要他的命，但他其實不必說。「你知道，如果你工作時都要接觸我那個牙醫領域所用的化學物質，唔，你等於是要一連吸幾小時毒氣。我想這可能就是病因。」他猛吸一下氧氣管，又說：「儘管我想也很可能是因為我抽的那些菸啦。」

靠，是這樣嗎？

我只能說，那是一次令人坐立難安的拜訪。如果是在我人生中的另一個階段，我會從那裡走出去，立刻點一根菸來抽，但我已經戒菸一年多了。所以，我所做的是去喝一杯。沒了菸，還有酒，人總是有辦法的。

✦

帕克藥局願意讓我回去，但我實在不喜歡那個藥劑師巴柏，而且這份工作是我爸幫我牽線的，這一點讓我覺得備受拘束。於是，我去了位於北園大道和哈特爾大道交界的日日藥局。那裡距離我家和帕克藥局差不多一樣遠，只不過方向相反。聽說他們的快遞小弟離開去上大學，我就應徵了這份工作。

它的時薪是七十五分錢，比帕克藥局多出五分錢。那五分錢不是重點，但我急於向我老爸老媽報告這一點。「而且，我每個小時可以多賺五分錢。」我說。

老闆是個名叫法蘭克・斯坦的傢伙，每個為他工作過的人都忍不住要叫他法蘭肯斯坦[12]，儘管他絲毫不會令人聯想到那位科學家，或是他創造出來的產物。他和他太太都是短小精悍的身材，他倆就是這家小店全部的員工，外加一名那年為他們工作的中學生。在法蘭克麾下的我常常騎在腳踏車上，因為我不只要遞送處方，很多時候還要先出去把處方填好。

這家店的規模不比牆上的一個洞大，後面的儲藏空間相當有限，以至於法蘭克接獲的訂單藥品常常是店裡沒有的。「當然，我們有。」他會說，接著就一一打電話給其他藥局，直到找到確實有這件藥品的店家為止。而我就要去那家店領藥回來，讓他貼上自家標籤，我再出去送藥。

賣菸也是我的工作。香菸是我們的犧牲打策略商品，所以我們賣了很多，而我還記得它們的價格——一包一般規格的香菸要價一點九三美元，像是駱駝牌、好彩和老金；一包長菸則要一點九五美元。（在當時，每盒多出來的那兩分錢從未讓我多想，但現在看來我覺得無法理解。批發商到底多收了多少錢，使得我們要把一盒寶馬訂得比一盒好彩貴零點二分錢？）

我賣菸，當中有許多是賣給純粹來買菸而沒有要買其他東西的顧客。我也偷菸，儘管我們的牌子沒那麼包羅萬象，而我幾乎只弄得到一般常見的牌子。我不賣保險套，你得去處方櫃台詢問。三不五時會有某位顧客一臉茫然地停在我的收銀檯前，這時我就會指示他到後面去。但我確實偷

12 法蘭克・斯坦（Frank Stein）與法蘭肯斯坦（Frankenstein）原文及發音相近，後者為小說《科學怪人》當中那位科學家，他創造出畸形的人造人。

過一個保險套，它始終在我的皮夾裡不曾打開。保險套的包裝上就寫著其用途在於預防性病傳染，而我必須要說它真的有效。

學期末，我把我朋友希蜜．賈克伯森介紹給法蘭克；希蜜小我一屆，而且樂於接下我的工作。我帶著我的最後一包免費香菸離開，不久之後就從班奈特畢業。還滿了不起的是，我是我高年級班上的其中一位得獎者。

那是一個最最微不足道的小獎，而且是唯一一個不用扯上人氣的比賽。頭銜叫做「班級詩人」，他們為此舉行了一場比賽。你投稿一首詩，由三位英文老師組成的評審團在匿名的狀況下讀這些來稿。我交了兩首詩，一首是慷慨激昂的無韻詩（自我們以你為家已歷四年……），另一首是比較印象主義的東西，以深受二十世紀初期美國意象派詩人影響的自由體寫成，像是我相當崇拜的艾佛列．克萊柏格（Alfred Kreymborg）。

那首無韻史詩贏了，還被印在學校的年鑑上頭。我或許要在班級日上台朗讀它，也或許不用。我不記得了。

「那首自由詩是每個人心目中的次選。」杰普森老師向我透露。「當然，我一眼就看出是你寫的。我知道這兩首都是你的大作。」

✦

畢業那晚是我人生第一次喝醉。我安然回到家，爬上床。床鋪開始旋轉的時候，我就靠著床沿往外吐。接著，我昏死過去，睡得跟豬一樣。第二天，我媽跟我說，她希望我從這次經驗學到了一點教訓。

嘿啦，最好是。

夏天，我在萊克蘭營地當實習輔導員。在萊克蘭營地，我走得不多，而且肯定沒跑步，但我在那裡看到永生難忘的一幕。其中一名營友是個名叫拜瑞的傢伙，以參加營隊來說，他的年紀其實太大了，但他們還是收下他，基於想為他做點事之類的。我推斷他有點不太對勁。聽過他的故事之後，我認為他很有理由不對勁。他們家是歐洲難民，但他們沒有待在難民營。為了躲德國人，他們藏在樹林裡，靠樹根和野果維生，莫名活到今天訴說他們的故事。總之，他們大部分都活下來了啦。

拜瑞就像一隻狼獾一樣善於社交。三不五時，他會從營地跑走，直接上了公路消失不見。我猜他回水牛城去了。那是他會做的一件妙事，但他做的另一件更妙的事是跑步。他是一個手長腳長的傻大個，身高以十五歲來講很高。他會出去到野地裡，在那兒一連跑上幾小時。渴了就摘樹葉嚼，嚼完就吐掉。而在整個過程中，他持續跑個不停。

這是我所見過最詭異的一件事。

我想，如果有必要，我或許也能靠樹根和野果維生。我的童軍經驗教會我如何分辨可以吃的野生植物。這我辦得到，至少能撐一陣子，有必要的話。

但是跑步？門都沒有，就算攸關性命也免談。

✦

夏令營結束，我回到家。兩週後，我爸載我到俄亥俄州的黃泉村。我即將在那裡的安提阿學院展開新鮮人的生活。

7 你比較想去安提阿，對吧？

我只申請了兩所大學——康乃爾和安提阿。我父母都念康乃爾，那是來自紐約市的亞瑟・卜洛克邂逅來自水牛城的蘭諾・納森並結為連理的地方。我的兩個舅舅漢・納森和傑瑞・納森也念那裡。我為了足球賽去過那裡幾次，我知道校歌的每一個字。（我現在還是知道；在年紀夠小的時候把這種東西學起來，它就一輩子是你的。）

那裡順理成章成為我會去的地方，無論我想學的是什麼。他們甚至有獸醫學院，萬一我又重拾這個抱負的話。那些親戚都會幫忙遊說學校找個位子給我，但我不會需要他們的幫忙。我有漂亮的成績，還有聰明的頭腦。我要做的只是把申請資料寄過去，接著我就會在卡尤佳湖之巔的綺色佳度過四年。

卡尤佳湖之巔
碧波蕩漾之處
母校雄踞於此
景色壯麗——
揚聲齊唱，全速前進，
引吭歌頌

母校萬歲
康乃爾萬歲

然而，我進了安提阿，他們唯一的一首歌還不是官方正式的，內容是像這樣：

安，是親愛的老安提阿的安
提，是親愛的老安提阿的提
阿，是……

好了，你知道了。

我從沒聽過安提阿，但話說回來，除了有足球隊的學校以外，我一所學校也沒聽過。我爸媽從茹絲．吉特利茲和吉米．吉特利茲那裡得知有這所學校。吉米是賓漢頓市的一位律師，也是我爸在康乃爾最要好的朋友，而吉特利茲夫婦之所以會知道安提阿，是因為他們朋友的兒子——我想他們是姓辛格——去念那裡，而且喜歡那個地方。另一個來自賓漢頓市的猶太男孩洛德．瑟林（Rod Serling）也是，他後來成了電視節目《陰陽魔界》的主持人和製作人。

安提阿的特點是它有一套實習計畫——不是說這樣可以讓學生賺到錢，畢竟很少有學生在做完一份建教合作的工作之後會比之前更有錢的——而是要讓安提阿人在他們選擇的領域裡有實務經驗，進而幫助他們知道如何選擇職業。學生花半年的時間做學校幫他們找到的工作，另外半年則在教室裡上課（除了大一新鮮人之外；他們的選項是整年都待在校園裡，而每個大一的班級上約有半數學生會選擇這麼做。）

儘管我是去了之後才知道，但安提阿的另外一大特點是它傾向於吸引不受拘束的自由派。或許這就是為什麼我父母認為我在那裡會很愉快。他們看上那個實習計畫，但他們的熱忱可能有部分來自於認為那是一個我能融入而覺得如魚得水的地方。

兩所學校我都申請了，也都立刻就被接受了。我確定我會符合某些學費獎助方案的資格，我爸賺得不多，但他不願填寫必要的表格，於是我們從未申請獎學金。我確實考了紐約州中學畢業會考，而且分數足以在紐約州的任何一所學校獲得每年六百美元的學費補助。此外，我的排名名列前茅，還可額外獲得康乃爾某一個每年兩百美元的獎學金。

每年八百美元不無小補。安提阿不是一所便宜的學校，每年要收你一千四百美元，含學費和食宿。送我去念安提阿，對我父母而言意味著在經濟上某種程度的犧牲。而且，天知道我也很樂意去康乃爾，但這事從來沒得討論。「你比較想去安提阿，對吧？」這個嘛，呃，我想是吧。「那你就去那裡。那是你正確的選擇。」

✦

現在來寫安提阿是個微妙的時機。學校最近常上新聞，董事會宣布學校至少要過四年才會重新開張，因為申請入學的人數不足以讓學校正常運作。沒人能解釋關閉學校四年要怎麼提升申請率。這所老學校看起來像是要關門大吉了。

我想我父母是對的。我想那裡確實是我正確的選擇，儘管有時我會好奇換作是去康乃爾，我的人生會有什麼不同。（我應該特別指出，諸如此類的胡思亂想未必和安提阿或康乃爾有關，而比較和我當下的心理狀態有關。幾年前，我去艾弗里．費雪廳聽紐約愛樂的演奏會。從我們的座位，我可以清楚看到法國號首席演奏者菲利普．梅耶斯〔Philip Myers〕，於是我產生了這個不同凡響的念頭：或許我應該學吹法國號的，說不定我的人生整個都不一樣了。）

接下來四年，我在安提阿度過三年。第一年完全是在黃泉村度過。夏天，我去紐約的松樹出版社（Pines Publications），在收發室做了三個月。我住在格林威治村巴羅街的分租公寓，那裡離我現在住的地方不到五分鐘。我回學校念了一學期，接著到伊利郡審計官辦公室做一份我爸幫我安排的工作——基於我能住在家裡、存點錢之類的，但我所存的每一分錢都花在每週跑去紐約一趟上了。春天，我回去上大二的下學期。夏天，我再次放棄學校提供的工作機會，在鱈魚角的餐廳短暫工作一段時間之後就跑到紐約。我很幸運地在史考特．梅瑞迪斯文學經紀公司（Scott Meredith literary agency）找到一個編輯職位。

對於一個想當作家的人來說，那是絕佳的好機會，我為了繼續這份工作而休學。我已經在一本犯罪小說雜誌上登了一篇故事。在那裡工作的一年當中，我又寫了許多故事發表。更重要的是，我學到很多很多有關寫作和作家這一行的事。

一年就夠了。一年後我辭去經紀公司的工作，但繼續當他們的客戶，並回到安提阿念三年級。但那裡是農場，而我已見識過巴黎。我已受到一家平裝書出版社的青睞，可以靠寫小說賺取收入，這讓我很難把十八世紀英文小說的課擺在優先順位。

喝酒和呼大麻可能也有一點影響啦。

一兩個月之後，我去辦理退學，接著又在我父母的情緒勒索之下撤回申請。那個學年剩下的時間，我都待在黃泉村，實習工作期在校園擔任校刊編輯，一九五九年夏天再到紐約，將我的下一段實習工作期投入到寫書上。我住在西四十七街的麗奧飯店，就在那裡，我收到一封來自學生人事委員會的信。信中寫道，他們已達成決議，認為我在別的地方會比較快樂。這是那種或許只要費一番口舌就可以駁回的開除通知書，間或穿插一點認錯和求饒之類的，但我覺得他們提出的說法沒有什麼可以辯駁之處。我完全同意他們的決議，我在別的地方確實比較快樂，而從那之後，我就一直都在別的地方。

✦

安提阿是孕育某些事物的搖籃，但體育活動不在此列。我們沒有校際比賽，無論是美式足球或任何其他運動，所以也沒什麼機會唱「安，是親愛的老安提阿的安」。大一上學期，我的宿舍組了一支球隊，和別的宿舍打觸身式美式足球。在適當的學期，我們也比了籃球和美式足球。

每年春天會舉辦一種叫做「啤酒球賽」的活動。那是一種邊喝邊打的棒球賽，投手在投球之前先喝啤酒，打擊手在跑去一壘之前先喝啤酒，內野手在把球丟向一壘手之前先喝啤酒，以此類推。我猜多數學校都有這種活動，而且我猜這種球賽很少比完第一局的。我們的就從來沒有過。

以一所平均註冊總人數為一千人的大專院校來說，我的母校有一份相當耀眼的校友名單。我們孕育出公職和藝術領域的傑出人物，而且年復一年產生多得不成比例的伍德羅．威爾遜學者[13]。但就我所知，從來沒有一個畢業生成為未來的奧運選手。不難理解為什麼。

13 伍德羅．威爾遜（Woodrow Wilson，1856-1924）為美國唯一擁有博士學位的總統，美國政府成立伍德羅．威爾遜國際學者中心（Woodrow Wilson International Center for Scholars）以茲紀念。

在安提阿，我走路只是為了從一個地方到另一個地方。那是位於一座小鎮上的一個小校園，任何地方都在頂多十到十五分鐘的腳程之內。儘管如此，回去念最後一年時，我所做的第一件事就是買一輛車。那是一輛一九五〇年的深藍色雪佛蘭雙門轎跑車，而且它有很多地方有問題，但我非比尋常地中意它。我為車取名潘蜜拉，典故來自山謬·李察森（Samuel Richardson）的書信體小說，那是我十八世紀小說課上的指定閱讀作業。我從來不曾真的去讀那本書，但以書中人物為我的車命名似乎是第二好的事情了。

修幾個學期的體育課是從安提阿畢業的必要條件。你只要出席就好了，沒有考試，甚至也沒有及格不及格。每個人在第一學期上的初階課程是綜合體育課，我只記得我去上了，是在體育館上的，而我出席的次數一定多到足以拿到學分了。

到了下學期，你可以修特定的體育項目。我大一宿舍的舍長保羅·吉羅提議我們倆一起去修高爾夫。學校沒有一個可用的場地；曾經的高爾夫球場如今只是校園裡的一塊地，恰當的季節一到，這裡遍地都是卿卿我我的情侶。他們還是稱呼這個區域為高爾夫球場，但認真想要拿桿子敲球的人必須到附近的球場去。至於所謂附近的球場，我想應該是在齊尼亞。

保羅和我會去那裡，盡責地打起球來，並各自敲自己的球夠多下，直到把球弄進樹林裡。在那裡，除了松鼠之外，我們遠離所有視線，躺成大字，邊抽菸邊聊天。接著，在適當的時機，我們會找到路回會館，把租來的球具還回去，跳上公車回學校。

我在安提阿上的體育課就這麼多，恐怕既沒有鍛鍊到體能，也沒有什麼教育意義。為了畢業，我還需要再多上幾學期，最後我說不定會發現自己和少數很傳奇的安提阿人一樣，陷入學科全都修完卻沒修完體育課的尷尬處境。這些可憐的渾蛋得要再回來補上一學期，除了滿滿的體育課沒有別的。那也可能是我的命運，但他們開除我的時候，這一切就都免了。

✦

我在安提阿修了一些有趣的課程，英文和歷史都有。我蹺掉很多課，也有很多作業沒交，但就算再怎麼不想，我也學到了一點東西。諾蘭·米勒的寫作課或許讓我有本事能拿到史考特·梅瑞迪斯的那份工作。

還有，當然了，我在教室外面比在教室裡面學到的更多。認識了一些不同凡響的人，建立了一些長久的友誼。戀愛、失戀，偶爾也上床、下床。抽很多菸，主要是菸草。喝很多酒，啤酒、葡萄酒、威士忌。嘿，你有什麼都好……

自從我在一九五九年告別安提阿之後，接下來將近二十年的時間，這一切多半都延續下來了。後安提阿的歲月，我長年在紐約度過，所以走了滿多路的，因為那是在我們這座城市移動的方式。但我從不曾有意要快走，或走很遠的距離。我沒有競走的習慣，甚至還不知道競走是什麼。

而且，老天保佑，我無疑沒有跑步。

第二部

8 我是個跑者

那是一九七七年的春天，我住在布里克街靠蘇利文街這一邊的後巷廉價出租公寓二樓。我沿著蘇利文街走了兩個街廓，來到華盛頓廣場公園，站在公園旁的人行道上，面向東邊，跑了起來。

我逆時鐘繞著這座小公園前進。距離不算太短，整個周長約有零點六二五英里（換言之就是一公里，但我當時沒有用公制去想。後來我去參加以公里計算的賽事時，這個詞對我而言才比較有意義。）

我沒辦法整圈都用跑的。我盡量跑到必須用走的緩和一下呼吸，走到覺得可以再跑為止，然後跑到必須再用走的，以此類推。我繞了公園五圈，我想這樣總共是三英里。接著，我走回家，沖了個沒人可以說是太早的澡。

每天早上，我都這麼做。

我跑得拖拖拉拉。我甚至不會說自己是在跑步。我或許用了「慢跑」一詞，在當時這個詞廣受愛用，現在我不會用它。在我看來，這個詞似乎隱含某種不以為然或看輕的意味。所謂慢跑，就是放輕鬆、慢慢來。你為了保持身材持之以恆地慢跑。它是很好的運動，它有助於控制體重。而且，如果傳言是真的，它還能對你的心血管系統發揮神奇的作用。

但它算不上是一種體育項目，對吧？

喬治・席翰（George Sheehan）醫生是一位傑出的跑者、作家，以及醫生。一次，有人問他「慢跑者」和「跑者」之間的差異，他說差在一個比賽號碼。

不管它是什麼，我每天做這件事。它不像學騎腳踏車，甚至也不像一開始的學走，因為它不會牽涉到跌下去。我跑，直到必須用走的為止；我走，直到能用跑的為止。

我可以跑完公園一圈的那天到來了。在必須換成用走的之前，整整跑了零點六二五英里。

接著是另一天，並不很久以後，我可以跑整整三英里。五圈，三英里，從頭跑到尾。

有誰想得到呢？

✦

一言以蔽之，沒有。

三十九年來，如果你看到我在跑步，就知道我要趕公車——而我很可能趕不上。我生來就體重過重又喘不過氣，到我瘦下來一點時，我已經抽菸抽了幾年了。

七、八年級時，他們舉辦了一次市賽。在六十六號公立學校，體育老師蓋岡先生拿著碼表站在那裡，叫我們跑操場。他計算我們跑七十五碼短跑的秒數，我不是全班最慢的一個，但也差不多了。

（還記得傑克．竇夫曼嗎？大名鼎鼎的威靈頓老虎隊隊長？班奈特中學的四分衛和明星游擊手？七年級和八年級的七十五碼短跑，傑克幾乎都不費吹灰之力地贏了。接著，他去了每一場的分區準決賽，也都贏了。於是他又去了市賽決賽，三個黑人小鬼悠哉地超越他，彷彿他在原地立定不動似的。）

中學一年級時，我的朋友榮尼．畢奈斯說他和另一個朋友榮恩．費德曼要嘗試加入越野賽跑隊，我甚至不知道那是什麼。「一起來吧！」他提議道。他解釋了越野賽跑是什麼，而我覺得他瘋了。用跑的翻山越嶺？我？你是開玩笑的吧？

兩位阿榮都在秋天跑越野賽、春天跑操場跑道。幾年前，我在同學會上和榮恩．費德曼聊到，他說他還是固定練跑。榮尼．畢奈斯住在佛羅里達州，但我和他已經二十五年沒有聯絡了，所以我不知道他還跑不跑步。

然後，中學畢業二十二年之後，我繞著華盛頓廣場公園跑了起來。怎麼會發生這種事？

✦

安提阿把我送走的時候是一九五九年（英國人會這麼說；這種說法比「開除」好聽多了）。接下來的十八年，我結婚、生女、寫書、搬家——搬回水牛城，搬去威斯康辛州，接著到紐澤西州。說我喝酒喝到結婚並不為過，說我喝酒喝到離婚也毫不誇張。我的第一任妻子和我在一九七三年分開，我搬到西五十八街的一間公寓套房裡。一年後，我開始寫馬修．史卡德的冒險故事，他的旅館房間就在我那個街廓的轉角。你說巧不巧？

他在那個旅館房間待了二十年左右，但我兩年後就搬出我的公寓了。我又搬回水牛城，事情並不順利，而我感覺我不要有固定地址比較好，基於移動的目標比較難射中的原理。

前面提到我浪跡天涯來到佛羅里達州，和我的老團長重逢。我找到馬歇爾醫生時是一九七五年十二月，次年二月我去了洛杉磯，在好萊塢的魔幻飯店住了六個月。最後一個月，我的孩子飛來和我一起住。接著，我們魚貫爬上我在那輛福特旅行車掛點之後所買的雪佛蘭黑斑羚，在開回紐約的途中，欣賞各地風光，度過美妙的一個月。

我本來打算直接折返，開回加州，但我卻跑去南卡羅萊納州拜訪一個朋友，還在那裡待到把我正在寫的書寫完。我把書名取作《別無選擇的賊》（*Burglars Can't Be Choosers*），結果它成為一個很長的系列的第一本書，這系列寫的是一個名叫柏尼・羅登拔的行竊高手。我回到紐約，差一點就住進史卡德旅館的一間房間，但最後卻簽下布里克街那間小公寓的租約。

一九七四年九月，我戒菸了。那些年來我戒過很多次，但這次戒成了。我從此不曾回到香菸的懷抱。

並且，在布里克街住了幾個月之後，在村角酒吧和壺魚酒吧消磨過很長的時間之後，我戒酒了。

✦

我確定這和跑步大有關係，儘管在當時我沒有把它們聯想在一起。我的最後一杯酒和拖拖拉拉的第一步之間相隔不會超過幾週，但就在前幾天，我試圖推敲時間順序，卻沒辦法斷定我開始跑步之後是否還在喝酒。在那之前，我從沒想過這件事導致了另一件事的發生。

但當然，事實就是如此。突然之間，我有這麼一股焦躁不安的精力，不知道該拿它怎麼辦。我想都沒想過跑步這個字眼，完全沒有。我只是有一天突然冒出這個念頭，想要試試看繞著街廓跑。我沒去公園，只是沿著蘇利文街跑到西三街，左轉，來到麥杜格街，再左轉……以此類推。盡我所能地跑，接著在走路時喘喘氣，再繼續跑。到了某個地步，我徹底放棄跑步，剩下的路就用走的回家。

我穿著平常的服裝——牛仔褲、長袖運動衫、皮鞋。天曉得我看起來像什麼樣子。旁人說不定覺得我偷了東西，或者殺了人，正在設法逃走。但他們沒管我，畢竟這裡是紐約，有什麼好管的呢？

一兩天後，我拿起話筒，打電話給我的朋友菲利普．弗里德曼（Philip Friedman）。我透過我們共同的經紀人見過菲利普，他似乎是個有趣的傢伙，但就我所知關於他最不同凡響的一件事，就是他是個跑者。他住在上西城，每天都繞著中央公園的水池跑步。而且，事實上他還跑過馬拉松。他原來出身揚克斯市，跑過揚克斯馬拉松，而我覺得這很了不起。

（如果我除了這個比賽的名稱之外還知道其他事情，甚至會覺得更了不起。揚克斯市的比賽是全國難度較高的馬拉松之一。一般而言，它有讓人委靡不振的濕熱天氣，還有峰峰相連到天邊的地形。我自己從來沒有參加過，而且運氣好的話，我永遠也不會參加。）

我告訴他說我開始跑步了，我不確定自己知不知道該怎麼做。他說這件事沒什麼大不了的，除了要記得換腳之外。我有跑鞋嗎？我說我沒有。他建議我去運動鞋專賣店，讓他們賣我一點東西。

我找到了對的店家，帶了一雙 Pony 鞋回家。我記得那雙鞋是藍黃相間的顏色，而且是我穿過最舒適的一雙鞋了。我出門去，繞了華盛頓廣場幾圈。回家後，我把新鞋脫掉，注意到它有幾條縫線斷裂。

於是，我回到那家鞋店，他們表示現在這雙鞋已經穿過了，看得出來它有繞了公園幾圈的痕跡，他們不願意收回去。我大發雷霆，為了擺脫我，他們讓我換了一雙愛迪達。

愛迪達是個好牌子，但我帶回家的那雙異常不合腳。那是一雙薄底跑鞋，提供的緩衝和支撐就和一雙紙拖鞋差不多。整體尺寸也偏小，鞋頭的部分更是太小了。幾個月後，我才恍然大悟，這雙鞋的款式不對，尺寸也不對，所以穿起來才會天殺的難受。我還以為只是習慣的問題，就這樣穿那雙蠢鞋穿了幾個月，到處跑來跑去，每一次都在脫下來時盡情享受整個人如釋重負的感覺。

但我沒讓它阻止我。我每天出去繞華盛頓廣場公園五圈。夏天時，我出城幾週，也找地方跑步——公園裡、馬路上，只要我有半小時到一小時的時間可以從事換腳運動。我從沒允許自己漏掉過一天，因為我有一種只要中斷就回不來了的感覺。

下大雨或路面結冰的日子，我一定暫停過。我還記得在某個接近聖誕節的下雪天，我頭腦清楚到知道要乖乖待在室內，但又頭腦不清楚到穿上我的愛迪達，在客廳裡跑了起來。

我是個跑者。

✦

我很訝異自己能做到這件事。情況可不是說我曾經冒出只要有機會就要來跑跑步的念頭。我不能說我認真想過跑步這檔事——無論是為我自己，或為別人。我知道世界上有人跑步，我會看到這些人在那邊跑來跑去。但我也知道有人隸屬於北極熊俱樂部，他們的成員會在隆冬之中跑到康尼島，像旅鼠一樣衝進結冰的水面。無窮無盡的人做著無窮無盡的蠢事，而這一切跟我有什麼關係？

我記得某個下午，我站在布里克街，和我的公寓隔了幾戶人家的地方，有個人咻一聲從我身旁沒命地跑過，另一個人——一名店老闆？——站在人行道邊，大吼大叫要他站住。我明白我有能力拿下這個歹徒，我很有可能追得上他。畢竟，我是一個身手矯健的跑者。他呼嘯而過，跑得很快，但他又能撐多久呢？我可以邁開大步跑上半小時，屆時他就已經上氣不接下氣，非停下來不可了。

當然，我沒去追那婊子養的。我是說，假設我抓到他了，然後呢？但我在體能上是追得上他的，這層認知本身就充滿了不同凡響的力量。幾個月前，我還辦不到。現在我可以了，而那讓我覺得很不可思議。

✦

我假設它對健康有益。當時是一九七七年，差不多在這個時候，傳說中有關走出戶外去慢跑的益處充斥整個媒體。據推測，如果你每週三次花半小時跑步，就保證能對沒完沒了的不幸疾病免疫，這當中尤以心臟病為最。資歷傲人的醫生們甚至竟然聲稱跑馬拉松的人（或者，按照某個說法，過著馬拉松跑者生活的人）永遠不必擔心冠狀動脈疾病。你或許不太可能長生不死，但當你真的死掉的時候，不會是因為心臟病發。

優秀的跑者兼大名鼎鼎的跑步作家吉姆．費克斯（Jim Fixx）過世時，這種振振有辭的誇誇其談喪失了一點根據。他事實上有心肌梗塞的問題，正值前中年期就嗚呼哀哉了。顯然他有冠狀動脈疾病的遺傳基因；他的一些男性近親都因此喪命。他比其他那些親戚活得要久，所以你也可以說（有些人也確實這麼說）跑步其實還延長了他的壽命。

儘管如此，吉姆．費克斯的不幸不只在於早逝，還在於成為反跑步人士的活教材。年復一年，只要有人提到跑步的益處就會受到質疑，並且扯上可憐的吉姆。幾年前，在吉姆擺脫凡塵的羈絆長達四分之一個世紀之後，我是紐約上州莫宏克山莊的幾位演講來賓之一。一天早上，我跑了一小時左右的跑步機，接著加入其他來賓吃早餐的行列。他們其中之一是一位小有名氣的法醫病理學家，他顯然在我去健身房的途中注意到了，接著他就開始為此砲轟我。

「告訴我，你打算長生不死嗎？」他說。

「沒有啊。」我說：「但我希望能撐到晚餐，聽說菜單上有鹿肉。」

「你們這些人之所以跑步，是因為以為這樣對身體好。」他繼續說：「讓我問你一件事，你還記得吉姆．費克斯嗎？」

✦

「跑馬拉松的人……或者……過著馬拉松跑者生活的人……」

繞著華盛頓廣場公園兜圈子，或沿著某條鄉間小徑或郊區大道慢跑時，我沒有企圖要長生不死的意思。我很高興跑步能減重，或它至少也能讓我吃得比較多卻不會增重。我在佛羅里達州那個夏天減掉的體重，在後來的歲月裡又增增減減了許多次。光是衝著這一點，我似乎就有充分的理由換上短褲、穿上跑鞋、出去跑步。

儘管如此，那個字眼反覆迴盪，而且開始進行細微的滲透。它的呼喚蓋過了什麼減重不減重的雜訊。就是那個字眼，如假包換。

馬拉松。

去跑馬拉松。成為一個馬拉松跑者。

我對馬拉松所知不多。我知道一場馬拉松長達二十六點二英里。我知道他們每年春天都在波士頓舉辦。我知道揚克斯市也有，因為我的朋友菲利普去跑過。然後紐約也有。我還知道，二十六點二英里遠遠超過我的能力所及。

更何況，我管那些賽事做什麼？我做這件事是為了運動，外加那份從中得到了力量的感覺，以及伴隨而來的成就感。對我而言，跑步無疑是一種休閒活動，而不是一個體育項目。沒有競爭的意味，也沒有要找同伴一起的意思。在華盛頓廣場，我和其他人共用人行道，但我沒有要比其他人更快繞完公園一周。我或許可以把我們視為集體一起努力的戰友，但我不認為我真的這麼想過。我似乎從來都沒怎麼注意其他人的存在。

接著，我拿起一本跑步雜誌。最有可能是《跑友天地》（*Runner's World*），但也可能是《路跑時訊》（*Running Times*）。我很快成為這兩份雜誌的固定讀者，迫不及待想要知道我這項新嗜好更多的資訊。或許我能跑得更好，或許我能更有身為一份子的感覺。

兩份雜誌裡都有很多指導材料，但就我看來，一切不外乎一開始菲利普給我的指教，那就是記得換腳。我學到很多關於各種長度的賽事不同的訓練法，乃至於有關水分、養分以及補充訓練的訣竅。我讀了重要賽事比賽結果的報導，也讀了贏家的訪談，以及傑出跑者的個人資料。

漸漸的，我看待跑步的眼光變了。你不再只是為跑而跑，或者為了跑步據說能帶給你的益處而跑。你也不是費盡千辛萬苦只為蓄積腦內啡，儘管兩份雜誌都滔滔不絕大談「跑者快感」這東西。（在此之前的二十年，我攝取過各種各樣改變情緒的物質，我對什麼叫做「快感」清楚得不得了，兜圈子跑步是不會讓你達到那種境界的。）

你日復一日的跑步是訓練。你練跑是為了參賽做準備。你練跑，然後參加比賽。比完之後，你先休息，再展開訓練。為了再次參賽。

那你為什麼要參賽呢？參賽有什麼意義？

唔，如果你是幾百或幾千個人當中前面的十幾名佼佼者，你抱著獲勝的希望而跑。你去到場上，試圖趕在其他所有跑者之前跑完。萬一真的贏了，你或許會登上新聞聯播網（比方說，如果這場比賽是波士頓馬拉松的話），又或許會登上你家鄉的地方新聞（如果你父親和編輯有交情的話）。你不會得到任何獎金，至少在一九七〇年代末期是不會。而且要是扯上獎金，你身為業餘愛好者的地位就岌岌可危，你和奧運也無緣了。

你會在少數關注這種事的相關人等之間贏得一份榮耀。但有些一流的跑者甚至不要這份榮耀，兩位領先的跑者刻意在終點前調整步伐、手牽手一起衝過終點線的情況並不少見。他們要展現出這是一種沒有輸贏的運動，所有跑完的人都是勝利者。

而這一點，當然是絕大多數跑者被吸引到起點線並一路堅持到底的原因。比賽的定義就是一場競爭活動。你可以為你的練跑計時，你可以拿出全力盡可能在最短的時間內跑完一定的距離，但那絕對和參加一場有其他跑者的比賽不一樣。就算是所謂的友誼賽，就算沒人在計時，只要你是一群跑者之一，只要他們吹哨或鳴槍以示起跑，只要有一條終點線要跨越，那就是比賽。

但你不需要跑贏才能當贏家，你只需要跑完。你會試著跑出比上一次比賽還好的成績，而且，為了激發自己做出最好的表現，你可能會格外努力超越跑在你前面幾步的跑者。但那不是真的很重要，你在超越他的那一刻就會把他拋諸腦後，就像你把超越你的跑者拋諸腦後一樣。

你和其他人都在這場比賽裡，但你不是在和他們競爭，而是在和自己競爭。你反覆把號碼布別在你的運動衫上幾次。你反覆把鞋帶綁好幾次。你一次又一次地尿尿、尿尿、再尿尿。最後，你站上起點線，等著比賽開始。

還記得喬治·席翰說跑者和慢跑者之間的差異是什麼嗎？一個比賽號碼。

9 我找到屬於我的運動了

我讀了《跑友天地》和《路跑時訊》兩本雜誌，開始受到潛移默化的影響。我每天所做的事本身並非終點，而是一種準備。我在為參賽做準備。

這種前景讓我覺得既期待又怕受傷害。回顧起來，我能理解那份期待，但當時的我是在怕什麼呢？怕別人會比我還早跑完？我知道他們會的，事實上，所有人都會比我還早跑完，那又怎麼樣呢？怕我會心臟病發死掉？怕會有一隻熊從動物園跑出來、追上我、殺了我？不，不是怕這些。

我怕我會丟臉。

現在，我很務實地明白，如果有幾百個人參賽，每一個人都會專注在自己的表現上，別人看都不會看我一眼。我可以吊車尾跑最後一名，唯一可能注意到這件事的人就是在我前面跑倒數第二的那位。而他對我會有什麼觀感呢？看不起我嗎？屁啦，他才不會。他會很感激，感激涕零，因為我可不是讓他免於墊底的恥辱嗎？

這一切我都明白，但一點兒也沒有幫助。我深怕在一場無所謂失敗的活動上失敗。

✦

我沒有因此永遠裹足不前。後來有一次，我要回水牛城一趟，剛好看到在《路跑時訊》的活動列表上有一場賽事，就是那個週末在水牛城郊區的果園公園舉行。這是一個完美的機會；那裡不會有人認識我，不會有人認出我，而紐約這裡沒有人會知道我做了什麼。如果我讓自己丟臉了，那會是我一個人的小祕密。在我看來，真正的麻煩在於找到果園公園。我借了我媽的車，開到那裡，付了幾塊錢的報名費，把號碼布別上T恤，然後開始擔心我的表現。我有兩個目標：跑完全程，以及比至少一個人更快越過終點線。

時候到了，他們發出比賽開始的信號，我跑了出去。我已經讀過夠多相關資料。我知道新手都會犯一樣的錯誤，他們老是在一開始衝得太快，而且毫不自知。他們被比賽的興奮沖昏頭，以為自己的步伐就像平常一樣和緩，但實際上快了許多。他們盡其所能保持這個速度，接著就耗盡體力，無以為繼。但你瞧，我知道這種毛病，所以我知道要防範它。

然後我反正還是犯了一樣的錯誤。

比賽的距離是很奇怪的六點五五英里。跑道是一點三一英里長的環狀柏油路，我們要繞場五圈。我跑著跑著，將步伐調整成我自己感覺很輕快而不勉強的程度。到了剛進入第三圈一點點的時候，我心臟狂跳，喘不過氣。

我感覺自己像是一個沒通過壓力測驗的人，我也感覺自己像是一個低能的白痴，因為我馬上就明白這是怎麼回事，而這一切都是我的錯。我衝得太快，結果就像我在書上和雜誌上讀到過無數次的那樣。我超過了自己能夠負荷的極限，沒辦法繼續下去了。我沒辦法保持一樣的步調，也沒辦法緩下腳步跑慢一點。我根本完全跑不下去。

所以，我做了我剛開始繞著華盛頓廣場跑步時會做的事。我用走的，感覺自己一敗塗地。看在老天的分上，那是一場「跑者」之間的比賽，而那就是我的身分——一名跑者。但瞧瞧我在做什麼？我在走路。

但至少這樣能讓我繼續朝終點前進。而且，走了一陣子之後，我又能跑了。我跑得不好，我已經好好地把自己累慘了，但我在跑步，而不是走路，這對我來說似乎很重要。我繼續前進，直到跑完五圈，完成比賽。接著，我不可思議地看著好些人在我後面抵達。

其中有一個人，不是最後一名，但也差不多了，他看起來大概二十五歲到三十歲。整場比賽，他都用走的。我覺得很令人費解——在一場滿是跑者的比賽裡用走的？——但至少我贏過他了。儘管我累慘自己，儘管我跑得很爛，至少我還排在那個步行者前面。

否則多可恥啊！

✦

我在果園公園六點五五英里賽跑的成績是五十九分三十三秒。

我是怎麼知道的？嗯哼，我寫下來了。一九七九年，我買了一本叫做《跑得更遠更快》（*Run Farther, Run Faster*）的書，喬．韓德森（Joe Henderson）寫的。一九八〇年的某個時候，我開始更頻繁地參加比賽，也開始在這本書最後面的空白頁記錄每一次比賽的結果。我即時記下了一九八〇年的八場比賽，接著我在另一頁發現一塊空白的地方，就把前一年的四場比賽也記在那裡，每一個都連同大會時間一起記下。（其中一個是在曼哈頓上城地勢高低起伏的十公里賽事，我知道我跑了幾分鐘，但不知道幾秒鐘，於是我的紀錄寫著「高地－因伍德十公里——五十三分？？秒」。）

我繼續邊跑邊記錄每一場比賽，一直記到一九八二年的十月底。想起來的時候，我也會記下日期。幾乎毫無例外地，我都會記下我的選手編號，儘管我也不知道自己為什麼會覺得那很值得記上一筆。為比賽留下紀錄顯然對我很重要。一九八一年夏天，當我揹著一個盡可能減輕重量的大背包行遍全國時，我在背包裡騰出了一個空間給喬．韓德森的書。我在六個州參加了八場比賽，並把它們悉數記錄下來。

這本書裡記下的最後一場比賽，是一九八二年萬聖節前夕在中央公園的八公里賽事。當時我住在布魯克林綠角區的曼哈頓大道上。回家之後，我把這場比賽記錄到這本書裡，寫下我跑出的時間和選手編號。接著，我就把這本書收起來，直到二〇〇五年一月九日才又再度參賽。

那一場的賽程有五英里，和萬聖節前夕的比賽在同一個場地舉行。回到我在格林威治村的公寓後，我首先做的事情之一就是到書櫃上拿下喬．韓德森的書。那是唯一一本我還留著的跑步書，而我保留它只因裡面有我做的比賽紀錄。我把它打開，找到一九八二年的最後一筆紀錄，在底下畫一條線。在那條線的下方，我寫下「二〇〇五」，接著又寫下這場新比賽的所有資料——日期、賽事名稱、我的選手編號，以及我跑出的大會時間。

✦

我在一九七九年的第二場比賽是「新哈林十公里路跑」。活動由紐約路跑俱樂部贊助，在哈林區的街道上舉行，我一般不會有理由造訪這一區的街道。一兩天後，有個人——我相信是專欄作者吉米．布雷斯林（Jimmy Breslin）——寫了這一區居民看到週日一早「有一千個瘦巴巴的白人穿著內衣跑來跑去」的困惑反應。

我已經從果園公園學到了教訓。比賽開始時，我保持合理的步調，而且一路順利保持到終點。我的成績是五十一分四十九秒，我的號碼是二一五六號，但真的很棒的一點是我除了時間和號碼，還帶了別的東西回家。我得到一件T恤。

唔，每個參賽的人都有一件。這件T恤是一件棉質無袖背心，正面有這場比賽的名稱。T恤是白的，上面的字是紅的和藍的。我驕傲地穿著它。

那年，我又跑了兩場比賽——高地－因伍德十公里路跑（在崔恩堡公園有一段險峻、可惡的下坡路；爬坡讓你很累，但下坡摧殘你的膝蓋），以及佛蒙特州本寧頓鎮一場七點六英里的比賽。關於後者，我什麼也不記得，只記得我順便在佛蒙特州度了一星期的假（當然，也記得我的成績：一小時零八分十八秒）。在本寧頓鎮，他們沒發T恤，但高地－因伍德的比賽和第二年的八場比賽多數都讓我得到一件T恤。

八場比賽都在夏末和秋天。我一定是差不多這個時候加入紐約路跑俱樂部的。會員參賽時可以少付一兩塊，而我已經到了一種省下來的錢可能高過會費的地步。他們也為會員提供其他活動，像是集體練跑和各式各樣的指導課之類的。但這些活動都在中央公園的東側進行，也就是第十九街和第五大道那裡。而我當時住在格林威治村的格林威治街，從這裡到那裡可不是穿越公園而已的距離。（紐約路跑俱樂部多數的比賽也從那裡開始，但我覺得值得這一趟路。）

一九八〇年的最後一場比賽，是我截至當時為止比過最長的距離。十二月十四日，在中央公園，高低起伏的十英里路。也差不多在這個時候，我開始做起馬拉松的美夢。

十一月時，他們舉辦了紐約馬拉松，但當然我想都沒想過要參加。我知道我跑不了那麼遠，但我也知道那是我最終想要達成的目標。又差不多在這個時候，我從我的跑步雜誌上讀到三月底要舉辦第一場的倫敦馬拉松。我在一年前左右去過倫敦，那些年來我去過那座城市幾次，有機會再回去讓我覺得很興奮，而且這次還是要參加那裡的第一場馬拉松。

根據我讀過的資料，我有足夠的時間為那樣一段距離做訓練。我要的只是跑完全程，而這也似乎是個合理的目標。

而且，夠令人開心的是，紐約路跑俱樂部的練跑行事曆可以協助我達成那個目標。伴隨幾次賽程較短的比賽，俱樂部的冬季行事曆包括在一月連續舉辦十五公里和二十公里路跑，二月舉辦二十五公里和二十英里賽事。二十英里的那一場是在馬拉松前五週舉行，並且只比我在倫敦要跑的距離少六點二英里。這會是一塊完美的墊腳石，我想我按部就班是可以達成目標的，所以我把報名表寄出去，訂了往倫敦的航班，鄭重展開訓練大計。

我覺得我辦得到。而且，就像在果園公園的初體驗，那裡離紐約很遠，在那座城市沒人認識我。萬一我搞砸了，誰知道呢？

✦

時間進入一九八一年，我增加了我的訓練里程。這時的紐約已經關閉老舊的西側公路——一條開始搖搖欲墜、排定要進行拆除的高架道路。儘管事到如今，它還保留了一截在曼哈頓下城，從巴特里公園延伸到第十四街，車輛禁止通行，但對跑者開放。

（也開放給溜冰的人。有一次，我在那條空蕩蕩的公路上朝北跑累積著我的里程，突然有兩個往南溜冰的人映入眼簾。隨著他們越靠越近，我看出他們是一男一女。他們並排著一起靠近，這時那女的眼睛一亮、滿臉堆笑，敞開她的襯衫向我展示她的胸部。接著，他們就不見了。我再也沒看過他們，儘管直到這座公路拆毀前我都沒有完全放棄希望。）

我每天練跑，按照建議逐週增加里程。我也每週賽跑，這點顯然很不建議。但俱樂部按時舉行賽跑並發放T恤，而我抗拒不了。

參加賽程比較長的比賽或許是個好主意，因為可以讓我為倫敦做準備。參加比較短的四、五、六英里賽事或許不是個好主意，但似乎也無傷大雅，我可沒有它們造成了任何損害的證據，長距離的訓練亦然。

在較為短程的比賽中，我的均速是每英里九分鐘。而在較為長程的比賽中，我的速度也沒慢多少。十五公里的比賽，我跑了一小時二十八分，二十公里則跑了兩小時零一分。在二月八日，我的紀錄說我在兩小時四十五分內跑完二十五公里。我記得那場比賽，我也記得我跑得很痛，但我跑完了。那或許是一個錯誤，但和我下一週在練跑時犯的錯誤比起來，那還算不上什麼。

我正在前往西側公路的途中。我穿越西街，朝通往高架道路的坡道跑去。我踏壞了一步，傷到了右膝，很痛——我的老天，很痛——如果重來一次，我會當場立刻停下來，小心翼翼地慢慢走回家，為膝蓋冰敷，那星期剩下的日子都休息，之後再重新開始練跑，小心翼翼地慢慢跑。

但我沒那樣做。

相反的，我勉強爬上坡道，上了公路，跑了一陣子。那天的運動結束後，我的膝蓋比之前痛得更厲害。等我回到家，它還在痛，第二天早上起床時也是。有一兩天，我硬是繼續練跑——因為我要參加的馬拉松近在眼前，我需要跑到足夠的里程數，不是嗎？

你知道的，你會認為一個年輕小夥子才會做出這種蠢事，但當時的我已經四十二歲了。我到底在想什麼？

無論是在想什麼，幾天之後，我都不能再想下去了。我的膝蓋真的很痛，而我每出門練跑一次都只讓情況更嚴重。它不時會耍我一下，因為它只有在我跑步時會痛。身體的重量壓在彎曲的膝蓋上時所造成的衝擊，讓我痛到一個極致。但在走路時，我頂多只感到輕微的疼痛，多半是一點兒也不會痛。

一開始，我只覺得倫敦馬拉松想都別想了。我付的報名費實在微不足道。我不記得是多少錢，但不可能高過二十五塊之類的。我付的幾百塊機票錢才是較為可觀的一筆損失，但這也是次要的，重要的是我真的很期待這次比賽，這下子卻被我自己的無知和愚蠢搞砸了。

除非我照去不誤，用走的完賽。

在果園公園的畢生第一場比賽，我對那唯一一名步行者的觀感在困惑與輕視之間徘徊。畢竟，步行是我在學會跑步之前就已經會做的事。而在一場比賽中，你的目標是盡快從起點抵達終點，為什麼有人要刻意選擇一個比較慢的步調？這有道理嗎？

從那之後，我學會從不同的眼光看待步行者。每一場紐約路跑俱樂部的比賽中都有一個競走組，率先越過終點線的前三人就算獲勝。他們不只是步行者而已，他們是競走選手。當我看著他們的時候，我必須承認他們看起來很不錯。乍看之下，那種扭腰擺臀的風格有點逗，但不需要多久就看習慣了。而一旦習慣之後，你再也不會覺得這幅畫面很逗。

但更了不起的是競走選手比賽結束時的模樣。比較慢、狀況比較差的跑者在抵達終點線時看起來就像發生船難的金星號[14]。他們彎腰駝背，脖子卻往後仰，盡其所能要把頭抬高，癱軟的雙

14 典出美國詩人朗費羅（Henry Wadsworth Longfellow，1807-1882）的詩〈金星號遇難〉（*The Wreck of the*

手舉在前方，貌似乞求點心的小狗。許多選手看起來真的很慘烈，而倘若這些狼狽的難民是你唯一看過的跑者，要說服你相信這是一個對你好的志業就難了。

另一方面，競走選手卻是抬頭挺胸邁向終點線，姿態無懈可擊，雙臂毅然決然地擺動。他們或許比領先的跑者慢了幾天完賽，但他們會比許多真正的龜速人更早越過終點線，而這時的他們看起來真是太神氣了。

所以，我變得對競走選手肅然起敬。我不想成為他們之一，但這並不代表他們或他們所做的事情有什麼不對。

✦

如果可以用競走的方式，接下來幾週，我就可以繼續訓練，而不再對膝蓋造成更多傷害。我可以保持在狀態內，如果膝蓋復元得夠快，我到頭來可能還是可以去跑倫敦馬拉松。就算跑不了，說不定還能用走的。

但首先，我必須學會如何競走。

最初繞著華盛頓廣場兜圈子時，我也必須學一下跑步，但我不需要任何人教。競走就不同了，它牽涉到一種微妙的雙腳打直的走法，沒有人會自然而然這樣走——或許除了低階機器人之外。

話說，有些人或許能夠藉由看別人怎麼做、模仿別人的動作來學會這門絕技，但照這樣說來，我也一樣可以藉由看鳥怎麼做來學飛。我有沒有提過我是幼稚園班上唯一一個想不透要怎麼跳繩

Hesperus）。

的人？（但我確實學了，因為我媽教我了。幾年後，當葛德法斯老師一把將我從五年級推上七年級時，我媽對於這個不會跳繩的男孩竟然跳過整個六年級感到一種飄飄欲仙的欣慰。）

幸運的是，我不需要自學競走。每個星期六早上，紐約競走界的第一把交椅霍華德．賈克伯森（Howard Jacobson）都在中央公園帶指導課，就在紐約路跑俱樂部多數比賽開始的那個東側地點。課程是免費的，你只要出現在那裡就可以上。而在我傷到膝蓋之後，那就是我每週六會做的事。

我和其他二、三十個人一起出現在那裡。聆聽幾分鐘的基本說明之後，我們全員出動，繞公園走六英里，按照我們自己選擇的步速移動。結果我和跟我差不多大的一男一女走在一起，他倆都有競走的經驗。我們按照那男的估算以每英里十三分鐘的步速行進，我鼓動雙臂、雙膝保持打直，做出似乎和其他每一個人都很像的動作。

我不知道競走很輕鬆。相較於跑步，競走出力較多，前進得比較慢，過程中也為旁觀者製造比較多樂趣。我太過於努力要讓它變得輕鬆，力圖做對，拚命跟上我的同伴。到了我們回到起點時，我無疑感覺像是好好運動了一番。但我不覺得累，甚至也不像我快跑六英里之後常常感到的那麼累。

而且，我的膝蓋感覺很好。

從那之後，我照樣每天出去訓練一兩小時，訓練時膝蓋打直、手臂擺動。一兩個星期過後，我第一次以競走選手的身分上場，參加了邁克．漢濃紀念賽，那是在中央公園舉行的二十英里賽事。那會是我截至當時為止距離最長的比賽，比二十五公里那場還多出四英里半，而我絕對不至於無法完成它。話說回來，就算我走個一兩圈就作罷，沒能走完全程，我還是會搭一樣的公車回家，所以何不試一試，紀念一下邁克．漢濃？

（管他是誰。俱樂部會舉行一些紀念賽，而他們從不費事說明我們要紀念的人是什麼來頭。過了這些年，我還是記得邁克．漢濃這個名字，也還是不知道這個人是幹嘛的。）

關於這場比賽，我記得的不多。我記得天冷但晴朗，我記得場地很小，因為大家都覺得在二月參加二十英里賽事的誘惑令人難以抗拒，尤其是在老套的同一個中央公園的環型跑道。這次他們甚至沒發T恤。基於對邁克的敬愛。

我們沿著五英里長的環型跑道繞行四圈——也有各種不同路程的選項，中央公園的環型跑道可以是四或五或六英里長——差不多在第三圈快繞完的時候，我明白到我能完成比賽。我確實完成了，而且不必拖著自己越過終點線。我以良好的狀態完賽（或以我而言所能達到的良好狀態），根據我所做的紀錄，完賽時間是四小時九分三十一秒，換算起來是每英里十二分半。如果我在倫敦保持一樣的步速，就會在大概五小時二十五分之類的時間內完成整場馬拉松。

我辦得到。

我會花比贏得比賽的那個人多兩倍多的時間，但這有什麼關係？就算我用跑的，就算我拿出我最好的五英里步速來走二十六英里路，我還是會比獲勝者晚一小時又四十五分鐘抵達終點線。我去倫敦的時候不會和其他參賽者競爭，甚至不會和自己競爭，我要挑戰的是那段距離，而我現在有理由相信我能挑戰成功。

我從公園搭公車回家，在距離我家幾條街的地方碰到一個我認識的人。我看起來一定滿面春風，因為他表示我異乎尋常地有朝氣。「我找到屬於我的運動了。」我告訴他。

10 競走、快走、健走

我找到屬於我的運動了，而那是個很怪的運動。

一個人要怎麼談論競走而不承認它就是很怪?它確實是一種運動，如假包換。它擁有悠久的歷史，從二十世紀早期就是奧運項目之一。我們這些就算只是稍稍把競走（racewalking）當一回事的玩家，並不在乎我們所做的事情被誤稱為「快走」（speedwalking）或「健走」（powerwalking）。我一直沒能判別這兩個詞彙是什麼意思，就我所知，它們反正可以用來指任何不按照競走規則進行的快速走路法。

而它們似乎毫無疑問地會惹惱我。我從來不曾糾正任何人的文法錯誤（儘管我不介意得意洋洋地指出來），但當有人說我在做的事情是「健走」時，我好像就是無法不跟他們講清楚、說明白。「是競走。」我說，儘管你會認為我應該要心裡有數的——他們會繼續隨心所欲地稱呼它，我也會繼續糾正他們，而這麼做就像設法吹熄燈泡一樣有意義。

儘管有些人弄不清楚，術語的部分還算是簡單的了。怪的是這個運動本身，倒也不是怪在它呈現出來的樣子（你會習慣的）或那種不自然的姿勢（拜託告訴我，跨欄的動作又有什麼自然可言？）。它最根本的怪是怪在規則，而迅速回顧一下其演進過程就看得出來這些規則是怎麼來的、為什麼有必要，以及它們是怎麼讓這整件事永遠無法擺脫怪的宿命。

長距離走路比賽這件事由來已久。或許很難以置信，但在十九世紀，長達六天的走路競賽是一件場面熱烈、萬眾圍觀的體育盛事。一座座城市都有自己的步行比賽，不時也有橫跨全國的賽事。在內布拉斯加州某個鳥不生蛋的小鎮，居民或許會守在全鎮唯一一個車輛禁行號誌前，等著看選手通過，我能明白為什麼，但比較典型的做法是在體育館內舉行比賽，參賽者沿著四分之一英里長的煤渣跑道繞行一百四十四小時。（別忘了，這差不多是維多利亞時期小說家被出版商要求必須交出三部曲的年代；我想若說我們的祖先迫切需要一點消遣並不為過，而且，老天保佑，他們還滿容易被取悅的。）

「路行運動會」（pedestrianism）是一個被用來指稱這種活動的詞彙，而它並不僅限於步行。這些比賽常常是採隨心所欲的風格，參賽者可以按照自己的意思選擇用跑的，跑多久都沒關係。

我不知道參賽者跑了多少路。如果那時候有電視的存在，我們就可以看一下錄影帶，找出答案來。但話說回來，如果他們有電視，路行運動會就不會享有廣大的觀眾群。當今最接近十九世紀路行運動會的活動是二十四小時耐力賽和連日賽（後者容後再談，在很後面的地方）。就我的經驗而言，少數的參賽者會整整跑二十四小時，大部分的跑者則會混和一定的步行量，最初幾小時較少，越接近尾聲則越多。還有，當然，比賽中一般也會有少數的超級步行者，從頭到尾都用走的。

我猜在古時候他們走得較多、跑得較少，但由於當時在這兩者間沒有明確的界線，一名來自現代的裁判可能會認為他們的走路有些算是跑步。

問題來了。

由於步行變得不只是消遣，更是一種體育競賽，江湖上對於短程賽事的需求應運而生。大家希望步行者還是可以互相較量，但選手或觀眾都不必投入整整六天。當時已有較短的賽事存在，也真的是基於隨心所欲的原則，但每個人都用跑的，因為用跑的快多了。那麼，難道你就不能索性禁止用跑的，並為步行者舉辦更短的賽事嗎？每個人肯定都會分辨走路和跑步的不同，對吧？

嗯，不一定喔。事情沒那麼簡單。首先，你必須同意是什麼構成所謂的「走」，又是怎樣算越線而只能被稱之為「跑」。據我估計，這種區別的演進是一個頗為複雜的過程，但我也推測各位讀到這裡已經對競走是怎麼來的沒多大興趣了。

所以，讓我們切入重點。步行和奔跑之間的區別有兩項要素。首先，你的腳在邁步時必須在某個步驟保持打直。其次，從頭到尾你都要有一隻腳保持與地面接觸。

從我開始學競走以來的四分之一個世紀間，第一個腳打直的條件稍微有點改變。本來我學的是前進的那隻腳在腳跟觸地時要打直，現在規則改了，變成膝蓋在一個步幅的中間點要打直，也就是身體在腳正上方的時候（不要為了這個畫面想破頭。我必須要說，它做起來比要解釋得能讓人理解更容易。）

如果你在一場正式的競走比賽中違反了這條規定，裁判會說你「屈膝犯規」（creeping）。

第二個條件——從頭到尾都要有一隻腳保持觸地——比較容易理解，也比較容易解釋。（對，沒錯，你不必是同一隻腳從頭到尾都保持觸地。）如果你違反這條規定，他們會說你「離地犯規」（lifting）。

離地犯規比較好理解，但並沒有因此比較好避免。越擅長競走，你就走得越快；走得越快，你就越容易觸犯不可離地的規定，卻絲毫不知道自己做了什麼。這就是為什麼奧運競走選手常常喪失比賽資格。他們不是故意要作弊。滿場到處都是裁判，瘋了才會故意作弊。但如果你走得夠快，就很有可能造成一隻腳已經離開地面、另一隻腳還來不及回到地上的結果。這就構成離地犯規，而裁判會因此判你失格。

但只有在被他們發現的情況下。這不是那麼容易看出來，而且他們必須要能親眼看到才算數。因為，你瞧，如果你把一流競走選手競走的畫面拍下來，然後慢動作播放，一格一格檢視，你會發現一個令人不安的事實，那就是每個人都犯規離地。

於是，他們隨機應變，把規定調整了一下。離地必須是肉眼在沒有工具輔助之下看到，才構成犯規。（容我指出一點，其實也不必完全是在沒有工具輔助的前提下。用來矯正近視或散光之類的眼鏡或隱形眼鏡是可以接受的，望遠鏡則不行。）

多數競走選手都對比賽規則沒有問題。那些有問題的往往屬於三種人的其中一種，方便起見，我們姑且稱這三種人為好手、菜鳥和倒楣鬼。

首先是好手。奧運的競走比賽中，不時會發生一整個國家代表隊都喪失資格的狀況。幾年前，這件事發生在墨西哥隊身上。他們是速度最快的一組，而他們全都因為離地犯規被踢出去。差不多與此同時，有一組義大利橋牌代表隊在一場國際賽事中因為作弊喪失資格，但這不一樣，打橋牌作弊的人知道自己做了什麼。墨西哥隊以為他們是合乎規定的，只是裁判不這麼認為。

以滑翔翼來講，就我的理解，你玩得越好，這項消遣就變得越危險。隨著技藝的精進，你會讓自己置身於比較不厲害的玩家所難以企及的險境。接著，要是有哪個環節出了差錯，比方說，某一股上升氣流突然消失之類的，那你所能做的就是墜落地面。

這種懲罰無疑比喪失資格嚴厲許多。

再來是菜鳥。未接受適當的指導就投入這項運動的競走新手，可能因為沒學過符合規定的走法而喪失資格。他們多半會在不該屈膝時屈膝。這樣的選手如果遭到舉牌警告或取消資格，或許會促使他多多學習、糾正自己的技巧。

最後是倒楣鬼。不是每一個人的身體構造都能以恰當的方式競走。我有一個很熱中於二十四小時耐力賽和連日賽的朋友，他有一隻腳的膝蓋沒辦法完全打直。另外有一個我在德克薩斯州遇到的同好，他是少數合格的百英里王[15]之一，他在一場正式的比賽中於二十四小時內走完一百英里。他說他再也不競走了，因為他沒辦法長距離保持膝蓋打直。他走路，而他的走法沒有一絲一毫會讓人認為那是跑步，但那不是競走。

在超走[16]界，一般都有競走規則並不適用的共識。在歐洲和澳洲，許多超走選手打從一開始就不曾學過特定的競走技法，他們只是以自然而然的方式盡量走快。在美國，我們則盡量在可能的範圍內遵守競走技法。百英里賽的裁判不管你的膝蓋是不是軟掉，離地在這種比賽的步法中也不是問題。

就在一場這樣的賽事中，我的朋友歐里．南伊斯比到後來全身虛脫，痛苦不堪。他告訴一個裁判：「如果你能挺身而出取消我的資格，我求之不得。」這位裁判回應道：「不行啊。除非你用跑的，我才能判你失格。但照目前看來，就算有一頭熊在追你，你也跑不起來吧。」

15 Centurion，競走術語，指在正式比賽中二十四小時內走完一百英里（相當於一百六十點九公里）以上的完賽者。

16 Ultradistance walking，指超過一般馬拉松長度的超長距離競走，例如百英里賽。

11 把開車留給灰狗

邁克．漢濃紀念賽順利完成，倫敦馬拉松的終點線看來大有希望。於是，我每天出門練走，每週末參加比賽。中央公園的十公里和五英里賽，布朗克斯區的五英里賽，布魯克林區的半馬。我在布朗克斯那場比賽的成績是五十一分四十秒，布魯克林則是兩小時二十二分二十五秒。

跑完布魯克林，我的腳一團糟。過了這些年後，稍微瀏覽一下我的比賽行事曆，就足以確定當時的我做過頭了。但在當時，我只知道我的腳情況不妙，又是水泡，又是瘀，又是痛。膝蓋沒事，競走真的可以避免對膝蓋造成壓力，但雙腳付出了代價。我等著它們好轉，但並沒有好轉。到我搭上飛往倫敦的班機時，我很擔心自己無法完賽——說不定還會被建議說最好連開始都不要。

我在希斯洛機場降落，在帕丁頓找到一家民宿。我去會場領了我的號碼和紀念T恤，T恤上是一隻身穿英國國旗的鬥牛犬，看起來精力旺盛、蠢蠢欲動。我把衣服帶回民宿房間，心想不知我有沒有機會穿它一穿。

因為我很久之前就決定，穿上比賽T恤的權力必須是你贏來的，而我從不在完賽前穿上。這一點從來不成問題，因為截至目前為止我都完成了我所報名的比賽，但我怎能期望完成眼前這一場？甚至，我又何必要開始呢？

我在倫敦有幾天的時間考慮，這幾天我花在參觀這座城市。我所參觀的博物館包括華勒斯典藏館，那是一間小型博物館，主要收藏十九世紀法國藝術家充滿詩情畫意的田園牧羊畫。這應該要緩和我的焦慮，讓我忘卻迫在眉睫的比賽。但我發現沒有用，因為我竟然注意到那些光著腳丫的牧羊人一個個都有比大腳趾長出許多的二腳趾。

這意味著他們全都罹患了摩頓腳——一種跑者和他們的足科醫生都很熟悉的構造畸形。

✦

馬拉松到來的前幾天，我的腳絲毫沒有好轉的跡象。賽前一晚下了雨，比賽開始時還在下。賽程的起點在倫敦南邊某個地方，倫敦塔橋會是中間點。我設法到了那裡，心裡明白我不可能走完二十六英里，或任何比較接近的距離。我甚至連努力想像自己完賽的畫面都沒辦法。

讓我站上起點線的原因，是我和自己小小討價還價了一下。我想我可以完成三英里路，而我決定只要這樣就有資格穿上那件天殺的T恤。我的腳已經浸濕了，走起來很痛，而我看不出來穿著濕掉的襪子要怎麼好走一點。

（當然是棉襪。當時一般普遍認為天然纖維完勝人造纖維，而且一個真正的男人是不會穿聚酯纖維的。棉料有很多優點，但多數優點都在你流汗時就瞬間消失。時至今日，所有的運動襪用的不是人造纖維就是羊毛，而且跑者酷愛有排汗功能的「高科技」運動衫。棉襪、棉衫、不合腳的鞋——喔，我真是在最佳狀態。）

儘管如此，三英里路。要走三英里路能有多難呢？

✦

我走完全程。

我實在不知道是什麼讓我撐下去。我猜是某種固執的決心吧，但若是如此，那份決心也完全是在潛意識的層面操作。因為在比賽開始時，我無意堅持超過三英里路。我並不奢望更多。

腳痛也沒有突然減輕到讓我臨時改變主意。我的腳很痛，從頭痛到尾。

比賽的主辦單位很清楚不是每個人都能比完全程，他們安排了一兩台巴士跟在隊伍後面清場，把那些很明智地判定夠了就是夠了的脫隊者撿起來。一旦通過十三英里的指標，亦即賽程的中間點，你就要靠自己了；如果你想半途而廢，你可以跳上地鐵或攔一輛計程車。

我繼續走，通過三英里指標，通過五英里指標，以此類推。我一直告訴自己，等一下我就不玩了。隨著我越來越靠近倫敦塔橋，我知道是放棄的時候了。

接著，我看到了那座橋，明白我完成一半賽程了。我繼續前進，越過那座橋，第一次感到我說不定其實可以走完全程。因為我的腳並沒有比一開始時糟，它們也不會變得更濕，因為就算是棉襪也只能吸這麼多水了。

經過倫敦塔橋之後，再過兩英里的地方，我們有一段環繞狗狗島[17]的六英里路程。那裡沒有狗狗可看，也沒有太多別的東西可看。在當時，那裡還只是市區裡一塊沒什麼意思的荒地。那裡也是整個賽程當中我最後一個有記憶的地方。終點在憲法丘路——他們第二年換到別處了——但我不知道我們是怎麼到那裡的。我對路線只保持了夠我繼續走下去的注意力。

17 Isle of Dogs，一般譯作道格斯島，位於倫敦東區，為泰晤士河泥沙堆積所形成的小島。

在非常接近終點的某個地方，我們的路線來到一個很大的十字路口。在比賽的那個階段，交通管制有點鬆散。為了保命，我硬是強迫自己扭起屁股跑過那段五十碼長的人行道。但除此之外，我全程都用走的。

距離終點一英里左右，我聽到有人叫我的名字，一抬頭看到我的好友派特·崔斯。他來倫敦出差，特地現身為我加油。這激勵我加快腳步，我以五小時二十二分三十七秒的大會時間越過終點線。

✦

接下來兩天，我渾身痠痛，但並沒有很嚴重。星期三，我搭了火車和公車到格拉斯頓伯里，在那裡待了兩天，四處走來走去，還爬了高塔山。接著我飛回家，繼續回到我的比賽大業上。

那年，我一定也做了別的事情。我在《作家文摘》（*Writers Digest*）每個月寫一篇專欄，代筆寫了一部劇本的初稿，交了四首歌給一齣外百老匯[18]時事諷刺歌舞劇。秋天，我寫了一部長篇小說叫《八百萬種死法》（*Eight Million Ways to Die*）。我結束一段感情，短暫空白一陣子，又投入另一段感情。我來回歐洲兩次，搭了一連串西行的長途客運車，再從洛杉磯飛回家。整體而言，那是頗為忙碌的一年。但當我回顧那段時間，在我看來，我似乎都在比賽。

一九八一年，我參加了四十場比賽，包括五場馬拉松，總計是三百七十四點五英里路。

18 百老匯劇院規模為五百人以上的劇場，外百老匯（off-broadway）則是一百至四百九十九人座位的劇場，另有外外百老匯（off-off-broadway），規模為一百人以下。

✦

從倫敦回來之後，我首先做的事情之一，就是報名馬德里馬拉松。紐約路跑俱樂部提供團體旅遊行程，包含機票、市區旅館一週的住宿，以及比賽的報名費。我加入了，還帶了我的女兒吉兒（Jill）一起去，她即將在比賽後一兩個星期年滿十八歲。紐約團還有其他八到十位成員，包括兩位一流好手——吉莉安．亞當斯和歐迪斯．桑德斯，他們由紐約路跑俱樂部贊助參賽。

在倫敦和馬德里之間，我排了七場比賽進去。其中四場用走的，又因為我的膝蓋似乎復元了，另外三場用跑的。畢竟，走路是我逼不得已的選擇，如果不再有必要，為什麼不用跑的呢？用跑的無疑比較快，在短程比賽中約是每英里三分鐘。

到馬德里之後，我在雷提洛公園做了一點訓練。那是一座風景優美的公園，聞起來有微妙的貓砂盆味。吉兒參加過中央公園的幾場賽事，她本來覺得或許可以試試跑馬拉松，但最後決定在旁邊看就是夠大的挑戰了。於是，星期天早晨，我和其他參賽者排排站，她在場外當觀眾。

我對這場比賽最深刻的印象，就是少數親眼目睹的馬德里人徹底摸不著頭腦的模樣。在馬德里這座城市，絕大多數的民眾半夜才坐下來吃晚餐，接著聚會到凌晨四、五點。於是乎，我們跑過空蕩蕩的街道，兩旁沒有歡呼的群眾，只有基本上空無一人的人行道。轉角的地方不時也有少數等紅燈的人，但他們的反應都是目瞪口呆地望著我們。這是馬德里第四年舉辦馬拉松，但還沒有在一般大眾之間形成風氣，而你看得出來這些人想不透我們在幹什麼，或為什麼要這麼做。

我覺得無所謂。我對他們不比他們對我感興趣。我跑過一些雄偉壯觀的公共大樓，但我也不在乎它們。我只顧跑我的，接著，我的膝蓋痛了起來。

於是，我盡我所能地跑，差不多在十六英里指標（儘管指標上寫的說不定是公里數）附近，我改成用競走的方式，以此完成最後的十英里路。我的成績是四小時四十三分二十三秒，比倫敦快了三十九分鐘，但這兩者不能真的拿來相提並論，因為一場純粹是走路，另一場混合了走和跑。儘管如此，這比我之前達成的時間要快，而且我完成了畢生第二場馬拉松，我覺得很好。

毫無意外，吉莉安和歐迪斯是這場馬拉松的兩位優勝者，他們是世界級的選手，也沒讓大家失望。我們一起慶祝他們的勝利和我們全體的勝利，接著吉兒和我在飛回紐約之前，款待自己兩天的巴塞隆納之旅。

五月三十一日，我搭地鐵到皇后區，在森林公園跑了一場十公里的比賽。接著，我回家打包行李，午夜過後不久，我出現在第八大道和第三十四街交界的郵政總局，把一個信封丟進投遞孔。信封裡面是紐約市馬拉松的報名表，它的郵戳日期必須是在六月一號以後。報名要憑運氣，蓋上六月最早的郵戳絲毫不能保證報名成功。但只要把我的申請資料寄出去，我就可以出城了。

我從郵局直接前往灰狗巴士站，在一張長凳上坐了兩小時，然後搭上一輛前往俄亥俄州哥倫布市的巴士。

✦

我從一九七七年秋天起就和一個女人住在一起，經過三年半，我們已經玩完了的事實算是很清楚了。然而，在紐約市，要把最後一場分手戲延後是很容易的事，尤其當這其中牽涉到一戶租金固定的公寓時。某種惰性使然，雙方都完全樂意讓對方搬出去，但雙方都不傾向於自己搬出去。

那年春天，我們收到通知說那棟建築要變成合作公寓了，我們有機會要嘛買下我們那一戶，要嘛繼續當合法承租戶。我負擔不起買任何東西，而這看來像是一個恰恰好的分手時機，所以我們同意讓她繼續住下去，我則把我在這俗世間的東西暫時寄放在那裡，到秋天再把它們搬到任何我能找到的新住處去。

六月一日起生效，我不再有一個住處，也不再有租金要付。我也沒有什麼迫切的理由要為接下來三個月的時間找好新的住處。那麼，這豈不是一個到處看看敝國風光的完美良機——並且，在此同時，盡可能跑遍各地。

《路跑時訊》很快就向我保證每個週末都有賽事遍布全美，包括那些我還不曾有機會造訪的地方。我當時沒車可開，但我也不需要一輛車。我百分之百樂意把開車留給灰狗，一如他們的廣告建議的那樣，我甚至還在一首歌當中用了這個句子：

我要把我的史密斯牌打字機
留給幫它維修的老兄
我要把我的鄉村小公寓
留給一起住的那個女人
我要把鑰匙留在信箱裡
它們在那裡很好找
我要把開車留給灰狗
我要把紐約拋在腦後
我要離開

搭乘一輛西行的巴士
背包裡裝不下的
統統留在過去
我的襯衫和衣領
還有那些勒住脖子的領帶
開車就交給灰狗
我要把紐約拋在腦後

這首歌是我寫給一齣叫做《蘋果醬》（*Applesauce*）的時事諷刺歌舞劇的四首歌之一，第二年，這齣戲在外外百老匯有一連串的演出，總共為我賺進五十八美元。但我寫它時沒有抱著發財或功成名就的夢想，它就像我所有的歌曲，只是我在各地晃遊時唱給自己聽的東西，五音不全又七零八落。

除了不在灰狗路線上的阿拉斯加州和夏威夷州，還有四個州年復一年被我錯過——愛荷華州、北達科塔州、蒙大拿州和愛達荷州。我坐下來，攤開《路跑時訊》和一張地圖，然後把計畫擬出來。一旦把馬拉松申請表寄出去，我就上路了。

我的第一班灰狗把我帶到俄亥俄州哥倫布市，在那裡，我安插了一次跑步訓練，再搭上車轉到芝加哥。我住進ＹＭＣＡ，參加了林肯公園的八點九英里賽跑。（基於某種原因，我在賽前一週只吃水果，結果這次的營養攝取實驗成了一場災難；比賽時，我徹底跑到沒氣，後來才明白我可能已經千鈞一髮瀕臨衰竭了。）我的成績是一小時三十五分，比我在狀況良好時競走所能達到的成績還差，而我能完賽已經很幸運了。（另一方面，那是我這段距離的個人最佳紀錄，而且很有可能保持到下一場八點九英里賽事到來。）

我從芝加哥到愛荷華城，在某種青年旅舍住了幾天，遇到一個差不多我這個年紀的人，他也正處於一段感情結束後的整頓期。「這種事要花時間。」他說：「急不得。我還沒準備好要回去面對一切，但我感覺得出來自己真的有進步。」那他這段感情確切是什麼時候搞砸的？五年多一點之前，他說。我的心往下一沉。

我搭便車到狄蒙市，在我的老友肯尼．布雷賽特（Ken Bressett）家借宿一晚。一九六四年時，他曾雇我到西部出版社（Western Publishing）的集幣冊部門當編輯，而我也在威斯康辛州的拉辛市度過愉快的一年半，直到我恍然大悟我的人生有別的事情想做。現在，十七年後，肯尼搬到狄蒙市，為一家很大的錢幣交易商工作。而且，他出其不意地要提供我一份工作。這很令人振奮，但我還是寧可拿我的人生去做別的事情。早餐過後，我就到巴士站去，做我想做的事情。

我的下一站是道奇堡，我在那裡跑了一場五英里賽，接著再搭公車到蘇城。我試著要去住YMCA，但櫃檯已經關了，外頭有個人指點我去市區的旅館，他說：「但你可不會想去住天鵝旅館或巴士旅館，因為那裡盡是喝醉的印第安人。」我直接就去了天鵝旅館，結果證明那裡已經客滿之後，我又試了巴士旅館。在巴士旅館，我的房間一晚要價六美元。如果那裡有任何印第安人，他們一定已經睡死了，我沒看到他們，也沒看到任何人。第二天早上，我去看了密蘇里河，接著跳上巴士去南達科塔州。

我在布魯金斯市待了兩天，和收藏在南達科塔州的哈維．杜恩（Harvey Dunn）畫作共度一個難忘的下午。接著我搭了幾趟便車，來到克拉克鎮，他們的百年鎮慶包括一場十公里的賽跑。這座小鎮擠滿了人，顯然當地中學所有還活著的畢業生都回來共襄盛舉了，沒有一間旅館還剩下空房。賽前一晚，我就睡在鎮中心的大草坪上，結果依舊跑出還滿像樣的成績。

幾年後，我認識了哈洛．亞當斯（Harold Adams），他是明尼亞波里斯市的居民，寫了很棒的一系列以一九三〇年代克拉克鎮為背景的推理小說（儘管他在書中用了別的地名）。我提到我自己和克拉克鎮的關聯，後來他回報說他去確認過了，地方上的人還記得我呢。

我說：「那裡有幾百個人，我也沒做什麼了不起的事，他們怎麼會記得我？」

他說：「這個嘛，就他們的理解，你是唯一一個沒什麼明確理由要去那裡的人。」

✦

我下一個沒什麼明確理由要去的目的地是法戈市。我在那裡找到一晚七美元或一星期二十美元的房間。幾年後，我在網路上雜七雜八的東西裡讀到一個片段，說的是一個可憐的傻子，只吃豆子和包心菜維生，住在一個沒有窗戶的房間裡，據說他放屁放到把自己臭死。史諾普都會傳說（The Snopes Urban Legends）網站為我證實了沒有這回事，但當我讀到這則傳聞時，我想到的就是我在法戈市的房間。房間很小，沒有窗，而且你不需要太多豆子和包心菜，就可以把房裡的氧氣全部轉換成甲烷。

不管有窗無窗，我都無法抗拒廉價的誘惑，直接就訂了一星期的房間。我住了五天，每天多半都在法戈市的街道上度過，準備迎接即將在北邊離這裡一兩個小時的大福克斯市舉行的馬拉松。我跑過迷人的住宅區，能跑多久就跑多久，然後回到我的廉價天堂休息。

北達科塔馬拉松是我那個夏天的長距離比賽。關於北達科塔州，我所知道的就是那裡很平坦，而我認為這讓它成為一個跑馬拉松的完美場地。結果場地一如我所能期望的平坦，那是一場沿原路折返的比賽，我們在一條雙線道的柏油路上跑大約十英里，再左轉繼續跑到十三點一英里的中間點，接著回頭沿原路跑到終點。整條路徑的每一吋都直得不能再直、平得不能再平。或許有風在吹，或許我們從頭到尾都在同一塊範圍內，但我沒辦法說我記得什麼。我也不記得任何稱得上是風景的東西，除了那沒完沒了、想必滿是琥珀色稻浪的田野。（但卻沒有巍巍紫山，就連遠方都沒有。）[19]

儘管我確定有許多參賽者會埋怨場地太單調，但我卻忙得無暇想念上坡路、下坡路、壯麗的景觀或歡呼的群眾之類的。在我的膝蓋迫使我改變步法之前，我跑了二十英里路。接著我就轉為競走，堅持完成了剩下的六英里路。我的成績是截至當時為止最好的一次，四小時二十六分二十三秒，比馬德里快十七分鐘，比倫敦快五十六分鐘。

我從終點線直接殺去當地的ＹＭＣＡ，那裡的沖澡設備可供馬拉松選手使用。我又從那裡直接殺去巴士站；在搭上前往法戈市的巴士之前，我只有吃一餐飯的時間。到了法戈市，我再轉車往西。我把身體調整成盡可能讓腳舒服一點的姿勢，看著窗外一朵巨大的、雪茄形狀的紫色雲朵，這一幕比那場比賽本身的一切都更讓我記憶深刻。我一直看著它，直到夜色將之淹沒。接著我就睡著了，直到第二天一早抵達蒙大拿州比靈斯市才醒來。

愛荷華州、北達科塔州、蒙大拿州。現在，四個我沒去過的州當中，我已經去過三個了，只剩一個愛達荷州要去。我住進內華達旅館的房間，在比靈斯市北邊的道路上，在懸崖的遮蔭下訓

19 美國的一首愛國歌曲《美哉美國》（*America the Beautiful*）中提到美麗的美國有琥珀色的稻浪和巍巍紫山。

練了三天。我去了大瀑布城，結果列在《路跑時訊》上的比賽取消了。我又從那裡去了米蘇拉市，在這裡和一群邀我去野餐的新朋友共度七月四日。

我幾乎沒有真正踏上愛達荷州的土地就離開了。我的客運車駛過狹長地帶[20]，最後在奧勒岡州庫斯貝市放我下來。我在這裡參加了一場四點八英里的賽跑，也在這裡的長老教會教堂打地鋪住了兩晚——它被列為一家青年旅舍，但真正的身分是一塊地板——接著換到市區一間一星期二十五美元的旅館房間。這個房間有窗戶，而且其實頗為寬敞。

我去附近的北灣市參觀了一座鋸木廠，接著搭公車到卡蒂奇格羅夫市，他們那裡在舉辦波希米亞礦工節半程馬拉松。我報名了，當我開口詢問便宜旅館時，比賽的主辦人和他太太堅持讓我去他們家住。我去了，第二天早晨跑了一場如詩又如畫的馬拉松。天氣涼爽，間歇下著甘霖般的小雨。路徑是起終點不同[21]一路向前，而且感覺得出來是下坡路，從頭到尾都讓人跑得很享受。我創下一小時五十四分四十六秒跑十三點一英里的成績。賽後我和另一名跑友聊了一下，結果他住在庫斯貝市，正在要回家的路上，而我可以搭他的便車。

多麼完美的一個週末啊。

✦

如此如此，這般這般。

20 Idaho Panhandle，為愛達荷州北部的一個狹長地帶，範圍涵蓋愛達荷州北部的十個郡。

21 point-to-point，起點和終點設在不同位置，相對於一般此類賽事起點即是終點的折返式路線而言。

在大瀑布城，我差點和另一個傢伙結伴，繼續我的便車之旅。我們是在前往大瀑布城的巴士上認識的，後來又在我待在那裡的短短幾天之內碰到了幾次。（雖然比賽取消了，但他們的公園有一條很美的合成橡膠跑道，是很理想的跑步路面。）我忘記這位朋友是為什麼到大瀑布城了，反正不是為了足部的相關賽事，而不管是為了什麼，都沒構成足以讓他留下來的原因。他準備往西走，並要我加入他的行列。

開車的行列。他跑去大採購，買了一輛車，驕傲地展示給我看。他提議我倆輪流開車，均攤油資，相偕看看敝國風光。這項提議不是完全沒有吸引力，到頭來只有兩件事情阻止了我。

首先是那輛車。它看起來還可以，引擎在我不專業的耳朵聽來也沒問題，但令人難以忽視的是副駕駛座的車門，那扇門是靠幾圈鐵絲綁起來關上的，這裡出問題的畫面並不難以想像。

這是那輛車的缺點。優點則是它有自動變速器的裝備，如此一來，輪到我這位朋友開車時就會很方便。因為，你瞧，他只有一隻手臂。

我陷入了要不要爬進這個活動死亡陷阱的苦思，而這又讓我知道了一些我寧可不要知道的真相——關於我的心態的真相。我怎麼能讓這位新朋友失望呢？假使他像愛荷華城青年旅舍裡那位勇敢的夥伴，最後要花上五年走出陰霾？

然而，到頭來，我還是找到一個方式，向他宣布我會繼續把開車留給灰狗。

在庫斯貝市，我發現自己考慮起騎腳踏車，而不是開車。我在那邊的青年旅舍遇到一些自行車騎士，他們在繼續往南的兩輪之旅前，先到旅館補眠幾小時。我似乎剛好就在由北往南穿越國土的越野騎士最愛的路線上，這條路線之所以成為上上之選，是因為它的海拔高度一路遞減。我不會從華盛頓州和英屬哥倫比亞的邊界開始，也不必一路騎到提華納市為止，但我反正已經在國道一〇一號上，所以何不跳上一輛自行車，共享這條路線？

有幾件事讓我打消了念頭。首先是自行車騎士的樣子——我在青年旅舍遇到的那些，以及我在公路上看到的那些，全都看起來很狼狽，如果他們騎得很開心，那麼他們一定很小心沒有流露出來。

我也想到，汽車和卡車的車流不斷從背後冒出來，恐怕不會讓人覺得多麼放鬆。和行人不一樣，自行車必須順著車流走，騎在路肩或緊靠路邊，並有賴汽機車主動避開，不要把他們輾過去。我不太樂於相信駕駛都能有良好的判斷與立即的反應，尤其我甚至看不到他們。假設他喝醉了，或者嗑了安非他命呢？見鬼了，假設這個婊子養的只有一條手臂呢？

話說回來，如果我要這麼做，就得去買一輛自行車，而這讓我想起上一次買自行車的回憶。

✦

時間回到一九六七年的早春，我人在愛爾蘭。當時的我已婚，住在紐澤西州新布朗斯維克市。那段婚姻開始瓦解，於是我飛到都柏林，好好把事情想一想（是否隱約有某種模式開始浮現了？喔，閉嘴啦。）

我在都柏林待了一個月，完成一本我帶去寫的書。（我第三本關於伊凡．譚納的書，背景是東歐，一連串主要的劇情發生在拉脫維亞。我在歐康納街的一家書店買到一本《自學拉脫維亞語》〔*Teach Yourself Latvian*〕。老闆一定很訝異看到有人從他店裡帶走那本書。）我在阿緬街的一家民宿下榻、寫作。在那裡，我學到的凍瘡知識和我學會的拉脫維亞語一樣多。接著，我離開都柏林，打算要去西科克和凱里郡。

我試圖搭便車，但成效不彰。大概一星期前才發生便車乘客拿刀逼迫駕駛開到別處的案件，而這就足以登上愛爾蘭報紙的頭版。所以，有一兩星期的時間，駕駛們紛紛壓抑自己熱心助人的衝動，我花了八輩子才抵達韋克斯福德鎮，就在那裡買了一輛自行車。

結果那是個天大的錯誤。附近沒有任何一段道路是平坦的，我要嘛就是在推著車子爬上坡，要嘛就是驚恐萬狀地抓緊車把失速衝下坡。我馱著一個沉重的背包，而這對事情沒有幫助。正當這一切發生的時候，天上降下彷彿源源不絕的豐沛雨水。

我這樣騎了幾天，最後來到恩尼斯科西，那是一個還算迷人的村子，但它的魅力到了第三天就消磨殆盡。唯一讓我留在那裡的原因，就是我不願意再回到那輛自行車上。我試圖把車賣給民宿老闆娘，她兒子對它萬分中意。但她很精明地靜觀其變，最後，我告訴她說她可以直接擁有車子，就用它來支付我已經產生的住宿費。她同意了，而我帶著占了便宜的好心情離開。

事到如今，我竟然又在考慮買一輛自行車。沿海的奧勒岡州不像韋克斯福德郡那般山巒起伏，但也不像北達科塔馬拉松一般平得可比煎餅。至於它的氣候，畢竟人家不是撒哈拉沙漠。下雨從來不在意料之外。

買輛自行車來騎騎？不，我可不這麼認為。

✦

我在想，我怎麼從沒想到用走的？

不是在比賽當中，那時我用跑的沒問題，而且在比較短的比賽中，我可以從頭跑到尾都沒聽到膝蓋表示意見。但當我到了這樣的一個地步——冒生命危險在公路上的車陣中騎單車，或和來自《絕命追殺令》（*The Fugitive*）的獨臂人亡命天涯，似乎都是搭灰狗之外的可行選項——我卻甚至沒有考慮要用走的從一個地方移動到另一個地方？

你會以為我可能試過走個一兩天。回顧起來，我沒辦法想像自己從庫斯貝市一路走到舊金山，更別說是洛杉磯。但我或許可以走到班頓，那是庫斯貝市南邊二十英里左右一個沿海的村子。我必須停在那裡，領取我的郵件，而花一天走到那裡不是多大的挑戰。如果我喜歡，第二天還可以再多走一點，第三天也可以。

但我的腦海甚至不曾浮現這種念頭。離開庫斯貝市時，我在一輛公車上。一兩天後離開班頓時，我在另一輛公車上。

✦

我在舊金山待了一星期左右；我的親戚傑佛瑞住在這座城市北邊的聖羅莎市，但他在城裡的田德隆區的邊緣還有另一個住處，他讓我住在那裡。這給了我機會體驗馬克．吐溫說他碰過最冷的冬天是舊金山的夏天是什麼意思。

我靠著跑金門公園的五公里同志路跑賽保暖。那件橘色的紀念背心會成為我心愛的收藏，儘管我不能穿它去任何地方。兩天後，我上了另一輛巴士，在洛杉磯下車。

我在洛杉磯參加了另一場五公里賽事，這一個是要為聖若瑟醫療中心募款。我在舊金山寫下二十三分五十一秒的成績，在洛杉磯則稍微下修到二十三分五十秒。我想我會待一星期左右——我在這一帶有些朋友要拜訪——接著就往東走。

再搭巴士行三千英里路的主意不是那麼吸引人。我不想要一口氣橫越國土直達終點的嚴酷考驗，我也不想拆成幾段，花兩三個星期才回到紐約。我已經旅行很長一段時間，而且準備好要回家了。我真正想做的是搭飛機，但我花不起這筆機票錢。

這時，我有個朋友冒出一個提議。他是寫電影和電視腳本的作家，多接了一份他無法及時完成的工作，於是提議由他雇我寫一部電視電影的初稿。這是一個他還滿確定反正不會通過的提案，而他只要交出初稿就能拿到酬勞，正如我只要交稿給他就能拿到酬勞。他這樣做嚴重違反美國編劇工會的工作守則，但我不是會員，所以對我來說不成問題。而只要我倆都守口如瓶，這對他來說就也不成問題。

於是，我在之前旅居洛杉磯時曾經住過六個月的魔幻飯店訂了兩星期的套房，把那部劇本生出來，拿到足夠的旅費，讓我可以把灰狗拋在腦後，搭飛機回紐約，然後還剩下足夠的錢，讓我為自己找個住的地方。

12 事情發生以及不發生的方式

我找到的公寓位於珍妮街一棟後屋的地下室。所謂後屋，就是緊貼在一棟臨街的房子後面的房屋，你得穿過一條狹窄的小通道，接著往下走一段階梯，就到那裡了。老天保佑，它就像任何一個眼睛淚汪汪、從奧什科什初抵紐約的遊子所能期望的一般頹廢又浪漫。裡面很昏暗，散發著霉味，讓我懷念起法戈市那間一星期二十美元的皇室無窗寢宮。

我在那裡撐了兩個月，接著搬去華盛頓高地和女友住。我參加了四場紐約路跑俱樂部的賽事，一場是我在一九七九年參加過的新哈林十公里路跑，另外三場是一連串的五英里賽，兩場在皇后區，一場在中央公園。我在五英里賽的成績不可思議地一致，介於三十九分二十二秒到三十九分五十秒之間。

我不在比賽或寫書的時候，就在哈德遜河河濱的公園，從公園裡跑到七十二街再跑回來。因為回到紐約之後，我首先發現的事情之一，就是我的一九八一年紐約馬拉松報名通過了。十月的最後一個星期天，我將參加我那一年的第四場馬拉松。

當時的路線基本上和現在一樣，起點在韋拉札諾海峽大橋靠史坦頓島的這一頭。我跑了出去，到了位於布魯克林綠角區的中間點時還在跑，這時我聽到有人叫我的名字，抬頭一看看到派特．崔斯和他當時的女朋友。他再次現身來為我加油。

那時，我的膝蓋一定開始痛了，但沒痛到讓我改變步法。我不確定自己是什麼時候改成用競走的方式，但我想一定是在差不多十五、十六英里處，快要穿過皇后大橋進入曼哈頓區之前。剩下的路途，我都用走的，除了最後一百碼強迫自己跑起來之外——不是為了快點抵達終點線，而是為了讓計分員不要把我列為競走選手。這場馬拉松特別分出一個競走組，優勝者是有獎牌的。我那四小時三十九分三十八秒的成績絕對不會讓我獲頒一面獎牌，但我不想有一絲僥倖。

✦

四小時三十九分三十八秒。

我的成績比馬德里快四分鐘，比北達科塔慢十三分鐘。這些成績不能真的拿來相提並論，紐約的路線無疑比大福克斯市難跑許多。就我個人而言，要拿這三場賽事來相比甚至還更困難，因為最重要的元素在我看來是我能跑多少。我跑得越多，完賽的時間就越短。

我似乎不可能跑完一場馬拉松全程的二十六點二英里。我能跑完比較短的賽程，有時忍著痛，有時不會痛。但在一場馬拉松的賽程中，我的膝蓋遲早會宣布它不玩了，謝謝再聯絡。我越是硬來，造成永久傷害的風險就越大。

時至今日，一大票馬拉松選手都會結合走和跑。跑步專家傑夫．蓋洛威（Jeff Galloway）定出一種規律穿插走路的跑法，不只讓新手能抵達馬拉松的終點線，也讓老手能加快他們的整體速度。他發誓這招有效，許多跑／走參賽者也以蓋洛威之名發誓，而純粹的跑步選手和競走選手則對他咒罵不已，那些橫衝直撞擠到前面只為突然切換成走路模式的蓋派人士搞得他們一肚子火。

然而，時間回到一九八一年，情況似乎是你要嘛是個競走選手，要嘛是個跑步選手。在一開始，靠走路緩一緩確實讓我得以繞完華盛頓廣場，但我知道自己是個跑者的那天，就是我不再靠走路緩一緩了的日子。

那我現在算什麼呢？如果我是個跑者，就應該要能跑完整場比賽。如果我不能，那我或許應該走完整場比賽。

那年，我的行事曆上還有一場馬拉松，是即將於十二月第一個星期天舉行的澤西海岸馬拉松。我考慮了一番，決定用走的。整場都是，從起點到終點，而且我甚至不會作弊跑五十碼穿越十字路口，一如我在倫敦被迫的那樣。

根據我所讀到的資料，那裡的路線不會比北達科塔州的崎嶇多少，天氣對比賽來講也應該很理想。只有一個問題。我必須在五小時內完賽。

✦

瞧，如果你想要一件外套，那就是送禮截止的時間。

基本上，每一場比賽都會給你一件T恤。一般而言，你要做的只是報名而已。他們會在你去領號碼牌時把T恤給你，沒人在乎你是否完成比賽，或甚至有沒有開始。

但澤西海岸馬拉松給的是外套。「風衣」——我猜你會這麼稱呼它，而且還是很不錯的風衣，帥氣的藍色，某種閃亮亮的材質，上面有這場比賽的標誌。我看過有人穿去年的外套，當然了，我想要一件。

但他們是在完賽時才給你，而你必須在五小時內完賽才行。（我後來想到這條規定可能不像我當初所認為的那樣嚴格。照理說，終點線可能在五小時一到或過後不久關閉，所以如果你沒及時趕回來的話，他們就無法保證會給你一件外套。但如果關門時間過了十五分鐘之後，他們還在終點線逗留，這時有個可憐的渾蛋一瘸一拐地越過終點線，而他們還有外套剩下來，你想他們會跟他說很抱歉算你倒楣嗎？恐怕不會——但當時我只知道自己必須在天殺的五小時內完賽，如果我想拿到那件天殺的外套。）

唔，那能有多難？我已經完成四場馬拉松，其中三場不只打敗了五小時的送禮截止期限，而且還剩下綽綽有餘的時間。

但這些馬拉松的每一場，我有超過一半的賽程都用跑的。而唯一一場用走的倫敦馬拉松，我以幾乎每英里多花整整一分鐘的速度超出了五小時的限制。

這不會是一次沙灘上的散步。

✦

為了有資格拿到外套，我走澤西海岸的速度必須比每英里十一分鐘半還快一點。我有機會達成嗎？

紐約馬拉松過後一週，我參加了中央公園一場八公里的萬聖節路跑賽。那是我前一年參加的同一場比賽，我以四十六分五十秒跑完。這次我用走的，走了五十五分四十七秒。八公里換算過來差不多是五英里，所以我的速度差不多是每英里十一分十秒，這足以讓我趕得及越過澤西海岸的終點線，而且還剩個幾分鐘。

但前提是我要能在一場馬拉松從頭到尾都保持我的五英里步速。馬拉松的重點就在於它長到單單是距離本身就足以構成一項要素。我不擔心撞牆。除非你是追求五分速[22]的一流跑者，否則你沒什麼牆要撞；撞牆只發生在速度快到耗盡肝醣庫存量的跑者身上，我們這些一般跑者不那麼高效能的引擎只會燒掉一定存量的脂肪。但在這麼長的賽程中，你不需要撞牆就會放慢一些速度了。

我最長的一場從頭走到尾的比賽是邁克・漢濃紀念賽，那次的二十英里長征是我第一場身為競走選手的賽程。四小時零九分的成績換算過來是每英里十二分鐘多，這種步速會讓我在外套發送期限過後二十分鐘越過終點線。

嗯哼。

唔，那是我身為競走選手的第一場比賽。一個月後，我在布魯克林半程馬拉松，從康尼島走到展望公園，我的成績是很輕快的兩小時二十二分二十五秒。我不需要計算步速，只要把時間加倍，就能得出我會以四小時四十四分五十秒完成全馬的結果。

突然間，一切都看起來非常之可以企及。另一方面，我跑半馬的最佳成績，是奧勒岡州的一小時五十四分，這是否就代表我能在四小時內跑完全馬？

恐怕不是。歸根究柢，問題在於我不知道我走完這場馬拉松需時多久，而且要到我真的走過了才會知道。我必須一路鞭策自己，我必須全程保持不比我在短程比賽中慢太多的速度。我只能試試看，然後到了比賽開始後五小時，我就知道行不行得通了。

澤西海岸之前，我還有兩場比賽，一場是水牛城德拉瓦公園的十公里路跑，一場是華盛頓特

22 five-minute mile，指每英里五分鐘的步速。

區的五英里感恩節火雞週末賽。我那一整個月的訓練主要是沿著哈德遜河競走，但這兩場比賽我都用跑的。而我在感恩節火雞賽的成績是三十九分零五秒，是我在那個距離的賽事跑出的最佳成績。

那也是一筆特別突出的紀錄。因為，事後證明，那是我最後一場身為跑者的比賽。

✦

直到澤西海岸馬拉松開始前一刻，我都還沒完全確定是要走還是要跑。我的常識建議我打安全牌。如果我一開始十到十二英里用跑的，基本上就保證能帶著外套回家了。之前的三場馬拉松，我都老早就在五小時之內完賽，這一個也大可預期一樣的結果。

當務之急優先。我告訴自己。不管怎麼做，先把外套拿到。以後還會有其他的馬拉松，你會有其他機會證明自己是個競走選手。

但這場比賽我想用走的，我想回應這個挑戰，我想接受這個考驗，否則它就不叫挑戰，也就不成為考驗了啊。

我搭公車到雷德班克，在一家旅館過夜，第二天早晨出現在起點線，從起點線走了出去。關於那場比賽，我記得的不多。我從一開始就拚盡全力，一度覺得似乎有機會在五小時內完賽，但那始終都在未定之天。我在兩小時半以內走到十三點一英里處，但也沒比兩小時半少多少。

接近終點時，我沒有走得比較快，但也沒有慢多少。這場比賽還有其他幾位步行者，有些是我在中央公園的老面孔。其中一個我有鮮明記憶的插曲，就是在我還剩兩、三英里路時，我超越了這些老面孔當中的一個，他是個比我快、比我強的競走者，他朝我揮揮手，比了個讚。我超過他，繼續走，開始覺得我真的有可能挑戰成功。

我成功了，大會時間四小時五十三分二十八秒。他們給我一件外套，我把外套穿上，搭上公車回家去。

✦

我在想，那件外套不知到哪去了。我不認為這些年來我穿它超過三、四次，但我喜歡擁有它，即使是在我唯一走的路就是去街角寄信的那些年裡。

三不五時，我會偶然在衣櫥裡看到它，我會想起爭取這件外套時的情景——奮力一搏越過終點線，達成預定目標的勝利感。所以，當然了，我留著那件外套，而且我確定它還是在我這裡，儘管我知道在哪才有鬼。

✦

差不多在這個時候，我第一次注意到有二十四小時耐力賽這種東西。

我開始明白這世界上有比馬拉松更長的比賽，有些跑者實際上會鞭策自己完成五十或一百公里，或者五十或一百英里的比賽。這在我看來真是瘋了，但話說回來，並不很久之前，我也覺得跑馬拉松真是瘋了。

接著，我讀到一場二十四小時耐力賽的報導資料，報導中還提到二十四小時內走完一百英里以上的步行者可獲認為「百英里王」。就我所得知的訊息，這種比賽每年在一個四分之一英里長的橢圓形跑道上舉行。你繞它四百次，獎牌就是你的。

那篇文章繼續說，那一面獎牌往往是落入較為年長的參賽者手裡。比賽的距離越長，年紀輕似乎就越不具優勢，馬拉松的優勝者常常是老得沒辦法在短程比賽中名列前茅的跑者。這種現象在超走界甚至更明顯，當時美國二十四小時耐力賽的競走紀錄保持人是在五十好幾才投入這種運動，創下紀錄時則已六十多歲了。

事實上，作者指出，年輕人可能在心理條件上處於相當的劣勢。二十歲時，當你已經繞一條跑道十遍，卻發現還有三百九十圈要走，你理所當然會想說去它的，你大可明年再來。但當你已經六十開外，你知道你的「明年」為數不多，而且你不會隨著一天天過去變得更強壯，所以在你還有機會時，你就會好好把握堅持到底。

我必須要說，這非常吸引人。我不快，也不壯，但我似乎頗為擅長完成我所預定的目標。為了在一定時間內走完整段距離，你必須保持平均比每英里十五分鐘快一點點的速度，而我在馬拉松裡的步速比這還快了許多。當然，這意味著一口氣走將近四場的馬拉松，一場緊接著下一場。在整個過程中的某個時候，可能會有某個大驚小怪的人認為即刻把我送去醫院比較好。但如果我現在就開始訓練，循序漸進而穩紮穩打地拉長距離……

✦

好吧，我沒開始我的百英里王訓練計畫。我想我在滿六十歲之前還有很多時間。但你會以為我在澤西海岸的表現會讓我接下來幾個月比賽比得更起勁，對吧？

沒這回事。我後來確實在那個月又排了一場中央公園的十英里賽，並且用競走的完賽，但在一九八二年，我到六月中之前都沒參加比賽。我在七月排了兩場，八月排了三場，十月排了三場，全都用競走的。之後超過二十年的時間，我沒再參加一場比賽。

這真的很妙，事情發生的方式，以及事情不發生的方式。一年之間，我完成了五場馬拉松，並以漂亮的成績落幕，而且我確實期待在一九八二年，就算不是參加更多場馬拉松，至少也要盡可能一樣多。

那年剛開始不久，我做了一件事，就是從華盛頓高地搬到綠角區。我找到的公寓是一間列車式公寓[23]，位於曼哈頓大道上，就在紐約市馬拉松的中間點過去一些的地方。我在跑這場馬拉松時注意到綠角區，印象好到選它當馬修·史卡德在《八百萬種死法》裡客戶的祕密住處。我決定要為自己找個住處時，也跑來這裡看房子。

我喜歡住在綠角區。這地方後來變得非常時髦，儘管看起來沒有多麼不同。但我住在那裡時，我覺得鄰里街坊的復古陳舊感很迷人。我告訴朋友，綠角區坐落在一個和這座城市其他地方不一樣的時區。「曼哈頓的八點半是綠角區的一九四八年。」我解釋道。

那是一個住起來很愜意的地方，也應該是一個訓練的好地方。麥凱倫公園就離我的公寓五到十分鐘，橢圓形的柏油小徑對競走來講也很理想。

或應該很理想，要不是有那些天殺的小鬼。

在公園對面，貝德福德大道上有一所中學，全布魯克林前幾百名最優秀的年輕人照理說要在這裡學習汽車或飛機的維修技術。我看得出來汽車維修的知識在這些小王八蛋投入偷車和贓車拆卸業時很有用，但課表上飛機的部分在我看來並不實用。

23 railroad flat，指公寓內的房間排成一列縱隊的公寓房型。

顯然，他們有些人也這麼認為，因為他們的學生人口中有很大一部分把時間花在戶外，在公園裡或公園周邊。而他們似乎認為——我向你保證，他們會這樣認為也不是沒有道理——一個中年男子競走的畫面，就像你可以從卡通頻道上看到的畫面一樣滑稽。

我秉著如果你忽視嘲笑你的人、他們遲早會放棄的信念堅持下去，另一方面，他們卻認為，如果你嘲笑某個可憐的渾球夠久，那人遲早會放棄，乖乖回家去——而他撐得越久，提供的樂趣就越多。

我告訴你，這大大剝奪了我練走的樂趣。

✦

儘管如此，我還是辦得到，如果這件事對我來講很重要，我總能想出辦法達到我要的里程數。我加入了綠角區的ＹＭＣＡ，那裡只離我的公寓一兩條街。我每星期去兩次，做做重量訓練。這當某些年少會員發現尿尿在滾燙的石頭上所能造成的永久影響之後，我就不再使用蒸氣室了。這就足以讓人遠離蒸氣室，並且在不久之後，遠離整個ＹＭＣＡ。

他們在ＹＭＣＡ或許有跑步機。我不記得那裡有，而且在當時，心肺功能健身器材完全不是社區健身房的標準配備。就算他們有，我也懷疑我會不會去用。在我認為，跑步和競走是你在戶外從事的活動。

如果你從事的話。

而且，不去費這個事變得越來越容易。一般普遍認為跑步會讓人上癮，但在我看來，不跑似乎更讓人上癮得多。那是一個很容易養成的習慣，而且很難擺脫。

所以，直到六月，我才終於參加了一場比賽。十月的八公里萬聖節路跑是我那年第九場比賽，也是最後的一場。九場我都用走的，而我的紀錄本顯示我的平均速度是每英里十一分鐘。這幾場比賽包括三場四英里賽、兩場十公里賽，以及一場半馬。（也有一場就在綠角區舉行的六英里賽，我的成績一小時四分三秒本來可以很傲人，要不是路徑長度的計算誤差很大的話。）

十月十七日，中央公園有一場五英里賽；他們稱之為電腦路跑，因為他們利用這次賽事來測試一星期後的紐約市馬拉松要用的電腦計分系統。我從未嘗試報名這場馬拉松，甚至連考慮都沒考慮，而且我確定我不會有它所需要的訓練基礎。一星期後是萬聖節八公里路跑，我的成績比前一年慢了兩分鐘多一點。所以，一年的輕量訓練沒讓我付出太多代價。我還是能做這件事的。

但我沒有，之後的二十二年都沒有。

13 《酒保亂亂走》

一九八二年七月，我開始和前一年秋天認識的一個女人交往。就在剛從加州回來後不久，我認識了她。我們處得很好，但當時我們各自有別的對象。到了七月，我們雙雙脫離了那些關係，並發現了彼此。

對我們倆來講都很清楚的一件事，就是我們都沒有興趣投入另一段感情。嘿啦，最好是。次年二月，我們訂婚了——訂婚！——然後在一九八三年十月，我們結婚了。從此之後，我們不可思議地幸福快樂。

情況讓人情不自禁想把事情解釋成我之所以投入跑步（以及最後投入競走），是出於我對自身處境的不滿足。針對我在一九八一年夏天的放逐之旅，任何一本一角商店買來的佛洛伊德都會睿智地點點頭、摸摸鬍子，斷言道：「啊，這樣啊。那你是在逃避什麼呢？嗯？」接著，他會指出，一旦我和琳恩開始彼此作伴，我就不再需要逃避任何東西，於是我停下來了。

唔，或許吧。這一點很難提出抗辯，但在我看來，似乎還有其他因素使然。

其一就是超過負荷。一九八一年，我實在是跑得太多，也走得太多了——老天在上，四十場比賽，其中五場還是全馬。我累了，精神上和情緒上肯定是累了，身體上很有可能也累了。

另一個同樣重要的因素在於我的時間多出許多限制。除了差不多就在那個時候提高的寫作工作量，我還弄了一個互動式寫作工作坊。有兩三年的時間，琳恩和我都在忙工作坊的事，每個週末為此在全國各地飛來飛去。（我們將工作坊取名為「為你的生命而寫」〔Write For Your Life〕，結果證明這真是天大的錯誤。眾多的機構都以為它和贊成或反對墮胎有關，而不想和我們扯上關係。）工作坊在每一方面都令人大為滿意，只有經濟方面除外——我想我們的時間報酬率總計相當於時薪五十分錢之類的——而我們投入相當多的時間和心力在這上頭，長達三年左右。

與此同時，我們在一九八五年夏天放棄了紐約的公寓，搬到佛羅里達州。我們買的房子就在海灣邊上，住進去的第一天，我到沙灘上由南往北走了一趟。第二天，我又做了一樣的事情，只不過反方向行進。從那天之後，我就都待在家裡。

我們在佛羅里達州度過的歲月當中，有幾次我試著在沙灘上跑步。（在沙地上競走不太行得通。）但天氣太熱了，而且我的體能狀況不佳，不多久，我就放棄了這項志業。跑步，或走路，或不管你高興怎麼稱呼，似乎是我擁抱過一陣子、現在已經結束了的事。我偶爾會穿上一件賽跑T恤，想起我做了什麼贏得這件衣服。在回憶或交談中，我不時會回顧一下我跑過馬拉松的事實，而且還是在一年的時間內跑了五場。向我認識的人提起時，他們似乎覺得很厲害；我自己也覺得很厲害，而且有幾分懷念。現在，這些都成為過往雲煙，就像其他往事一樣不可能從頭來過。一切的一切正如那首歌唱的：**過去了，哎呀，像我的青春，來去匆匆**。

✦

我正坐在客廳裡，就在我們位於邁爾斯堡海灘的家中，突然無端想像起一個男人徒步向東，穿越美國。他一路走著，其他人也加入他的行列。

那是一九八七年的夏天。我們已經在佛羅里達州住了將近兩年。那段時間，我規律地寫作，寫「為你的生命而寫」的書籍版——因為出版商沒辦法充分釐清版權，它成了一本始終沒有問世的電影小說、一次沒什麼結果的集體創作嘗試。我生出了幾則短篇故事，也寫了幾部注定沒有第二章的長篇小說，而我早該坐下來寫出一部新的長篇，但卻想不出來要寫什麼。

一時衝動之下，我想出入住作家藝術村[24]的妙計，於是為自己訂了七月的住宿。我從未住過作家藝術村，但我讀過相關資訊，知道他們提供食宿和某種據估有利於激發靈感的集體孤立狀態。多年來，我都習慣在寫作碰到瓶頸時出走一下，而維吉尼亞創作藝術中心聽起來是個比阿比林市郊區汽車旅館更理想的選擇。於是，我申請了，也通過了。我不知道我去那裡之後會做什麼，但我想反正不會比我在佛羅里達州家裡做的少。

或許我會寫一本柏尼・羅登拔的書。我已經為這位有一雙巧手的夥伴寫了五本輕鬆愉快的書，而且真的很想再寫第六本，但朝那個方向做過的幾次嘗試都徒勞無功。我喜歡棒球卡的構想——羅登拔去偷某人收集的棒球卡——而且我買了幾本書，研究了這個主題，但這不代表我可以下筆了，甚至不代表有一本書要被寫出來。

我打定主意，等我到維吉尼亞創作藝術中心安頓下來，這一切或許就會有眉目。我會在那裡待四星期，這段時間若是不能完工，至少也能開工。而我需要的真的就只是這樣而已——讓一本書有個開始。只要辦到這一點，剩下的可以等我回佛羅里達家裡再說。

接著，或許是在我要去維吉尼亞州之前兩星期，我冒出這幅有個傢伙越野徒步的畫面。

接下來幾天，越來越多故事的細節冒了出來。我決定——或發現，或管它是什麼——展開這

24 writers' colony，類似臺灣的寶藏巖國際藝術村或空場創作聚落，提供作家生活、創作的居住空間。

一切的是奧勒岡州的一個酒保，另一個人物則是一個失明的女人，她有一個年紀還小的兒子，然後……

零零星星，片片段段。除了這票人物，我感覺還有另一條平行的故事線，牽涉到一個在中西部出沒、殺害女性的連續殺人犯。我無法想像他和另一條故事線有什麼關係，或者兩邊的劇情要怎麼交會，或甚至它們在圖書館是否屬於同一個書櫃，更別提同一本書了。但我感覺發生在我身上的是一個不同凡響的文思泉湧的案例，不同於我過去的任何經驗，而我最不願意做的就是擋它的路。

我要寫的這本書很顯然是一個非常複雜的故事，是一部大格局多重觀點小說，有幾打人物和數不清的事件。它需要大量的鋪陳，或許還需要一個詳細的綱要。在我正式動筆之前，準備的時間會很長，肯定不只兩個星期——這代表我在維吉尼亞創作藝術中心最好想點別的工作做。

到了坐進我的車裡，準備往北開時，我明白到自己別無選擇。我的腦袋裡只有一本書，而且它沒有要走開。我不認為我能正式開始下筆，但或許我能做一點前置作業，湊出一個等我回佛州之後派得上用場的綱要。為此我帶了一本蘭德．麥克納利道路地圖集，這本集子能協助我做地理方面的功課，或許也能協助我在一路開往維吉尼亞州的途中不要迷路到無法挽回的地步。

我花了兩天開到那裡，中途在諾克斯維爾市停了一下，看了一個客製刀械展。（我買了一把不錯的摺疊小刀，不知道那把刀到哪去了，或許是在我澤西海岸馬拉松的紀念外套口袋裡。）抵達維吉尼亞創作藝術中心之後，我找到我的寢室，又從那裡到距離四分之一英里外、位於一個集合式倉房區的工作室。我擺好我的打字機，把那本道路地圖集放在一邊，把一疊白紙放在另一邊，然後去餐廳吃晚餐。

早晨到來，我去我的工作室，坐在打字機前，寫了二十頁。接下來的二十三天，我每天早晨都做一樣的事，最後完成了四百六十頁的初稿。我花了一天修稿，另一天則到斯威特布萊爾學院去影印，然後我就爬上車回家去。

✦

作家們有時會說某一部作品是它自己寫出來的，儘管在我的經驗裡沒有這種事。然而，隔了一段時間看來，這本《酒保亂亂走》（*Random Walk*）[25]似乎滿接近的了。某個構想自己冒出來，顯然是無緣無故的。兩星期後我坐下來開始動筆，三星期又兩天之後我寫完了。如果這玩意不是它自己寫出來的，那拜託告訴我，誰該為它負責？

唔，我猜是我吧。我是那個在打字機上敲按鍵的人，也是那個每天一早就進工作室、過了十或十二或十五個小時之後才出來的人。

這次經驗也不像寫下老天爺口述的文字那麼簡單。我讀到過有的人會「通靈」寫作，對這些人而言，寫作的過程無非就是把憑空從腦子裡冒出來的句子謄錄下來。（如果莫札特可信——而老天在上，他一向還滿可信的——作曲對他來說就有點是像這樣。「這沒什麼。」他應該會說：「我只是把我腦袋裡聽見的音樂寫下來。」）

我不確定對莫札特或對寫了《奇蹟課程》（*Course in Miracles*）的那個女人來說，通靈到底是怎樣；我不知道在這種時候，靈感實際上是外來的還是內生的。我不會否認我自己的經驗和通靈

25 此書在臺灣未有中譯本上市，中文書名為譯者自行翻譯。

有異曲同工之妙，共同點就在於最初的構想來源不明，接著我的想法又在寫作過程中持續冒出來，所以我從來不會不知道故事的下一步要怎麼走。

而這可是一種非同小可的天賦。E．L．多克托羅（E. L. Doctorow）曾將寫小說的過程比擬為夜間開車——你只能看到車頭燈所能及的範圍，但卻可以用這種方式一路向前。我那票人物，由來自奧勒岡州羅斯堡市的那名酒保帶領，不是在夜間開車，而是在白天走路，但每天早晨我進工作室時，都知道適足以讓他們再多走一天的劇情。

當然，我沒有一份綱要，因為關於這本書的未來發展，我始終只能看見一天份的工作量。我有的只是我的道路地圖，而我每天都花大把時間鑽研它，推敲出這些步行者的路徑，決定他們要在哪裡轉彎，又要在哪裡停步。與此同時，我的連環殺手則在中西部開車繞來繞去，做他的邪惡勾當，而我也在地圖集裡勾勒他的路線。這本書很多的劇情都在我從沒去過的地方上演，但我覺得無所謂。我不完全確定自己在寫什麼，但我知道這不是一本旅遊書。

✦

如果要把這種事情歸因於無生物本身，你也可以說《酒保亂亂走》展現了銳不可當的被人寫下來的慾望。它真的很堅持。

唉，它被人閱讀的慾望就沒那麼強烈了。

我固定合作的出版商威廉・莫羅（William Morrow）願意出這本書，但除非我大砍特砍一番，把它改得面目全非。我甚至沒考慮妥協，於是我的經紀人把稿子交給另外兩家出版社，兩家都有意願，我們選了托爾圖書（TorBooks）。為了討編輯歡心，我做了一個小小的修改，加了一個在這些步行者之間轉手來轉手去的水晶。（我不認同這個主意，但也看不出有什麼壞處。）

接著，這本書上市了，並在上市的同時立刻消失得無影無蹤。沒人知道該怎麼看待它，封面上那句「新時代的新小說」也幫不上太多忙。封面設計只是讓它看起來像科幻小說，所以一樣沒有幫助。它得到的評價很糟，糟到沒人要評它一評的地步。這本書來到書店書架上的本數很少，離開書店書架被帶走的又更少。

精裝本出版約一年之後，《酒保亂亂走》以平裝本的形式重獲新生，而這次也一樣短命。這次的封面弄得讓它看起來像一部西進移民的史詩小說，目標客層不知怎的成功發現了它，但卻讀到了不同的東西。

情況讓人很想怪罪在出版商頭上，天曉得我當時也真是如此，但我不知道有沒有任何人能讓《酒保亂亂走》賣起來。寫這本書是一次不可思議的經驗，我對它呈現出來的結果也算心滿意足了。如果其命運是要消失得無影無蹤，好吧，我不是個二十二歲初出茅廬的新人。我寫過很多書，有很多也消失得無影無蹤，那又怎麼樣呢？

嗯，不完全是無影無蹤。

無論是透過什麼方式，有幾本一定到了讀者手裡。而這些年來，我會從這些讀者當中聽到一些消息。

「你知道……」某人會在某次的簽書會上說：「你寫的每一本書，我大概都讀遍了，不管是輕鬆的書，還是黑暗的書。而我幾乎每一本都還滿喜歡的，可是有那麼一本，我買一陣子了，但實在摸不著頭腦，也想不透你是要表達什麼，或你當初到底為什麼要寫它，而且……」

我立刻就知道他說的是《酒保亂亂走》。

又或者，我會聽到諸如此類的話：「我讀過你的每一本書，每一本我都愛，但有一本你的書，我讀了十七遍了，我發誓它改變了我看世界的眼光，從此我的人生再也不一樣了。每一年我都把它再讀一遍，每次都有新的收穫，而且……」

《酒保亂亂走》。

這本書絕版得夠快的了，但在一九九〇年代中期的某個時候，我得到一個機會，可以透過隨需即印的出版公司 iUniverse 讓它重出江湖。他們把它做成一般平裝本，有一陣子他們和邦諾連鎖書店有合作關係，於是讓這本書上了書店的書架。它始終都有再版，每隔六個月左右，我會收到一筆四位數的版稅，其中兩位數是在小數點後面，但至少這本書還在，而且三不五時就有人買一本回家。

在那些日子裡，我或許應該說服哈珀柯林斯出版集團（HarperCollins）為它出個大眾平裝本，或一般平裝本也行，總之給它一個機會找到它的讀者。但每當有這個念頭時，我就會想起湯姆·羅賓斯（Tom Robbins）的第一本小說傑作《路邊景點》（*Another Roadside Attraction*）裡的一個片段。

這本書裡的一個人物很難過蝴蝶的壽命何其短暫，於是她進入催眠狀態，冥思這種現象。回過神來以後，她的心得是蝴蝶的壽命恰如其分，既不會太長，也沒有太短。

於是我在想，《酒保亂亂走》說不定也可以作如是觀。或許我不需要採取任何行動讓這本書找到它的讀者。或許它已經找到——並持續找到——它值得或需要的讀者群。這個讀者群不會太大，也沒有太小，而是恰如其分剛剛好。

14 追逐那些叫水牛的地方

《酒保亂亂走》在美國文壇沒有引起太多迴響。儘管偶有零星讀者的盛讚，我不認為它改變了很多人的生命。

但它確實改變了我的生命。

就在我剛從維吉尼亞州回來的前幾個星期，琳恩和我明白到我們在佛羅里達州的生活是一次失敗的嘗試。邁爾斯堡海灘是個不錯的地方，我們遇到的也都是好人，但我們就是不屬於這裡。現在我們明白了，我們之所以來到這裡，是因為在紐約的生活很累人；琳恩的簿記和會計工作相當繁重，我一邊寫書、一邊寫雜誌專欄，每週末我們還要在全國飛來飛去，組織寫作工作坊。我們疲憊不堪。就在一九八五年的一個週末，我們拜訪了我在佛羅里達州龐帕諾海灘的舅舅和舅媽。比起我們的生活，他們的生活之輕鬆愜意，讓我們印象深刻。

唔，一點也不誇張。我的舅舅阿漢每週大概工作十五小時，實質上等同於退休了。我舅媽阿敏成天打高爾夫。我們東看看、西看看，決定佛羅里達州就是我們的答案。轉眼間，我們就住到那裡去了。但不是在龐帕諾海灘，我們選了西部海岸，因為聽說那裡更安靜。

嗯，就這樣。

兩年後，我們頗為確定不想再待在那裡了。但除了那裡，要去哪裡呢？回紐約嗎？

也許。也許不。我們還沒真的準備好要做出決定。

但假設我們把邁爾斯堡海灘的房子鎖上，上路去。假設我們試著過過沒有固定地址的生活，純粹隨風飄蕩。那是我倆都已嚮往了幾年的憧憬，看來我們現在的處境正適合放手一試。

我們開始打包，把一些東西丟掉，把剩下的收進倉庫。我們計畫在一九八八年初出發，但還是不知道要往哪裡去。我拿起那本道路地圖集，想起我在維吉尼亞州和它共度的時光。

那時，其中一件我所注意到的事情，就是大量以「水牛」為名的城鎮與鄉村。在水牛城長大的我，一直都知道那裡不是全國唯一的一個水牛城。我知道懷俄明州有一個，德克薩斯州似乎也有一個，或許還有其他地方也叫水牛城。

在寫《酒保亂亂走》時，我得知水牛之多超乎我的想像。地圖集的索引列了一些，但我很快就發現，州地圖上有太多地方都沒能列入索引當中，而我的水牛清單越來越長，其中當然也包括像是「水牛林」、「水牛溝」這樣的排列組合，然後還有——看吶！我找到了！——「新水牛城」。

我向琳恩報告這一切。我說：「這些叫水牛的地方大概有二十個之多，而且它們絕大多數在國土的西部，但也有一些在賓夕法尼亞州和維吉尼亞州，還有一個在阿拉巴馬州。我在想，妳瞧，咱們開車晃來晃去，沒什麼非去不可的地方時，唔，不為了什麼，或許我們可以就去去這些叫水牛的地方。」

✦

「你有一個不可思議地溺愛你的老婆！」已經三番兩次有人告訴我：「竟然容忍你的瘋狂，跟著你全國跑來跑去，追逐那些叫水牛的地方。」

我想，大家有這種反應是很自然的。而我的老婆從任何方面看來，都無疑是個不可思議地溺愛我的老婆。所以我點點頭、微微笑，任由他們去說。

但順帶一提，對於那個我們或許可以——只是或許可以——試試拜訪地圖上某些小圓點的嘗試性提議，以下是我那不可思議地溺愛我的老婆的反應：

「我認為……」琳恩直挺挺地站起來，以沒得商量的語氣宣布道：「我們應該要去拜訪**每一個**叫水牛的地方。」

✦

好吧，我們無疑試過了。

在離開佛羅里達州前的幾個月，我花了一點時間泡圖書館，偶然發現一本我認為是竭盡全力編纂而成的地圖集。於是乎，到了我們上路時，我們的水牛清單已經從二十個左右激增到四十多個。

現在，將近二十年之後，我們已經去過八十四個這種地方，而且又知道了十多個。

你知道，這讓我聯想到人們是怎麼說林布蘭的——說他終其一生創作了三百幅油畫，其中四百幅在歐洲，其餘五百幅在美國。兩件事的相似之處就到此為止。以油畫的例子來講，言外之意似乎是林布蘭畫作的贗品滿天飛，但坊間似乎不太可能有任何人在製造假裝叫做水牛的地方。

所以，要怎麼解釋這個數量？我後來漸漸相信，答案根本不在地理學的範疇內，而在於更令人心慌意亂的現代物理學的世界裡。我能想出最好的推論是，根據海森堡的測不準原理，名叫水牛的地方就像次原子粒子，光是尋找它們的動作本身就會導致有更多新的冒出來。

✦

我們的第一座水牛城在阿拉巴馬州，而且蘭德．麥克納利知道，所以要找它只要開車過去，就那麼簡單。但那裡彷彿倒閉了似的；公路上沒有歡迎來到水牛城的看板，某一面牆壁上手寫的「水牛城」三個字是唯一顯示出這裡是哪裡的記號。

當地的一家店老闆告訴我們，大家還是稱這裡為水牛城，這裡的地名本來叫「水牛打滾」，因為很久很久以前曾經有水牛在這裡打滾。牠們早就不在了，不過話說回來，其他的一切也差不多都不在了。

我們穿上我們的水牛T恤——我們有一籮筐這種衣服，是新水牛製圖公司的產品，我們最愛的一件上面有這種高貴的動物，以及一句代表城市精神的口號：水牛城，沒有假象之城。穿上搭配的服裝之後，我們就在牆上的記號前為彼此拍了拍立得照片。我們又在一塊半英畝大的空地上發現了一塊告示牌，也跟它合照了一下。空地位於一家雜貨店邊上，那個告示牌跟水牛扯不上關係，但它寫有一則訊息，強烈表示這塊地是私人俱樂部所有，僅限會員使用，擅闖者依法起訴。老天在上，那是一塊空地，雜草叢生又滿地垃圾，誰想擅闖啊？誰想入會啊？還有，立這塊告示牌有什麼意義啊？

「叫猶太人止步。」琳恩說。

✦

密西西比州的水牛城是我們征服的第二個標的，而且它讓我們開始預感到等在前面的是什麼，因為這地方不在任何一張地圖上，也沒出現在我所參閱的任何一本書籍裡，甚至不在那本竭盡全力編纂而成的地圖集裡。在那之後的歲月裡，我始終不曾在任何一份資料上看到這個地方。我們之所以會去找它，完全是機緣巧合。

又或者，冥冥中有一股力量，以市民波段無線電對講機為媒介，鬼使神差地促成這件事。琳恩堅持我們去弄一台這種裝置，但當我在車上時，我不准她打開，因為我無法忍受這玩意。但在阿拉巴馬州的水牛城之後，我們緊接著移動到莫比爾市，我在那裡自己打發一天，琳恩則去密西西比州喬治郡處理一些她家的事情。

我待在我們的汽車旅館房間裡，寫我每個月的《作家文摘》專欄。我正好剛寫完，她就進房來，告訴我說我們買那台對講機真是買對了。「因為有兩個卡車司機在聊天，其中一個提到密西西比州水牛城，我甚至不知道密西西比州有個水牛城。」她說。

「那裡沒有。」我說。

「唔，現在有了。」她說：「我一整個很興奮，所以就像你會做的那樣，我切進去呼叫『調頻一九』。」

「像我會做的那樣？」

「像大家會做的那樣，像市民波段無線電對講機玩家會做的那樣。我問了密西西比州水牛城在哪裡、怎麼去，其中一個老兄說它靠近麥克萊恩鎮。」

第二天一早，我們開車去麥克萊恩鎮，它位於往哈蒂斯堡市的路上。加油站的一個夥伴為我們指引方向，他說：「那裡什麼都沒有，你們為什麼要去？」

說真的，到底為什麼呢？我們按照他的指示，在應該要是那個水牛城的地方，找到一座老舊的墓園，有一塊標誌表明這裡是水牛城公墓。這就是唯一一個顯示這裡曾有一個聚落的線索，但這樣就很夠了。穿上水牛T恤，拿出拍立得，我們的水牛收藏量加倍了。

「很不可思議欸。」琳恩說：「你想有多少人來過密西西比州水牛城？」

「絕對不只我們兩個。」我說：「但其他來過的人似乎都死了。」

✦

水牛不水牛從來就不是重點，它只是為我們這場實質上漫無目的的浪遊提供一個貌似有目標的假象。我們懷著四處看看的意圖離開佛羅里達州，但如果你只有這樣的想法，那是不可能決定出下一站要去哪裡的。追著水牛跑，我們就始終都知道接下來要左轉還是右轉。我們會朝最近的一頭水牛前進，路上可能又發現什麼有趣的東西。

水牛們本身有時有趣，有時並不。密西西比州水牛城只是一籮筐水牛鬼城的第一個，這些地方一度真的有一群人居住，但沒能發展起來。薩克其萬省的水牛溝是其一，那裡只有一座墓園證明曾經存在的痕跡。而其他的水牛鬼城絲毫沒有人煙，活人死人都沒有。

德克薩斯州的水牛城位於州際公路的一個出口，這讓它成為少數有汽車旅館能讓我們過夜的水牛城之一。那裡也有一個很棒的吃午餐的地方——彩虹咖啡館。德克薩斯州的水牛溝則位於阿比林市南邊不遠處，是茱蒂歡聚之屋的所在地，這裡的食物（以及親切的茱蒂）都很棒，值得在下一次經過德克薩斯州時再繞過來。

但多數的水牛只是讓我們用來從清單上劃掉，拍個照就閃人了。有些確實位於地圖上標示的地方，有些就令人捉摸不定了。我記得花了半天開車繞來繞去，找北卡羅萊納州的水牛草地，我不確定到底找到了沒有。我們在某個草地拍了照，而我不認為有人能證明那裡不是正確的地點，我也不認為那有什麼重要。

那麼，在找水牛的時候，我們都做些什麼呢？

我們開車兜風，並在廉價旅館過夜。道路地圖以及某一個預期中的水牛地為我們指出某個方向，一整套的美孚旅遊指南讓我們知道沿途有什麼消遣。我們去了國家公園和歷史古蹟，包括像是黃石公園、大峽谷和冰川國家公園這樣的大景點，但也包括大彎國家公園、錫安國家公園、拱門國家公園、惡地國家公園和火山口湖國家公園。我們在大峽谷騎騾子，在錫安國家公園騎馬，但在絕大多數的國家公園，我們都是沿著步道健行個幾英里。

美孚旅遊指南指出了一些我們想都沒想過要去找的有趣地點。我記得在堪薩斯州西部的一個早上，我們來到一棟曾被達頓兄弟[26]當作藏身之處的房子。搶劫各家銀行之餘，他們就窩在這裡避風頭。我們得知那裡有一條逃生隧道，從房子連接到後面的穀倉，但我們只能相信這種說法，沒辦法親眼證實。儘管如此，那裡仍是有趣的一站。

從那裡，我們往南開到奧克拉荷馬州，去了那裡的水牛城，再接著往東到龐卡城和巴特爾斯維爾市。巴特爾斯維爾市有一座博物館，某位石油商收藏的西方藝術品在那裡展出。從那裡，我們又往南再度穿越堪薩斯州，來到考菲鎮，這裡則有一座博物館是用來紀念達頓兄弟一口氣搶了兩家銀行的那一天。

這不是他們最聰明的一次行動。執法人員在等他們，並且基本上把他們打得滿身彈孔。（恩密特．達頓〔Emmett Dalton〕大難不死，在監獄服滿刑期，然後搬到洛杉磯去住。他在那裡寫了

26 Dalton Brothers，又稱達頓幫（Dalton Gang），一八九〇年至一八九二年間專門搶劫銀行和火車的一幫匪徒。

幾部電影劇本，接著投身房地產業，經營得有聲有色。這種故事是編不出來的，不過如果你在全國各地漫無目的開來開去，就會聽到這種故事。）

考菲鎮也很值得繞回去，但沒有這個必要。因為，在我們看完博物館裡的一切，也思考過銀行搶劫的經歷是如何為跨足好萊塢房地產業奠定基礎之後，我們就繼續沿著美國國道一六九號往北開到沙努特市，再往西轉上州道三十九號，而沿著這條路開個幾英里，就來到堪薩斯州的水牛城。

我們在堪薩斯州斯科特堡市的一家汽車旅館過夜，這裡的蒼蠅比我們在任何地方碰過的都多。我們換了一個房間，結果一樣糟。我們打這些小惡魔打到手都痛了，最後我們上床睡覺，第二天早晨，我們一路開到密蘇里州，沿途經過內華達州和波利瓦爾市，前往——沒錯——水牛城。

✦

人的記憶很奇妙。我可以追溯我們的路線——嗯，至少是某部分啦——因為我在那本道路地圖集裡用黃色標了出來。我一邊追溯，就一邊浮現很多年都沒想起的事物。不包括那兩個達頓景點，我算是夠常想起它們了，而且這兩個地方凱勒在《殺人排行榜》（*Hit Parade*）裡都去過。（在同一趟行程中，凱勒還去參觀了印第安那州納許維爾的大盜約翰·迪林傑〔John Dillinger〕博物館，那裡我們也去了，只不過是在另一個階段的水牛追獵之旅中。不是在我們穿越這個州的北部去拿下印第安那州的水牛城時，而是在後來的另一次，在我們造訪印第安那州伊凡斯維爾市東邊一點點的水牛莊之後。

但我已經忘記斯科特堡市那家蒼蠅壓境的汽車旅館，也連帶忘記那個豬頭老闆了。那老闆得知我們的房間滿是嗡嗡飛的蒼蠅，露出一副萬分驚訝、難以置信的表情，但卻立刻掏出蒼蠅拍來給我們。這一切都從我腦海溜走了，沒事也不會想起。不過就在我研讀那份地圖集，跟著黃線來到密蘇里州邊界時，一切又浮上心頭。

✦

懷俄明州的水牛城是很顯著的一個目的地。人口將近四千，是除了我的出生地之外最大的一座水牛城，而且我從小就知道它的存在。它大到足以提供各式各樣的餐廳和汽車旅館任我們選擇。吃飽睡足之後，我們回到車上，駛向科迪鎮。

我們在這裡的厄瑪飯店住了一星期，飯店是以創辦人兼第一任老闆水牛比爾[27]的女兒為名。我受到委託要為一本圖書館工具書寫一篇很長的自傳文章，一星期夠我完成這件事了，科迪鎮也是一個宜人的地點，有幾間很不錯的餐廳。

科迪鎮之後，我們參觀了黃石國家公園，接著繼續往北進入蒙大拿州，先走州道八十一號，再走國道一九一號。我們之所以開上國道一九一號，是因為它會帶我們到蒙大拿州的水牛城。但在抵達那裡之前，我們去了哈洛頓這座小鎮，參觀了一家很低調的小博物館。從各方面看來，這家小博物館很有低調的理由。

我們在那裡度過愉快的一小時，東看看、西看看。在所有我們看過的奇景當中，只有一個留

27 Buffalo Bill，1846-1917，原名威廉・斐德烈・科迪（William Frederick Cody），曾為鐵路工人供應牛肉，號稱在十八個月內殺了四千多頭水牛，並在獵牛比賽中以八小時射殺六十八頭水牛的成績贏過其他對手，因而人稱水牛比爾；科迪鎮以他的姓氏為名。

在我的腦海裡，但這就足以賦予這個地方獨特的風味了。某家飲料製造商——我想是百事可樂，但也可能是七喜——幾年前玩過一個促銷手法，就是全美五十州的每一州都有一款不同的紀念罐。想法在於你可以買這些罐子，把內容物喝掉（或者倒掉，如果你寧願如此的話），接著你可以收集這些空罐，驕傲地展示出來，直到哪天你媽叫你丟掉為止。

唔，有個傢伙集滿了五十款，他沒有丟掉，而是捐給地方上的博物館。於是，它們就在那裡，總共五十個小淘氣，看起來完全就像……呃……就像鋁製飲料空罐。它們有一種氣勢磅礡的後現代感，看起來賞心悅目，令人嘖嘖稱奇。而這當中的奇異之處，就在於它們全體一起擺在那裡的事實。就其本身而言，它們什麼也不是；展示出來後，依舊什麼也不是，但是很壯觀。

你可以揶揄哈洛頓鎮的博物館——事實上，我剛剛就揶揄了一下——但有一件事很耐人尋味。這些年來，我去過大大小小數不清的博物館，隨著時間過去，館裡展示的東西在我的記憶裡混成一團，或者徹底從我的記憶裡溜走。

哈洛頓鎮的博物館不然。我永遠都會記得那些空罐。

✦

在這個登峰造極的視覺體驗後，蒙大拿州的水牛城預料將會相形失色。實則不然，它是座第一流的水牛城，每個部分都像一排空罐一樣難以忘懷。

它呢，哎呀呀，差不多氣數已盡。還是有人住在這裡，只不過他們住的地方多半已經陷入停滯，沒有發展的跡象。這裡一度能夠支撐一所學校的存在，那棟雄偉的紅磚建築（或紅石；反正是紅的）依舊屹立不搖，儘管大部分的窗戶都不見了。

而校園現在都讓給吃草的綿羊了。廢棄的學校立在那裡，前門敞開，綿羊逛進逛出。你不禁要想起瑪莉和她的小綿羊[28]。穿上水牛T恤，拿出拍立得，喀擦！

✦

偶爾，我們會中斷水牛追獵之旅，整個岔出路線去。一次，我們飛到開羅，參加一個埃及旅行團，坐船遊尼羅河是此行的高潮。在某一本英國小說裡有個百戰將軍型的人物，抱怨過某種他稱之為「水土不服」的狀況。到了我從那艘船下來的時候，我就明白他的意思了。

同一年，我們後來又有一次行程，結合了兩項邀請。一是去卡托利卡的義大利電影節，一是去希洪的西班牙推理寫作節。我們把車停在西部某處，先搭飛機到紐約，接著到米蘭。我們從那裡下了飛機，三箱行李其中的一箱也是。在得知其他人有自己的計畫之後，我們搭了火車和公車到卡托利卡，靠我們殘存的那箱行李在那裡活了一星期。（怪得很，無論是我們倆的哪一個打包了這箱行李，把一切都混了進去，這唯一一箱行李具備了我們倆各自需要的東西。）

那星期結束，我們從米蘭飛到馬德里，帶著我們的行李登機、下機。在馬德里，我們和其他四、五十位英美推理作家搭上安達魯西亞快車，這班豪華的私人專車花了一整天載我們駛過幾百英里路，來到北邊的工業港口城市希洪。旅途相當愉快，過程中他們還供應了午餐，我們和唐·威斯雷克、艾比·威斯雷克夫婦同桌用餐。

而唐望著窗外的西班牙鄉間，告訴我們他有個朋友，名叫傑克·希特，幾年前循著一條古老

28 典出十九世紀美國童謠〈瑪莉有隻小綿羊〉。

的朝聖路線，走過千山萬水，從庇里牛斯山一路來到聖雅各康波斯特拉這座城市。我們得知，有這麼一條路線，朝聖者已經走了超過一千年。他們現在還會去走，跋涉過一個鄉村又一個鄉村，追隨聖方濟和聖嘉勒神聖的腳步，沿途設有專供朝聖者留宿的庇護所，還有……

琳恩和我坐在一起，唐和艾比肩並肩坐在對面。我記得這件事，因為我記得唐說故事說到一半，停下來歇口氣或喝口酒之類的，這時我和琳恩不約而同轉過去面向彼此，直視著對方異口同聲說：「我們一定要去！」

15 聖雅各之路

一九九一年五月的第一週，琳恩和我從紐約飛到法國南部的土魯斯，在一家旅館過夜，第二天一早就扛起我們的背包，開始往南走。我們在前往聖雅各康波斯特拉的路上，目標是要在七月二十五日抵達，因為我們知道朝聖者理想上會在這時抵達，好慶祝聖雅各節。

我們也知道，傳統的朝聖路線會從法國邊境小鎮聖讓—皮耶德波爾以及它在西班牙的鄰鎮隆塞斯瓦耶斯穿過，但我們決定走另一條路線橫越庇里牛斯山，這樣我們就可以行經安道爾公國。我們從未去過安道爾，這次似乎是個把它加到清單上的絕佳機會，即使那裡一座水牛城也沒有。

於是，我們起步走。走出土魯斯，走向安道爾。我不知道我們第一天走了多遠，或那星期的任何一天走了多遠。我們走進咖啡館，點了一些東西吃，接著再走到找到旅館，住進房間，第二天起床，再做一遍一樣的事情。

我們一定是瘋了。

✦

展開水牛追獵之旅前，我在圖書館泡了很久，在蘭德．麥克納利上花了更久。我們會在熟悉的土地上，而且輕易就能聯絡上親朋好友。

相形之下，我們為朝聖之旅所做的準備，就只是和傑克．希特吃了一頓午餐。傑克是那位在一開始把這整件事告訴唐和艾比的朋友，結果他是一個很棒的夥伴，滿肚子豐富的見聞，對當地色彩也很有概念，但那整頓午餐真正的作用，只在於讓我們確定要成行。

於是，我們去了——無論是現代還是古代的資料，一本有關朝聖的書都沒讀，一絲絲的研究都沒做，也沒有為即將面臨的嚴酷考驗進行任何體能訓練。這時的我們住在紐約，我們在一九九〇年的聖派翠克節那天搬了回來，剛搬回來一年多。而身為紐約人，我們當然很習慣每天走個一兩英里路，因為那就是在紐約移動的方式。而且，我一回來就加入了一家健身房，每星期都會去個兩、三次，做做重量訓練，也很盡責地在樓梯健身機上勤加練習。

琳恩假設走路沒什麼，畢竟她都走一輩子了。我假設我們在一開始可能走得很慢，但我們的腳力會隨著一路前進越練越強。針對這趟旅程的體能部分，我們最終將可謂應付得遊刃有餘。

在倒數幾個月的期間，進行幾次市區長途健行可能是個好主意。這樣做會是很好的預習，尤其如果揹上大背包的話。但甚至到出發前一星期左右，我們都還沒有一個大背包。

我們是在某個下午匆匆買好的，連同兩個睡袋和一個帳篷。第二天，我們把帳篷退了回去。我們已經發現要帶的東西太多，也還好帳篷退回去了，要不然我們大概會在到法國之後的第一個星期內就把它給丟了。因為，就算沒有帳篷，我們的行李還是太重。

我不知道行李有多重，但第一天之後，我的那包比較重，因為我們把琳恩的負荷分了一些給我。非如此不可，一來我比較壯，比較揹得動；二來她帶的東西比較多。我們都把衣物減到最少，但她帶了一整套的奧倫納素美肌保養組，而那些瓶瓶罐罐重得要命。

所以，我的那包比較重，但兩包都重得超乎我們樂意的範圍。派拉岡體育用品店的店員曾試著向我們推銷鋁框背包，當時我們覺得這種背包很累贅；如果聽了他的建議，我們的下場就會比較好了。我們的背包沒有分散重量的設計，而且背帶嵌進肩膀肉裡。

不多久，琳恩就認定她的背包是問題所在。它背起來很痛、很累、拖慢你的腳步。她想到有更好的辦法可以載運一個人的家當。

「我想要一台推車。」她宣布道。

我費了九牛二虎之力向她解釋何以這不是個好主意。跟她強調做這種事的人向來都是背背包、從來沒人推推車的事實是沒用的，在她看來，這只意味著她想出了從來沒人想到過的妙計。

我告訴她，一台裝得滿滿的推車是很難推上坡的，在下坡時要抓住它至少也會一樣難。而且，說不定要不了多久，它就會少一隻輪子或整個散掉，因為這種東西是設計來讓你在超市走道上悠哉地推著走，它的輪胎要接觸的地面不會比停車場的更顛簸。它們撐不了多少里程數，而且不適合在泥巴路或山路上走，還有……

但我這是白費力氣。一天裡面會有好幾次，她又開始嘀嘀咕咕說她要一台推車。

我所告訴她的一切都是切合實際的，但結果對我有什麼好處？於是，我轉而從不切實際的角度切入。或許推推車的主意也沒那麼糟，我告訴她，但我就是覺得不對勁。瞧，如果被人看到我和一個推著推車的人走在一起，我會深深地覺得無地自容。

「喔。」她說：「喔，好吧。」

因為一旦扯上格調，她就能接受了。

✦

如今，我常常看到年輕父母用那種慢跑三輪嬰兒推車推著寶寶跑來跑去。（我在麻州威克菲爾德鎮參加人生第一場二十四小時耐力賽的那次，或許是在比到第十八個小時的時候，我一度看到有個女的跑在一台三人座嬰兒車後面，車裡裝滿三胞胎，一人占據一格。我到現在還是無法完全確定那是不是幻覺。）

我後來得知，對許多獨自上路的越野跑者和步行者而言，這種跑步型嬰兒推車是上上之選。這些不辭勞苦的人選擇徒步穿越一個州或某塊區域或整個美國，沒有一車隨行支援小組的後援。第一次在鏡頭上看到搭配這種裝備這麼做的人時，我很欽佩他的善用資源和足智多謀。接著，待我有機會好好地想了一想，我突然明白自己剛剛看到了什麼——老天在上，琳恩的推車以理想的形式重獲新生了。

當然，推嬰兒推車的那些夥伴不太需要應付斜坡，更別說是庇里牛斯山或加利西亞的崇山峻嶺。而且這些跑步型推車本來就是為這種事量身打造的，絕非你上次在附近超市排隊結帳時看到的那種四四方方的購物推車。

儘管如此，就算沒有功勞也有苦勞，這主意是我家夫人先想到的。

✦

離開土魯斯的第一天下了點雨，但在之後的天氣就很宜人，而接下來的日子裡也並非全無享受可言。每天晚上，我們都找到一家二星級或三星級旅館，房間很舒適，餐點也不錯，長途跋涉讓我們胃口大開，之後一覺到天亮沒有問題。

一早，我們會吃早餐，吃完就去櫃檯拿回護照，繼續上路。一天早上，在富瓦鎮上非常棒的一間旅館住了一夜之後，我們漏掉了拿回護照的步驟。那是我的工作，而我們走了將近一小時才發現我的失誤。我把琳恩留在路邊，丟下我的背包，趕回富瓦拿護照，再趕回來找琳恩。

她很同情我必須多走這趟路。我告訴她這沒那麼糟，一樣的路再走一遍是很討厭，但至少我肩上沒有那些重量。在她又開始嘀咕推車的事之前，我同情她必須一直站在這裡等。

「還好啦。」她說：「我不用把背包揹著，而且我不必走到任何地方。我大可坐在樹蔭底下，其實還滿愜意的呢！」

✦

路況隨著我們一路前進越變越糟。因為我們要進入庇里牛斯山了，儘管它跟喜馬拉雅山不能比，但山總歸是山，而這意味著我們所走的是沒完沒了的上坡路。

那是一個星期天，也是我們上路的第六天。我們來到了海拔高度最為顯著的一段路，地勢陡到他們把路鋪成之字形，讓人可以應付爬升的幅度。就體能的角度而言，這些之字路是有必要的，否則我們真的會覺得像在攀岩似的，但就心理作用而言，這讓人有種白忙一場的感覺。我們會往南走個十五分鐘，轉個彎，再往北走個十五分鐘。感覺就像我們很努力，卻一直在原地踏步。

天氣也越來越冷了，因為我們已經進入深山之中，所以地上仍有積雪，不時還會碰上雪崩。如果能在哪裡暫停一下、吃點東西，那就太好了，但這種事想都別想，因為在我們經過的少數幾個村子裡，一切的一切都大門緊閉。這也是我為什麼會記得那是一個星期天。

我不知道最後我們找到旅館時是什麼時候，但天色已經暗下來了。老闆娘有足夠的英文能力向我們說明她確實有間空房給我們，也能供應我們晚餐。那我們是把車停在哪裡呢？因為她沒聽到車子開來的聲音。

我們說我們是走過來的。她看著我們。「我們一路從土魯斯走來。」琳恩告訴她：「接著要翻山越嶺，一路穿越西班牙。」

「啊。」老闆娘挑起眉毛說：「好運動。」

✦

好運動。真的。

我們走過西班牙已經是十六年前的事情了，現在我們覺得最不可思議的部分，不是體能上的嚴酷考驗，也不是我們沿路看到的風景和遇到的人，甚至不是這樣一趟朝聖之旅為靈魂帶來的洗禮——不管是能有什麼洗禮。這一切和我們整個拋下原本的人生、完全孤立地度過三個多月比起來都相形失色。在那段期間，我們的全世界就是眼前的環境，就是聖雅各之路的世界。

在當今這個手機和網咖充斥的世界裡，很難想像我們當時與世隔絕到什麼地步。沒人有辦法聯絡我們，而且我們在出發前就決定好不聯絡任何人，甚至連試都不試。我們在一路上的某些地方或許可以打電話，但打了要幹嘛呢？確定一下被我們拋在腦後的人都還好好活著？

如果出了任何差錯，我們能做的少得可憐。就算家裡有急事要我們立刻打道回府，對置身西班牙某個偏遠地區的一對步行者來說，中斷行程也不是那麼容易。假設家裡一切安好不是容易得多了嗎？

容易得多，但絕非確實可靠。因為我們上一次在西班牙時，就接到美國打來的一通電話，把我們送上了下一班回家的飛機。

✦

暫且讓我們回到安達魯西亞快車，也就是第一次聽說這條朝聖之路並立刻知道我們一定要去的那班列車。對我們而言，在那個當下，我們就已立定志向。但要過了將近三年之後，我們才真的開始奔向理想。

在希洪，我們這一組國際推理作家團煞有介事地做做樣子，參加了一星期的「黑色星期文化節」（Semana Negra）。那是一個以黑色電影和文學為主題的西班牙節慶，不過純粹的狂歡顯然是真正的目的。我們參加了幾場研討會，輪流針對文學和政治的主題大放厥詞，一旁有幾位頭疼不已的口譯員等著把我們講的話變成觀眾可能可以理解的東西。講者最好是講個幾句就停頓一下，讓口譯員一次只要消化個幾句，而不必把冗長的段落記在腦子裡。然而，我們很少人擅長這麼做，所以不難猜想觀眾為什麼大部分時間都一臉茫然。

過程中，唐．威斯雷克一度引用了某個俄國人的話，說他和他的同行都是果戈里大衣口袋裡的老鼠。我覺得那位可憐的翻譯差點沒當場自盡。

琳恩和我玩得很愉快。我們和威斯雷克夫婦或湯瑪斯夫婦或史密斯夫婦[29]在很好的餐廳用餐到很晚（儘管以西班牙的標準不盡然）。這一週將近尾聲，我們接獲通知說我媽出了嚴重車禍。（我表哥大衛．納森不知用什麼辦法找到了我們。有鑑於地球上沒有人知道我們在地球上的哪裡，大衛真是非常之高招。）

29 作者這裡指的是羅斯．湯瑪斯（Ross Thomas）與妻子羅莎琳．湯瑪斯（Rosalie Thomas），以及馬丁．克魯茲．史密斯（Martin Cruz Smith）與妻子艾蜜莉．阿諾德．史密斯（Emily Arnold Smith）。羅斯和馬丁都是知名犯罪小說家。

第二天一早，我們在無從得知她是生是死的情況下飛回家了。她還活著，但奄奄一息，而且在我們抵達後不久，她就陷入昏迷，不省人事地在加護病房待了整整一個月。我們搬進她的公寓住，白天都待在醫院，直到情況變得很清楚，她的狀況已經穩定了，而我們什麼也不能為她做。

我們開車向西，去了俄亥俄州的水牛城，拜訪了在黃泉村的朋友，再開了回來。然後，當她甦醒過來被轉送到另一間病房時，我們就在那裡。

她恢復意識的這件事相當令人困惑，對她自己甚至還比對我們而言更困惑。在某一刻，她無意識地決定要活下去。如今恢復意識之後，她顯然對那個決定並不十分高興。她沒有很想留在這個世界上。

陪在她病床邊的時間裡，我滿腦子都是史蒂芬．金的小說《寵物墳場》（*Pet Sematary*）。在那本書有名無實的墳場當中，那些被埋葬的死者可以重新活過來，但他們和本來的樣子並不一樣。有那麼一陣子，我媽感覺就像是從那樣一個地方回來的。她的性格大變，而且不是變好。她對護士大發雷霆，完全就是無法相處的一個人。

我後來明白到，恢復意識不是把電燈開關打開這麼簡單的一件事。那是一個更為循序漸進的過程，事實上，這個過程不只是恢復意識，也是恢復自我。隨著一天天過去，她確實越來越像她自己。她的腦力回來了，她的個性回來了，甚至她的幽默感也回來了。

針對最後一點，我犯過一個嚴重的錯誤。我去書店裡找能娛樂她的東西，最好是不需要讀很多字的。我挑了一本蓋瑞．拉森（Gary Larson）的《遠方》（*The Far Side*）漫畫集。把書給她之後，我漸漸明白對一個大腦剛關閉了一個月的人來說，這是多麼糟糕的一個選擇。漫畫本來是她的貓薄荷，現在卻變得無法理解。她不覺得有趣，甚至想不透它們有趣在哪裡。

我也幫不上什麼解釋的忙。要到她好很多之後，拉森獨特的幽默感才能成立。我很想把那本書收走，以免她把自己逼瘋。但她就是不想放棄，因為她很怕她弄不懂世界上其他人在笑什麼就代表她最深的恐懼成真了——她的腦袋沒在正常運作。

唔，是沒有，不完全有，但也差不多了。她每天的進步很明顯，即使《遠方》還是一片朦朧。而且，要不了多久，她就拿起一本離合字謎的書，發揮她平常的實力，在二十分鐘內解決了一題。這事一旦發生，我們全都鬆了一口氣；她很顯然不會有問題。

✦

三年後，當我們在為朝聖之旅做準備時，我很難不想到上次去西班牙發生了什麼事情。這一次，就連像我表哥大衛那麼足智多謀的人，都不可能想出辦法聯絡我們。

我很擔心會出什麼事，而琳恩和我將無能為力。等我們知道的時候，甚至已經來不及採取任何有用的行動了。我母親的健康狀況很好，儘管她永遠無法恢復到和那次車禍之前一樣好。但她將近八十歲了，琳恩的母親也是，還有……

我和一個朋友聊了聊，對方問我確切是在怕什麼。

「這個嘛……」我很不願說出我的恐懼。「嗯，啊，怕她們其中一個會死。」

「是有這個可能，但有一件事你必須切記。」對方說。（我不是故意要含糊其辭；我對這次談話有鮮明的記憶，但不記得是和誰談的。）

「哦？」

「如果她們當中有哪個死了，等你們回來的時候，她也還是死的。」

我覺得這個論點的邏輯無懈可擊，並立刻就向琳恩報告，她也像我一樣認同。於是，我們出發前往西班牙，跟我們的日常生活說……唔，就算不是說「掰掰」，那肯定是說「hasta luego[30]」。

✦

這趟徒步之旅最重要的一堂課，或許在於斷絕聯繫，放棄聯絡的需求。我想我們放掉的是控制的錯覺。我們不能控制在我們離開時發生的事，就算我們每天打電話回家五次也一樣。有的人相信保持聯絡能讓他們握有相當程度的控制，就像那些藉由閱讀報紙來掌握國際政治的人一樣。

而當我們在七月二十三日抵達目的地之後，我所做的第一件事就是從我們在聖城的旅館打電話回家。我得知家裡沒什麼新鮮事，每個人都好好的。

✦

我們永遠也不會再去一次了。聖雅各之路還是在那裡，它已經屹立不搖一千多年，而我不認為會再也沒人去走。就算教堂沒了，朝聖者還是會一路來到聖城。（儘管我們碰到的旅人有的是信徒，但絕大多數並不是。許多人來這裡只是為了冒險犯難，還有很多人似乎不知道自己為什麼走上這條路，但就像我們一樣，只覺得這是一件他們想做的事。）

所以，那條路還是在那裡，朝聖者還是走在那條路上，他們也還是有庇護所可住。你會覺得我們大可再去一次，只要有意願的話。照理說，這件事對我們而言應該更容易才對。我們倆的母

30 西班牙文的「再見」。

親都過世了，女兒們也長大獨立了。我們的手頭比較寬裕，甚至大可空出三個月不做任何能賺取收入的事。我們比較老了，而且明顯沒那麼活力充沛，但這項不利條件相當程度地被我們各自會做的體能訓練抵銷了。我是競走和參加比賽，琳恩固定上健身房做運動。我們倆都買了比較好的背包，整體而言也裝備得更為齊全。如果一開始的坡路很累人，那麼，接下來一路上我們會越練越強，就像十六年前那樣。

那麼，究竟有何不可呢？

因為我們沒辦法應付那種孤立狀態。喔，我們是受得了，但我們會忍不住，因為世界已經變得不一樣了。

要把我們的手機丟在家裡並不難。除非要出城，我很少把手機帶來帶去，何況我們的手機在西班牙反正也不能用。當然，那裡一定有賣手機，每一座我們行經的城鎮都會有，但或許我們能充分規範自己不為所動。

但這些城鎮也一定每一座都有網咖，我能忍住多久不去查看我的電子郵件呢？要到我們從西班牙回來三、四年之後，我才有了第一個電子郵件信箱，如今卻很難相信我曾經可以沒有它還活得好好的。

如果說這個世界變了，好吧，那麼我們也變了。我很習慣和一大票親朋好友多多少少保持聯繫，我很習慣可以要查什麼就查什麼，而且想找到誰就幾乎都能找到——透過 Google。我並不樂於依賴網路世界到無法離開它三個月的地步，但我怕事實可能就是如此。

喔，我想如果非去不可，我們還是辦得到的。但我們事實上就是沒有非去不可的理由，而且我們早在一九九一年就已經去過了。

我很高興我們在有機會時真的去了。

✦

我不完全確定為什麼，但要我寫那次的西班牙徒步之旅就是很困難。這不是我第一次嘗試。《紐約時報》請我為他們的旅遊版寫一篇，報告這段經歷，我也在我們回來不久後交出一篇文章。寫這篇文章比我想的還費力，而且編輯並不十分滿意。他們想要照片，而我們當然一張都沒拍；我們判定我們的行李沒有一卷底片和一台相機就已經夠重的了。（事實上，我們幾年前就已經戒掉帶相機的習慣，一心認為不要瞇起眼睛透過鏡頭反而能好好看看這個世界。唯一的例外就是那台拍立得，我們用它來記錄在水牛追獵之旅取得的勝利。）

那麼，我能建議什麼他們可能可以取得的照片嗎？或者談一談住宿地點和觀光景點？還有，啊，或許把它寫得更像一篇遊記？

我想了想，決定我沒辦法繼續下去。我覺得他們絕對有權利要求做諸如此類的修改，我也必須承認他們設想的樣子會比我提供的東西更符合讀者的需求。但我發現，我們的朝聖之旅是很個人的一件事情。我幾乎沒有意願去寫，而且我肯定不想寫那些和我們沒多大關係的部分。

關於為報紙寫稿，有一個好處在於首先它的酬勞就不高，放棄也不會對你的人生有影響。我不記得我本來應該拿到多少錢，但我拿了百分之二十或二十五的退稿費[31]，然後這件事就過去了。沒有什麼傷害，沒有什麼損失，也沒有什麼不愉快。

31 Kill fee，美國有所謂退稿費或補償金，為約稿未登之補償稿費。

現在，我當然可以高興怎麼寫就怎麼寫，而且這樣應該容易多了才對。（我甚至可以拿我為《紐約時報》寫的舊文來移花接木，就從那一篇接著寫下去，但那是我在擁有第一台電腦前幾年寫的了，所以並不存在於我的硬碟某處。被我稱之為辦公室的雜物黑洞裡，幾乎可以確定某個角落就藏著一份影本，但我不知要從何找起，而且我不確定自己是不是真的很想找到它。）

我在想，寫這段經歷或許就像這段經歷本身，又或者就像任何的步行之旅，無論是否漫無目的，只要鎖定正確的方向，一步接著一步走下去，總會走到那裡的。我或許不時會迷個路，但那也不是什麼新鮮事了。在前往聖城的路途上，我們就迷路過不知幾次。

我們說到哪裡了？喔，對。在法國庇里牛斯山的一家小旅館，老闆娘的修養太好，才沒脫口說我們瘋了。

✦

她讓我們吃得很好，或至少盡力做到一個法國女人能為兩個愛運動的素食者做到的地步。我相信她應該給我們吃了白花菜，而且我記得還滿好吃的，但那時我們已經餓到就連泡棉都能啃得津津有味。

說到這裡，我有個想法。按照時間順序記錄我們的旅途似乎超過我的能力，而且我不確定這樣做有什麼意義。由於我顯然會天南地北東扯西聊，那不如就把東扯西聊當成架構，按照主題分門別類（如果有主題可言的話），組織我的記敘文（如果這叫記敘文的話）。

【食物】

就食物面而言，我們現在去走朝聖之路會比當初來得愉快。琳恩和我在一九七〇年代晚期都戒掉了肉類和魚類，直到世紀之交過後不久才重拾舊習。吃素偶爾會造成不便，而在朝聖之路上更是前所未有地不便。如果法國人認為素食者是可憐的瘋子，那麼在西班牙北部的鄉親甚至聽都沒聽過那是什麼，更別提要拿出任何東西來餵我們。

在中途某個地方，我們發現 bocadillos de queso 是乳酪三明治，你很難想像我們有這種三明治可吃時感覺鬆了多大一口氣。它沒什麼特別厲害的地方，乳酪很普通，麵包就是一般的白麵包，而且常常不怎麼新鮮。但感謝老天，這是我們能吃的東西。再加一點生菜沙拉——捲心萵苣是免不了的——我們就稱之為營養均衡的一餐。

我們學會在沿途經過的商店採買一些補給品。堅果和橄欖都既美味又方便攜帶，而且富有營養價值。麵包店裡的新鮮麵包品質從優良到特優不等，學會全麥麵包怎麼說之後，我們就知道要怎麼把它指出來了。琳恩記得海明威曾經在哪裡說過，你總是能從妓女很年輕和麵包很好吃判斷出一個國家很貧窮。這句話的各種改編版本，變成我們倆私底下的語言。某個街景可能會讓我們其中之一推論說這座村落的麵包一定是人間美味，而偶然的一塊壓縮木屑[32]則會讓我們的腦海浮現老邁妓女的畫面。

也有吃得到美食的時候。有些咖啡館的菜單有湯，而且湯底是不是肉湯對我們來說不太重要。我們的素食主義本質上沒有宗教色彩。（事實上，我們的素食主義談不上有什麼理念基礎——既

32 作者以此比喻麵包又乾又硬。

不是基於保護動物的道德觀，因為我們倆都還是會穿皮衣；也不能說是基於健康上的考量，儘管我們都認為吃素或許有益健康。我們只是在某個時候很直覺地認為這樣是對的，並且在過了幾年之後，又覺得似乎是時候放棄了。）

我記得在布哥斯城裡吃到一道很濃郁的燉肉，我們小心翼翼地把比較大塊的肉挑出來放在一邊。前陣子我試過一段時間的阿金飲食法，如果是那時在我面前擺著同樣的一碗燉肉，我會把我吃下肚的分量限制在第一次吃它時被我挑掉的量。

披薩總是一個很好的選擇，在我們能找到的時候。法國有很多，但在庇里牛斯山靠西班牙的那一側，我們只碰到一家披薩店，而且那家是在加泰隆尼亞。老闆的英文很流利，我們有機會和他聊上幾句；他是在英國學的英文，也是在那裡學會做披薩。他在那裡邂逅了一個英國女孩，和她結婚，把她帶回加泰隆尼亞，開了一家披薩店。

在韋斯卡，我們費了九牛二虎之力才找到吃東西的地方。有幾家餐廳的價格超乎我們的預算，而如果那裡有任何便宜一點的東西，一定藏得很好。接著，我們找到這家很大的餐廳，坐落在一間似乎是旅館的建築裡。我們以合理的價格，在那邊吃了一頓很像樣的午餐。這地方有點古怪，吃著吃著，我們注意到琳恩是全場唯一的女性，而這並不是因為我們莫名逛進了一家僧院。

我們發現，那是一家同志交誼餐廳，那也是在韋斯卡吃東西最好的地方，我們在這裡逗留的期間都到那裡吃飯。三不五時，我們會認出某個曾看過的年輕人，靠在一道圍籬上，公然一副「我很有空、快來約我」的模樣。琳恩有一次興高采烈地向這樣的一名年輕人打招呼，結果這可憐的孩子頓時滿臉通紅，就像被他媽媽抓到他和愛達荷州的一個參議員躲在男廁裡似的。

在加利西亞——聖城所在的省分——我們吃到了當地酒吧的特色料理，叫做 Pimientos de

Padrón，就是大概只有一吋長的小青椒，用大蒜和鹽巴烤過，我吃了一盤又一盤。

【路線】

一開始，路線多半是我們自己創造的。離開「好運動」老闆娘之後，我們繼續朝安道爾公國邊境前進，來到了阿克斯萊泰爾姆這座小鎮。我們得在這裡等上三天，前面的道路因為雪崩封閉了。道路開通之後，我們走到安道爾公國，又徒步穿越這個國家。從一個國家的這一頭走進去，一兩天之後再從另一頭走出來，這種感覺很特別。

這個小小的國家由法國和西班牙共管已久，如此一來的結果是讓它成為相機和電子產品的免稅購物天堂。儘管購物的部分對我們沒有吸引力，但它的景色真是令人嘆為觀止。

琳恩是在我們行經安道爾時第一次開始相信她走得完全程。截至當時為止，她都覺得她的狀況只會越來越糟，最後她將不得不放棄而先行打道回府。唯一讓她繼續走下去的理由，只是因為她不知道怎麼向我宣布這個消息。

我知道她很辛苦，但這本來就在我意料之內。我自己也很辛苦，要對抗背包的重量、地勢的陡峭，以及漫長的一英里又一英里又一英里路。支持我走下去的信念，是我確定一旦我的身體自行調整到足以應付挑戰的狀態，路途就會越來越輕鬆。我還記得在華盛頓廣場公園那吃力的一圈又一圈，藉此我漸漸讓自己蛻變成一名跑者。現在，我正透過類似的方式，將自己蛻變成一名徒步旅行者，琳恩也是。

只不過她不知道，而當我告訴她時，她不相信我。

在她看來，我只是在唬弄她。我一方面拿體能狀況會改善的遠景當紅蘿蔔在面前晃，一方面在背後藏著不贊成半途而廢的棍子。她一點兒也不相信我。我跟她說的只是一個好聽的故事，專門用來哄她繼續這不可能的旅程。而如果我編得出這樣一個故事，她就可以假裝相信，但她打從心裡不相信。

於是，她咬牙苦撐，一心認為這件事沒有希望。她靠想像與姊妹淘聊天來支撐下去。在她的想像中，她對姊妹淘指證歷歷地說我有多頑固，悲嘆說她撐不下去卻不知如何告訴我。

我但願她能和我聊聊這些話題，因為事實上我還真不知道她是怎麼想的。但話說回來，如果她找我聊了呢？我能做的就是給她一樣的保證，這一路以來我一直在做的同一個保證。而她能給我的回應就是點頭、微笑，內心依舊認定我滿口鬼話。於是，我們繼續走著，而我納悶著這個心甘情願、心地善良的好旅伴怎麼變成了一個嘀嘀咕咕的怨婦。她則納悶著自己怎麼會受到慫恿，以為嫁給我是個好主意。

然後，在安道爾的某個地方，事情起了變化。

我不認為越過庇里牛斯山的山頂能有什麼壞處，還有現在我們是在下坡而非上坡，但更重要的是，這一路以來的步行明顯讓我們更強壯。我也認為，這個變強壯的過程不只是身體上的，更是精神上的。我們已經習慣了把每一天都花在走很遠的距離上的想法。

琳恩告訴我說她確實比較強壯，儘管揹著背包走上一兩小時依舊是個考驗，但不再像之前那麼恐怖了。我鬆了一口氣，但並不意外。我說：「太好了。我就說吧！」

「我知道你說過，但我不相信你。」她說。

我們來來回回唇槍舌劍了一番之後，我皺起眉頭，不解地說：「如果妳當真不相信我，而且如果妳認定情況不會改善，那是什麼讓妳繼續下去的？」

她意味深長地看我一眼。接著，在又走了一英里左右之後，她為我們找到一條捷徑。

我們正朝安道爾城接近。那裡是這個公國的首都以及最大的城市，進城的道路由一連串精心設計的之字下坡路所組成。從我們所站之處可以看到下方遠處的城市，也可以看到腳下的路猶如一條蜿蜒的河或盤繞的蛇。琳恩指向我們的右邊，那裡有一條陡峭而沒什麼人走的小徑，一路向下直衝那座城市的中心。

「來吧。」她慫恿道：「我們可以直接衝下去，省掉那些走路活。」

就這麼辦。小徑的坡度加上背包的重量，要保持直立可不容易，而且要不跑起來就像別跌下去一樣困難，但我們不知怎麼辦到了。而且超過癮的，沿著山坡一路向下，穿過一條又一條糾結盤繞的道路，最後臉紅氣喘地停在城裡的正中心，被滿坑滿谷迫不及待要賣我們香菸和音響配備的商店包圍。

「看到了吧？」她說：「那是一條捷徑。是不是很棒？」

「最棒的部分是我們還活著。」我說。

「這才好玩！而且瞧瞧我們少走多少冤枉路。那是一條捷徑。」

「一條兔子的捷徑。」我附和道。

那不是我們最後一條兔子的捷徑，儘管無疑是最戲劇化的一條。琳恩——你大概想像得到她不是一個墨守成規的人——常會選擇一條沒人試過但直截了當的路線，而不去追隨前人的足跡。有時我們省了幾步路，有時我們得轉身走回去，服膺於前人的智慧。但每當我旅伴的目光鎖定一條兔子捷徑，我們總是試它一試。

【住宿】

一開始，我們都住旅館。朝聖者的庇護所——西班牙文叫做 refugio——只能在傳統路線上找到。每個小村莊總有幾間旅館，要找便宜的就認明「hostal」字樣。一個房間一般是十到十二美元，儘管我不認為你會誤以為它們可以和雪梨—荷蘭酒店[33]相提並論，但對兩個在塵土飛揚的道路上走了一整天的美國人來說，它們一般都很乾淨，也夠舒適的了。

村與村之間很少相距超過十英里，至於下一個村莊可能在哪裡，我的地圖在這方面相當可靠，所以要走到找到當晚的住處並不難。這整套策略運作得很順利，直到不順利的那天為止。

那天一定是我們離開韋斯卡以及那迷人的同志餐廳一天之後，也或許是兩天之後。我們在阿拉貢往西走著，此行第一次找不到一個過夜的地方。我們找到的唯一一家 hostal 客滿了，一個短期受雇到這個區域的建築團隊把接下來兩週所有房間都訂了下來。

老闆娘沒辦法給什麼建議。就她所知，方圓二十英里之內都沒有地方可住。對我們來講，這個時候要再走二十英里也太晚了。何況就算再走二十英里，也不保證最後能有一個房間住。

我們可以睡在野地裡。我們確實有睡袋，而且如果我是獨自一人，很可能就會試試露宿在外，但我不想讓琳恩在星空底下待一整夜。天上萬里無雲，所以沒有下雨的可能。但可能會冷得很難受，而且我不敢肯定外面安全無虞。

33 Sherry–Netherland，紐約市一家指標性的豪華精品酒店。

於是，我們搭了便車。要是我們經過一家 hostal，我就可以請司機放我們下來。但我們沒有經過任何一家，他就這樣一路把我們載到薩拉戈薩。我們沒打算要跑到這麼南邊的地方，但薩拉戈薩應該是一座有趣的城市，既然它有個遠近馳名的聖母顯靈柱，相傳聖母馬利亞在她其中一次旋風式的退休之旅當中於此地顯靈，所以我們覺得這裡應該值得一看。而且，留下來顯然勝過徹夜遊蕩無處可住。

我們馬上就找到了旅館，而且一住就是四天。我們趁這段時間在薩拉戈薩東看看西看看。旅館房間看似很完美，但隨著一天一天過去，我們也一點一點發現那個房間有多髒。那地方是個豬圈，我們花了這整段時間才明白。而一旦明白過來，我們立刻就滾出薩拉戈薩。

【作弊】

撇開我們的旅館不談，薩拉戈薩完全是一座宜人的城市。而當旅途進行到離開那裡的階段，我們已經領悟到謹遵傳統路線的智慧。所謂傳統路線，也就是那條鼎鼎有名的聖雅各之路。儘管我們不後悔穿越安道爾公國或走過加泰隆尼亞，但現在是我們辦正事的時候了。

所以我們作了個弊。

這也不是第一次。你想必還記得我們搭了便車到薩拉戈薩，而我還漏提了另外一次，是在從阿克斯萊泰爾姆去安道爾邊界的路上，我們搭了幾英里的便車。（那是在琳恩相信路途會越來越輕鬆之前，有一輛車停了下來，駕駛提議載我們一程，而我可得是鐵石心腸才有辦法拒絕他。）

這次，我們作的弊是從薩拉戈薩搭火車北上。據我推敲，我們的上上之策是從納瓦拉的蓬特拉雷納開始切進聖雅各之路，而我們可以搭火車到途中某個有國營旅館的鎮上。國營旅館是由西班牙政府營運的古蹟改建旅館，在薩拉戈薩住過豬窩之後，我們準備迎接好一點的東西。

但我們搭了火車，而這是作弊的行為。

仔細想想，我發現在朝聖之路上選擇比雙腳更快、更輕鬆的交通工具來作弊的想法可謂極為過時。一千年前，歐洲各地的朝聖者並沒有故意選擇比較慢、比較古老的方式前往聖城。相反的，他們盡快以盡可能舒適的方式完成這段旅途。多數人用走的，但並不是因為這樣有益於靈魂的修煉，而是因為他們沒有馬可騎或沒有馬車可坐。最終的目標畢竟是要抵達聖地，讓罪愆得到赦免，而不是要在過程中盡可能多走壞幾雙草鞋。

但當時是當時，事情在我們徒步上路時已經不一樣了。你還是可以去任何聖地，然後說你的旅程是朝聖之旅，不用管你是怎麼到那裡的。每年去麥加的伊斯蘭教徒可沒有從印度或巴基斯坦或杜拜走過去。他們甚至不騎駱駝，而是搭飛機。

然而，對我們而言，還有對我們在路上碰到的每一位朝聖者而言，目的地是最不重要的一環了。聖雅各康波斯特拉是一座美麗的城市，也很值得一遊。但免除了嚴峻的考驗，把長途跋涉的部分去掉，我們就沒有去那裡的理由了。前往那裡的過程不只是樂趣的一部分，對我們而言，那才是整個重點所在。

搭火車很合理。如果從薩拉戈薩徒步上路，我們會在乏善可陳的地區走很久的路，而且沿路都找不到地方住。儘管如此，這麼做有違我們的初衷。這麼做是……嗯……是作弊。

打從下了那班火車之後，我們到哪兒都是用走的，直到完成朝聖之旅為止。唯有到了這時，我們才又上了另一班火車，從聖雅各康波斯特拉南下，先到維戈，接著在一天之後到里斯本。

舉例來說，當聖雅各之路帶領我們來到洛格羅尼奧時，我們就從這座城市的一頭走進去，再從另一頭走出來。當我們在一個地方逗留幾天時，像是在布哥斯和萊昂，我們略過公車和計程車，徒步參觀這個地方。等我們準備好要繼續上路了，我們就揹起背包，起步走。火車、公車、汽車、卡車、牛車，我們都看到了。我們揮揮手，繼續走。

我們不曾向人提起汽車或火車的事，無論是對同路的朝聖客，還是在回家之後對我們的親朋好友。「你們從頭到尾用走的？」他們會覺得很驚奇：「用走的？從頭到尾？」

「每一步都用走的。」我們肯定地說。

這麼說純粹只是比較簡單。何必要把一個進出薩拉戈薩的枯燥故事娓娓道來？多數人都從隆塞斯瓦耶斯開始走，整體而言，我們比從那裡開始還走了更多的路，而且一路毫不馬虎地走到聖雅各康波斯特拉。我們額外多走了從土魯斯過來的路，還繞了安道爾和加泰隆尼亞一大圈。全部加起來，我們走了大概六百五十英里路。那很多欸，何必費事在紀錄本上標一個星號？

但我們一定心有不安，否則我現在何必寫這些呢？

【景色】

布哥斯和萊昂的大教堂頗為壯觀，儘管我絲毫想不起任何一點細節。當時，我們花了很久的時間把它們看了看，而且差不多在我們沿路經過的每一座教堂都花了至少幾分鐘。

一開始，每一座村子裡的教堂屋頂都有個鸛鳥巢。有時我們會看到鳥巢有鳥出沒，但就算沒有鳥，至少也有大大的鳥巢坐落在教堂尖塔上。加泰隆尼亞和阿拉貢一路如此，納瓦拉也一路如此。

接著，在路途上的某個地方，我們開始再也看不到鳥或牠們的巢。我們始終想不透為什麼。這些鸛鳥是否基於一些牠們自己的有力理由，不再棲息在卡斯提亞—萊昂的教堂屋頂上？或者是人類的單位策畫把牠們趕走？是政府或教會官方派人拿掃帚把鳥巢掃掉了嗎？殺蟲劑是問題的根源所在嗎？或者是全球暖化的緣故？——這是一個我們當時沒有想到的想法，但現在看來似乎極有可能。

就像在歐洲大部分的地方，西班牙近年來生育率下降。但那一定是個巧合吧，你不認為嗎？

我確定賞鳥人士會很享受這段旅途。這絲毫不是因為我們多半一早就上路，剛好碰上早起的鳥兒大吃笨蟲的時光。而是因為我們根本不會去注意那些鳥，除非不可能不注意到。就像那些鸛鳥，直到再也沒看到之前，我們老是看到牠們，還有那些老鷹也是無法忽略。

我們只看到老鷹一次，但牠們令人印象深刻。我們人在納瓦拉的某個地方，正走在穿越田野的一條路上，這時就看到一群巨大的鳥在羊群上方盤旋。有一個巴斯克牧羊人四處跑來跑去，朝那些鳥兒胡亂揮舞著他的棍子。我們過了一會兒才明白過來，那些鳥是老鷹；牠們沒有美國禿鷹那種白色的頭，而且看起來大到不像老鷹，儘管牠們不太可能是別的東西。我們沒去算，但牠們的數量顯然超過一打，說不定有個二十隻，全都姿態優美地飛來飛去，讓你一時忘了牠們是多麼險惡。

牠們想要一兩頭羊，而那可憐的牧羊人顯然想要一支AK-47。但他只有他的牧羊杖，他能做的就是揮來揮去。他的狗也盡力做了牠能做的事，亦即狂吠不已。這麼做似乎有用，至少眼前是有用；那些老鷹騰空高飛，留下他和他的羊群。我們繼續往前走，一點兒也不確定他和羊群是否徹底擺脫了老鷹。

不過，我們倒是擺脫了。後來就再也沒看到牠們。前一陣子，我們在阿留申群島看到好些美國禿鷹，牠們是很壯觀的鳥，但我覺得我們在西班牙看到的那種更壯觀。

我們上路時正是罌粟花開的季節，加泰隆尼亞和阿拉貢是一大片紅海。它們何止讓我們大吃一驚。我知道歐洲有罌粟，尤其是在比利時[34]。我記得約翰・麥克雷（John McCrae）的詩：

在法蘭德斯戰場上，罌粟花隨風飄蕩
一排排的十字架，
標出我們的所在地；
雲雀仍在天空中翱翔，勇敢歌唱
槍聲卻不再作響。

不久前，我們戰死沙場
我們活過，感受過黎明，也看過日落的餘暉，
我們愛過，也曾為人所愛，現在我們卻
長眠於法蘭德斯戰場。

34 作者此處所說的罌粟（poppy）應該是比利時國花虞美人，外觀酷似罌粟花，同屬罌粟科罌粟屬。

繼承我們與敵人的戰鬥：
我們垂下的手將火炬傳遞給你
收下它，將它高高舉起
倘若你背棄我們的遺願
我們將不得安息，
就算罌粟花開滿了
法蘭德斯戰場。

所以，我知道在一次世界大戰的墳地上有罌粟花，但我想我一直假設那是有人種下的。而當我們在西班牙看到罌粟花田時，我還是假設一定有人種下了這些花——但為什麼呢？就我所知，西班牙並沒有大規模栽種鴉片這回事。

嗯哼，當然囉，沒人種下這些罌粟花。它們自己把自己種在那裡，年復一年自己生、自己長，像美國的蒲公英，但就算在敝國有那麼一大片蒲公英，把整個山坡變成耀眼的澄黃，我也不曾看到過。

我不曾看過像這片罌粟花田一樣的東西。我在想住那裡的人會不會去注意。說不定不會。當某個東西總是在那裡，你就不會去注意。

我們還看了什麼風景呢？有一道風景在我們心裡留下難以磨滅的印象，但某方面來說，它其實很普通。事實上，它一年到頭每天都有，隨便在哪裡都看得到。然而，說我們從沒看過一樣的東西也不為過。

我不記得那座小鎮的名字了，但我恰巧知道那天的日期。那天是六月二十五日，而我之所以知道，是因為我們前一晚在走回庇護所之前，吃晚餐時和三位西班牙少女聊了一下。她們聽到我們說話，主動與我們攀談，心想這對她們來說是個練習英文的好機會。這確實可能是個好機會，如果她們有英文可練的話。唉，她們沒有，於是我把握機會練習我的西班牙文，絞盡腦汁想些話來講。

"Hoy es mi cumpleaños." 我擠出這麼一句。我不知道我怎麼會記得 cumpleaños 這個字的——也就是西班牙文的「生日」，我很確定我從不曾把這個字大聲說出口。這三位還在念書的小姑娘——las tres niñas de la escuela?——認為那太棒了——這指的是我的生日，而不是我想出「生日」怎麼說。她們祝我好，我們也祝她們好。憑我們兩邊的語言能力，能聊的差不多就這麼多。於是，我們到此打住。

她們在鎮上，還和陌生人攀談，因為那天確實是個節日——聖約翰日，亦即施洗約翰節，而施洗約翰正是這座村莊的守護者。回到庇護所，派對才要開始，我們就上床睡覺了。天還沒亮，有些人還在狂歡，我們就起床穿衣上路了。

我們找到出城的路，重新踏上聖雅各之路。不多久，我們眼前就出現一座山要爬。它不是像吉力馬札羅山那樣的一座山，我想以一座小丘來稱呼它比較恰當，但還是有好一段坡路要走，而且不算平緩，越過它要費一番力氣，尤其是我們背上扛著沉重的背包。

但我們繼續前進，也終於來到了山頂，莫名地有一股衝動叫我們轉身，回頭去看來時路。就在這時，太陽衝破地平線，我們站在山巔——好啦，是丘頂——看著太陽一路往上升。

如我所說，這是全世界各個角落、一年到頭的每一天都有的東西。但就在那裡，就在那個當下，那是我們兩個這輩子看過最美的景色。

【語言】

一九五三年的童子軍大露營讓我對西班牙文產生了興趣。中學時期，我也像 pato 愛 agua[35] 一樣熱中於西班牙文。如果有機會，大學時期我還會繼續學下去，但就在我上了大學之後，安提阿不再開西班牙文課了。所以，就這樣。

中學時期兩年的西班牙文會比你所以為的更根深蒂固。在一個西語國家只不過待了一兩星期，我的西班牙文差不多就都回來了。然而，我離流利還差得遠了。我的字彙有限，儘管我很訝異自己怎麼不斷想起一些字，就像 golondrina[36] 回巢似的，這些字從記憶的暗室冒出來，回到我的意識之中。我大致上僅侷限於使用現在式，如果我學過其他時態，那它們也已經離我而去了。但你可以用現在式進行整個對話，或甚至寫一整本書，如果你是作家達蒙・魯尼恩（Damon Runyon）或某個來自愛荷華城的假掰鬼的話。

三不五時，我也會有精進我的西班牙文的衝動。而且我不時會買買西文書、帶一本英西字典回家，試著自己摸索一下。我可以很享受地讀幾句加西亞・羅卡（Garcia Lorca）的詩，但我嘗試去讀的小說從來沒有讀出個進展來，可能是因為我堅持得不夠久。我讀著讀著就放棄了，接著，

35 pato 是西班牙文「鴨子」之意；auga 是西班牙文的「水」。

36 西班牙文的「燕子」。

在墨西哥或西班牙待上幾天，一些依稀記得的字彙紛紛湧現，便又讓我熱血沸騰起來。

我總是假設在一個西語國家待上幾週或一個月就能讓我掌握這種語言，所以我差不多是理所當然地認為徒步穿越西班牙的三個月就可以讓我學成歸國。我也不能選擇躲回英文的懷抱，像在馬德里和巴塞隆納之類的大都會區時那樣。朝聖之路沿途的鄉親們並沒有花功夫去學英文，他們只會一種語言，他們和彼此交談也只需要一種語言，顯然覺得這樣就很夠用了。

沒關係。我說 Español[37] 不就得了。對吧？

這個嘛，不盡然。

首先，沒人說我學的那種西班牙語。三年前在希洪，我就應該知道自己麻煩大了。在我聽來，所有的當地人講話都像含著滿口斷掉的牙齒。唯一一個我幾乎聽得懂的人是俄國作家（及傳說中的前 KGB 探員）尤利安．謝苗諾夫（Julian Semyonov）。某個下午，他以我認為很完美的西班牙文向與會者致詞。他說的是正統西班牙語，我後來得知他的西班牙語是一名來自中西部的美國女士教的，難怪他聽起來就像班奈特中學的薛曼老師。

在加泰隆尼亞或阿拉貢或利奧哈或納瓦拉，他們可不是那樣說話的。在加泰隆尼亞，他們用的字甚至不一樣。他們說的不是西班牙語，而是加泰隆尼亞語。有些字幾乎一樣，有些字差個十萬八千里。「打開」的西班牙文是 abierto，加泰隆尼亞語是 obert，這兩者不難聯想。但在另一方面，「關上」的西班牙文是 cerrado，加泰隆尼亞語是 tancat。

Tancat 成為我們用得到的字彙之一，而且是加泰隆尼亞語裡面我們始終記得的一個字。我不

37 指「西班牙文」。

確定它要怎麼發音，因為我們從沒聽人說過。但我們老是看到這個字，因而深深烙印在腦海。行經加泰隆尼亞時，一家又一家小店都掛著寫有這麼一個字的告示。要不了多久，我們就搞懂它的意思了。

而在過了這些年以後，我們還會發現自己不時就用起這個字。「你買週日版《紐約時報》了嗎？」「沒，我明天再買買看，那家該死的熟食店 tancat 了[38]。」

在巴斯克自治區，他們說的是巴斯克語，這可以理解。（好吧，他們說巴斯克語是可以理解的，但他們說了什麼，除了巴斯克人以外就沒人能理解了。而就我對這種語言的認識，巴斯克人能彼此理解真是太了不起了。）至於在那些表面上講西班牙語的地區，母音和子音的唸法和我學過的正統西班牙語也大異其趣。

就算他們說的是我習慣的那種西班牙語，我還是一樣有困難。瞧，我會說這種語言（勉強會，而且只能用現在式），但我聽不懂。我能組合出一個問句，而且還算清楚地把它表達出來，尤其如果我有一兩分鐘可以好好想一想的話。更有甚者，撇開區域性的口音不談，我所請教的人總是聽得懂我的問題。

接著，對方會回答我，然後我會聽得一頭霧水。

唔，如果他說了 si 或 no[39]，我就可以猜到他的意思。而且，如果我問的是男廁在哪裡，對方幾乎總會搭配動作來回答。但如果他回我的是一整句話，我就會站在那裡，試圖回想他說了哪些

38 美國許多熟食店亦販售報章雜誌。

39 西班牙文，si 為「是」，no 為「不是」。

字，並試圖拼湊那些字是什麼意思。

到我開始適應某一種口音時，我們又差不多走到下一個地區，當地人說的語言又有了輕易就能辨識出來的不同——儘管「輕易就能辨識出來」在這裡不是一個很正確的說法。我們還是應付過去了。我們買到需要的東西、找到去廁所的路，但我並沒有如願掌握住這種語言。

終於，在卡斯提亞，他們說的是我習慣的那種語言，就算沒有薛曼老師字正腔圓的西紐約口音。但這只意味著他們比較能夠聽懂我說的話，我還是聽不懂他們說的話。因為呢，很不幸的，我的耳朵比我的嘴巴遲鈍多了。我說西班牙語沒問題，但我就是聽不懂西班牙語。

琳恩恰恰相反。她對於母語以外的語言有某種勇於嘗試的精神。她覺得和確切的字眼差不多相近的用詞就綽綽有餘了。你或許會想起馬克．吐溫曾說一字之差就是天壤之別，正確的用字和幾乎正確的用字之間是閃電（lightning）和螢火蟲（lighting bug）的差別。針對這一點，琳恩可能會回應說和你交談的那個人應該能領會你的意思才對。「『喔，看啊，打雷和螢火蟲！』鬼啦，最好是。」

相對的，她又有充分的第六感，所以一般都能掌握到一個句子的意思，不管她懂不懂個別的字是什麼意思。於是乎，我倆湊在一起就成了完整的一個人，能進行有來有往的一場對話。我能拼湊出一個句子丟出去，她則能把對方的回應翻譯給我聽。

在不交換角色的前提下，這套模式發揮得最好。如果我試圖搞懂某個人說了什麼，唔，最糟的情況就是我會搞不懂。但如果琳恩試圖開口說話，情況可能就很不妙。

還記得某個炎熱的日子，我們已經在烈日下走了幾小時。我不確定我們在哪裡，但很可能是萊昂。（朝聖路線的一個問題在於它的設計沒把氣候考慮進去。為了在七月二十五日的聖雅各節抵達聖城，你必須在遍地白雪的時節穿越庇里牛斯山，換言之就會碰上耽誤了我們的雪崩。而等你到了中部大平原時又是夏天，天氣熱到無法忍受的地步。春天時從聖城開始倒過來走朝聖之路的做法不無道理，而且我聽說有人是這麼做的，但為數不多。這麼做就是很怪。）

在這次特殊的狀況中，我們已經在大熱天裡走了很久，眼前冒出一間咖啡館時，簡直就像天上掉下來的禮物。我們點了兩杯咖啡，找了張桌子，我把背包往地上一丟，整個人就癱在椅子上。琳恩問我要不要幫我拿些什麼東西過來。

很多時候，我會買一份西班牙文報紙，一般是《國家報》（*El País*），有時在下午，我就配著一杯咖啡看報紙度過。我的眼睛跟這種語言不犯沖，犯沖的只有我的耳朵。在隨身字典的協助之下，我至少可以理解多數新聞的大意。所以，我告訴她的是，如果她能弄一份報紙給我，那就太好了。

那她要怎麼問呢？“¿Tieneusted un periódico?”我說。她重複這個句子幾次，確定把它記了下來。接著，她就到吧台去，一會兒過後，她回來了，看起來非常苦惱。

「我想我說錯話了。」她回報道：「他整張臉脹得通紅，很激動的樣子。」

「妳到底說了什麼？」

「就照你說的說啊。」

「說來聽聽。」我說。於是她說給我聽，我聽了嘆口氣，說：「我不完全確定，但在我聽來，妳好像是問他生理期是不是來了。」

「喔，天啊，我敢打賭就是這樣他才會臉紅。」

「我想是吧。」

「太糟了。」她說完又離開了。一會兒過後，她再次回來，卻只是更加驚慌失措的樣子。她說：

「我去跟他道歉，但我想我把事情搞得更糟了，而且我不懂怎麼回事。」

「妳說了什麼？」

「就……你知道，我就說很抱歉讓他難堪。」

「妳說了這一整句話嗎？」

「沒有啦。」她說：「當然不是。我只是指著他，你知道的，然後我說“Embarazada”。怎麼了？你幹嘛那樣看著我？」

「妳先是問他生理期是不是來了，接著妳又跟他說他懷孕了。」我告訴她：「喝妳的咖啡吧，好嗎？我想我們最好離開這裡。」

我們的西班牙文從來沒有進步，真正的原因在於我們只在非用不可時才用。我們在標誌牌上看到很多西班牙文，而且大致都能理解上面寫些什麼。而我讀《國家報》讀得頗為上手，或至少能讀一讀那些我還算熟悉的主題。（財經報導和西班牙政論就算是用英文寫，我也看不懂，更何況是西班牙文呢？）

但說到西班牙文口語會話，到了旅程的終點時，我們並不比一開始熟練多少，而那是因為我們很少有要說西班牙語的情況。我們用它來點餐、找好當晚的住處、判斷要左轉還是右轉，並且，在某個難忘的下午，用它來找到去藥局的路。（在某間衛生條件較差的庇護所度過一夜之後，我長了頭蝨。我不知道這些小渾球的西班牙文叫什麼，所以我靠比手畫腳來表達，至於怎麼比劃，就留待您去想像。這招很有效，而且，感謝老天，店員賣給我的東西也很有效。）

一切加起來頂多是每天說個幾句，而且往往是一樣的句子，說了一遍又一遍。其餘時候，當我們沒在點餐或訂房的時候，我們就是一直走路，只有彼此為伴。走路的時候，我們說了很多話，但奇妙的是，我們的遣詞用字盡是英文。

而當我們和其他走聖雅各之路的 peregrinos[40]交談時，我們和他們說的也是英語。

【Peregrinos】

下了從薩拉戈薩搭上的火車，在一間奢華得讓人很不習慣的 parador[41]住了一晚之後，我們朝蓬特拉雷納邁進，從那裡接上傳統的朝聖路線。半路上，經過白天的長途跋涉，我們停下來在路邊的一家旅店過夜。他們的餐廳裡有一台電視，我們走進去時，螢幕上正在插播一則埃塔組織最近一次炸彈攻擊事件的新聞快報。在這個位於巴斯克鄉間的房間裡，這則快報引來一陣噓聲[42]。接著，螢幕上又播起本來的節目，我們抬頭一看，看到傑夫．布里吉（Jeff Bridges）似乎是在說著西班牙語。

那是《八百萬種死法》的配音版。這齣令人惋惜的電影由我的一部小說改編而成，五年前在美國上映（下場是既不叫座也不叫好）。我們周遭的人繼續他們的談話，沒人注意那齣電影。我不能說他們有錯。

第二天，我們在蓬特拉雷納，正式成為 peregrinos 的一分子，並發現我們少掉了什麼。有個人

---

40 西班牙文的「朝聖者」之意。

41 西班牙文「國營旅館」，即作者前述由政府經營的古蹟改建旅館。

42 埃塔組織（ETA）又稱巴斯克祖國自由黨，為西班牙巴斯克人居住區內之武裝分離主義恐怖組織。

指示我們去一間辦公室，在那裡，我們領到了官方的朝聖者護照。那是一本黃色硬紙板做的小冊子，專門讓我們在沿途行經的各個庇護所蓋章之用。抵達目的地時，這本護照也能向教堂官方證明我們真的一站接一站走完全程，也因而有資格獲得這趟朝聖之旅所應許的赦免。

（這在當時是聖雅各之路的一大賣點。抵達那裡，然後你所有的罪過都可以洗刷掉。你會變成清清白白的一張白紙，只不過按照朝聖路線沿途的人類行為史看來，你回到家的時候，這張白紙可能布滿新畫上的、聖潔的粉筆記號。）

我們這一組人馬，由一個隨興的天主教徒和一個散漫的猶太教徒組成，並非出於對地獄的恐懼或對天堂的期待踏上這段旅途。儘管如此，我們對於罪惡獲得赦免的願景依舊抱持務實的看法——亦即：無傷大雅，何樂不為？

與我們同路的朝聖者當中，就算有任何人是為了贖罪而來，他們也沒把自己的希望掛在嘴上。在接下來的兩個月，我們碰到很多朝聖者，也和他們當中的很多人有過或短或長的談話，而我印象中沒有任何一位是抱著傳統的宗教動機。典型的狀況是，我們的同路人就是覺得非來走走不可，沒什麼別的目的。他們當中偶然也有先天或後天的天主教徒，但這些人就算會去上教堂，次數也很少。他們之所以成為 peregrinos，純粹是內心一股莫可名狀的衝動使然。

儘管如此，有關基於宗教動機、本質上就是要尋求贖罪的朝聖者，你還是會耳聞一些傳言。我們就不只一次聽說有位牧師，從他在德國的教會一路走來，在前往庇里牛斯山的途中越過阿爾卑斯山，接著繼續走到聖城——光腳走。我無從臆測他究竟是犯過什麼罪，才要把這種苦行加諸在自己身上，但我想有一整個世代的祭壇侍童可以說明這個問題。

我不能說我們和任何一位 peregrino 混得很熟，而且我發現我很難記起任何一個名字或任何一張臉孔。我記得有一對英國人是騎自行車走這條路線。他們不急，這說明了我們何以能跟上他們一陣子，但最終他們還是比我們超前了一兩天，後來就再也沒見過他們了。我想我們是從他們口中第一次知道，有個特別的教堂議會訂下騎自行車朝聖可赦免一半罪惡的規矩。

也有不少荷蘭人前往聖雅各朝聖，當然，他們的英文、法文和德文都很流利（我假設還有荷蘭文也是）。荷蘭朝聖者沒搭飛機，也沒從火車之旅開始上路。他們只是把東西收一收，從前門走出去，步下清潔溜溜的階梯，然後繼續往前走。

那兩位瑞士牧師也是。這兩兄弟甚至說不定是一對雙胞胎，一路從瑞士走過來。他們已經六十好幾了，又高又瘦，健壯得令人嫉妒，自信地邁著大步翻山越嶺。我們不曾和他們說過話，但在他們趕上我們前幾天就耳聞其名，最有可能是從那對英國自行車騎士那裡聽來的。接著，有一天，我們看到他們倆。就在那天或第二天，他們超越我們，從此便再也沒見過這兩人了。

琳恩喜歡把我們這支浩浩蕩蕩的朝聖隊伍比喻成某種朝聖城流去的流動聚落。我們在許多間庇護所都發現有一本房客登記簿，這種登記簿不是那種留言本——比方說在巴克斯郡一家裝模作樣的民宿，客人可以在留言本上寫下他們的姓名（「亨利・索爾普和克勞黛・索爾普」）、地址（「堪薩斯州普拉特郡」）和評語（「愛死了那個印花棉布床罩，還有，喔，早餐的那些小紅莓瑪芬！！！」）。在庇護所難得出現印花棉布床罩和早餐瑪芬，但房客登記簿之於我們，就像消防栓之於撒尿的小狗，提供了一個聞聞前人足跡並把我們的名片留給後人的機會。

此外，某種原始的通訊形式讓我們掌握到其他同路人的最新消息。在穿越卡斯提亞的中央草原之前，我們就開始聽說有一個威爾斯家庭，是一對夫妻帶著兩個小孩。不管怎麼說，他們都很了不起。就我們所知，他們是唯一有勇氣帶著孩子一起上路的朝聖者。但這家人在這個大家公認並不大的圈子裡之所以紅透半邊天，是因為他們的成員還包括一隻驢子。他們是在越過邊境時買下這頭可憐的小動物，據報牠在為他們搬運裝備這方面表現得還不錯，偶爾也搬運他們的孩子。有點像購物推車，只不過要吃草——琳恩的觀察啦。

不可避免的，我們其餘人稱他們為「聖家庭」。

這個威爾斯家庭在我們抵達聖雅各康波斯特拉幾天後現身。不一會兒工夫，我們就遇見了他們，遇見後更是一眼就認出他們是誰，因為那隻驢子還在。我們告訴他們說久仰大名了，而他們則表示在庇護所讀過我們在房客登記簿上的紀錄。如果他們的名氣跑在他們前面，那麼我們的名氣顯然落在我們後面。

如同其他每一個人，我們問他們有沒有辦法把這頭小驢子帶回家，而他們說恐怕不可能。關於牲畜入境，英國有很嚴苛的規定，為免狂犬病傳入，連寵物貓狗都得經過六個月的檢疫隔離，所以一頭驢子能有什麼勝算？

也所以，那男的說，他們可能得把牠賣了，或者幫牠找到一個家。那女的補充道，這對孩子們來說恐怕很不好過，但她看不出來有什麼辦法可想。

「你們可以回家以後再買一隻啊。」琳恩提議道。他倆目瞪口呆地看著她，彷彿她瘋了似的。

【會談】

從蓬特拉雷納開始，我們變得很像在過校園生活。在路上、在路邊的咖啡館，還有在結束了一天步行的村莊裡，我們都會遇到其他的 peregrinos。在庇護所，我們甚至要和他們相處得更久。

庇護所的住宿空間往往是學生宿舍的風格，一起排隊等浴室讓大家有機會聊聊天，而如果等得夠久，則又給了大家一個話題可聊。

但多數時候，我和琳恩只有彼此作伴。我們並不是一路上的每一步都並肩同行，我的步調自然比較快，有時我會越走越遠，把她丟在後面，直到我把背包往地上一放，坐下來等她跟上。不過，我們多半走在一起，而且路上一般只有我們兩個。如果偶然形成一個比較大的團隊，這個團隊也不會待在一起很久。

於是，這次旅程成為我們倆相處格外密切的一次經驗。業經證實，我們具有一種近距離忍受彼此存在的微妙能力，開車追獵水牛的那幾個月充分顯示了這一點，但這次是更讓人喘不過氣的一種相處模式。我們在那裡，與世隔絕，背後是昨天走的十到十五英里路，前方是明天一樣要走的那麼多英里路，這兩者都看不到盡頭。我們並不是一路都有話聊，而我們共享的沉默就像持續不斷的對話一樣親密。

我不記得我們聊了什麼，但我也想不出有什麼是我們沒聊到的。打從一開始，我們的關係就具備一種在以前的經驗裡不曾有過的坦誠度，所以我們已經親密地交談了好多年了。儘管如此，這次還是不一樣，因為相處的時間那麼多，而除了與彼此共處之外，就沒什麼別的了。

我們不只交談。三不五時，我們還進行一次小組聚會。

如同我之前提到的，我在一九七七年戒酒了。四年後，琳恩也經歷了一樣的轉變。事實上，我們開始熟稔起來，就是在一群戒酒、戒毒人士的小組聚會當中。我們這群人定期在西村一個燈光黯淡的小房間裡聚會，分享經驗、勇氣和希望。

參加這樣的聚會已經成為我們生活固定的一部分。我們會分開去或一起去，而且去得很勤——

平均一週數次。世界各地隨時都有這種聚會，我們暫居佛羅里達州時也去，在全美各地開車跑來跑去的那幾年照去不誤。甚至在出國時，我們都能找到這種聚會去參與。

在西班牙就去不成了。西班牙也辦這種聚會，來參加馬德里馬拉松時，我甚至去了馬德里和巴塞隆納的英語聚會。但我們不會去這兩座城市，我們要去的是西班牙北部深山野嶺之中的鄉鎮和村莊，這些地方沒人說英語，而且實際上不可能（外加極其不方便）找到一個聚會。就算找到了，我們也一個字都聽不懂。（何況我們能說什麼呢？“Me llamo Lorenzo, y soy un puerco borracho.” “Hola, Lorenzo!”[43] 好極了。）

並不是說我們擔心自己沒辦法保持滴酒不沾。在人生的那個階段，我們對自己遠離酒精的能力有相當的自信。但儘管這種聚會的主要目的是協助成員自我克制，這卻不是它唯一的作用。透過一種我不完全明白的方式，這些聚會讓人更容易保持情緒的平衡，讓人可以不靠酒精就很舒服自在。

不過，想辦這種聚會，需要的無非是兩個目標一致的成員聚在一起。於是我們成立了一個後來被我們稱之為「朝聖隊」的小組，我們倆的任何一方都可以召開聚會，只要宣布現在聚會開始，讀一讀既定的開場白，並請對方發表談話。

在家鄉的聚會，典型的做法是會有一個發言人講個二十分鐘之類的，訴說他過去的人生是怎樣、發生了什麼事、現在又是怎樣。幾年下來，我們已經聽彼此說過許多次了。但在朝聖隊的雙人會談中，我們卻探索了之前在聚會上或私底下的談話中都未曾觸及的過往。童年的各個方面，

43 西班牙文：「我叫勞倫斯，我是個酒鬼。」「你好，勞倫斯！」

家族的歷史。關於醉茫茫的那些年，在比較大型的聚會中不適合談到的事件。一切的一切，都談到了。

這些會談不只是親密的對話而已，因為我們奉行團體聚會的正式流程和規矩。講者單方面訴說，不會和聽者有來有往；另一個人只是傾聽，不會插話。講者說完了，另一個人再發言——或者回應講者剛剛說的內容，或者看自己想到什麼就說什麼。接著，我們會誦讀寧靜禱文，結束聚會。

這些雙人會談累積的效果很不可思議。它們有助於提醒我們對戒酒的決心，看在我們在酒吧和咖啡館度過那麼多時間的分上，這一點還不賴。（在其中一間庇護所，負責看管的小夥子整夜滿場飛，手裡揮舞著一瓶他判斷是aguardiente[44]的無色液體請大家喝。撇開朝聖隊所有的努力不談，這瓶東西也不是全無吸引力。）

除此之外，這些會談發揮了家鄉那些聚會的作用，讓我們更舒服自在，改善我們的性情，讓我們冷靜，讓我們鎮定。

而這在我們嚴重迷路的那一天尤其有用。

【迷路】

每個人不時都會迷個路。我不知道這是不是每位朝聖者必經的過程，儘管我意料得到會發生

44 西班牙文的「燒酒」。

這種事。可以肯定的是，它無疑是我們此行的一部分。

我們在蓬特拉雷納弄來一本指南，裡面有一份像模像樣的路線圖。但聖雅各之路有這麼個特點——很多的路徑是要穿越荒野，走的是設有方向指標但車子不能走的步道。

這大大增加了整件事的難度。正常來講，走在一條雙線道的公路上並不討厭，但在加泰隆尼亞的某些路段，我們必須和大卡車一起擠在狹窄的道路上。有時道路沒有路肩，有時道路的一側直接就坍方掉了，而這可不怎麼好玩。

當你走在穿越荒野的步道上，你不需要閃避卡車或吸入一氧化碳，而且你很容易就忘記自己身在二十世紀。畢竟那些山丘、樹木和天空就跟很久很久以前的朝聖者看過的沒什麼不同。

（並且，感謝那讓西班牙貧窮、落後了數十年的法西斯政權，這些村莊的變化也不大。我們行經的村莊有些正在開始轉變，尤其是在加利西亞，我們會看到農夫用牛犁田，走個一英里之後，又會看到日本車停在還沒有接通電力的村莊裡。如果我們早幾年來走聖雅各之路，那些地方還不會有這些車；如果我們現在去走，我預計會看到拖拉機已經取代了牛。）

避開車行道路、沿著古老步道前進的聖雅各之路是一大改善，但要保持走在對的路線上並不是那麼簡單。步道這種東西本就漫無章法，多少都會胡亂交錯一番，除非標示得很清楚，否則某個倒楣的朝聖者可能就在應該右轉時左轉了。

地方上有各種組織負責維護步道，有的比較勤快，有的比較懶散。然而，我們第一次迷路的錯不該怪在當地人頭上。他們把步道標示得夠清楚了，只不過我們不知該找什麼來看。

步道帶領我們穿過一座村莊，但一出了村莊，我們就不知道接下來要往哪走。沒有任何的標示協助我們脫困，最後終於有個女人注意到我們在那裡兜來轉去，她問了我們一個問題，而我們當然是聽不懂。

我說（或試著說）我們是朝聖者，在找聖雅各之路。“Flechas!” 那女人說。

“Fletchers?”

“Sí. Flechas!”

這沒有幫助。我們又亂走了一陣，一邊留意是否有寫著“FLETCHER'S”的標示。你不會訝異我們沒找到。另一個當地人也說了一樣的古怪字眼，但他設法加以說明。“Flechas! Flechas amarillas!”

「又是 fletchers，但這次是黃色的。」我說：「搞不懂他想告訴我什麼。」

「我不知道。Fletcher 到底是什麼？」

「西班牙文嗎？考倒我了。英文的話，它是某種古老職業專業人士的姓氏。我忘記 fletcher 是做哪一行的了。德文的 fleisher 是屠夫，妳知道，用 flesh[45] 這個字去想，但 fletcher 是別的東西。喔，我想起來了，fletcher 是造箭者。」

「一個搖滾樂團？」

「不是啦，是製做箭的工匠。我猜以前的人對這種東西的需求比較大，但……喔，去他的，我不懂啦。」

「黃色箭頭。」

「我們整天都看到黃色箭頭。」我說：「記得嗎？我們還在想這是不是某種政治宣言。」

45 Flesh 是英文的「肉」。

「而它們的宣言是：『跟著我走。』」

Flechas amarillas.

所以，這是我們新學到的一個生詞，而且很有用。黃色箭頭並不能完全排除轉錯彎的可能性；路上的轉彎處往往比箭頭還多，而且某些箭頭的排列組合有不只一種解讀法。不久之後，我們又學到另一個西班牙文生字——senda，意思是步道。

要記住這個字比從它岔出去或在岔出去以後重新找到它來得容易。琳恩不只一次地唱道：

回到 senda
地址不明
沒這個號碼
沒這個區……

我們三番兩次迷路，但多數時候情況都沒有很糟；我們找得到路回去，可以從出錯的地方從頭來過。

直到促使我寫下這段文字的那天來到——那個地獄之日。

那天就像其他日子一樣展開，天氣十分宜人，太陽在無雲的天空閃耀。我們離開山區，進入西班牙中部平坦的平原，走起來比較輕鬆，所以我們走了又走、走了又走，直到發現我們迷了路、不知道這是什麼鬼地方為止。

那不完全是我們的錯。我們越過了一道隱形的省界，來到了另一個省分。在這塊新的地方，黃箭小隊的成員是一群懶鬼。路線沒有按照該有的樣子標示出來，而我們絕對不是第一組迷路的人馬。

我們之所以會發現這件事，是因為有個女人從她家前門冒出來，有幾分警戒地打量我們。

“¿Peregrinos?”

“Sí.” 我們一邊說，一邊自豪於我們對這個語言的掌握。

“¡Ay! Perdido!”

Perdido 是另一個我們認識的字，它的意思是「迷路」。

而她顯然之前就碰過用上了這個字的情況。她告訴我們這裡是哪裡，還有要怎麼回到我們應該去的地方。我們已經離得很遠了，現在太陽在空中升得更高，沿途都沒有遮蔭。我們就算沒有惱羞成怒，唔，也談不上是心平氣和。

情況後來還更糟。我不記得所有細節，但事情一件接著一件出錯。我們的精神委靡不振，似乎是時候召開朝聖隊的緊急會談了，於是我誦讀了開場白，接著琳恩講了一陣子，再換我講一陣子，最後我們說了禱告詞，再繼續走下去。

當然，事情持續出錯。我們早餐吃得很少，又找不到任何地方吃午餐，就這麼餓著肚子走。然後我們錯過了一個把水壺裝滿的機會，而另一個機會一直沒有出現，我們眼看就要沒水喝了。沒水喝從來就不是一件好事，尤其當你走在烈日之下的時候。

之前，在穿越安道爾公國途中，我們已經體認到喝夠多水的重要性。如果水分補充得不夠，心情就會大壞。

我們是經由親身實驗發現的，就在我們意識到雙方都基於不明原因在對彼此咆哮怒罵的時候。

我想不透為什麼，接著突然想到我已經幾個小時沒尿尿了，琳恩也是。所以我喝了一點水，並提議琳恩也喝一點。我們的情緒好轉，咆哮和怒罵也停止了。從那之後，我們就確保身上一定要有水，而且特別注意要喝足夠的水，以免我們拿刀互砍。

但這下子，就在或許是截至目前為止最熱的一天裡，我們沒水了。到了下一個村莊，我們就可以裝水，無論那是哪裡。而從地圖上看來，就我們所知，下一個人類聚居地還遠得很。

在像這樣的一個日子裡，區區的咆哮和怒罵是我們最不擔心的事。我並不真的認為我們會脫水致死，但確實三不五時就有人因為這樣死翹翹，而且不只是在真實世界中。想想所有那些你曾看過的沙漠電影，劇中人爬過撒哈拉沙漠或莫哈韋沙漠或戈壁沙漠，張開乾裂的嘴唇喊著：「水！」他們的舌頭腫脹，臉上的妝乾硬結塊。

我告訴你，我們想到了他們。而且，就在想著他們以及其他黯淡的前景之時，我們做了我們在這艱難的困境中最擅長做的事。

我們又迷路了。

我不知道事情是怎麼發生的，但我大概猜得到。同一個之前沒把 *flechas amarillas* 畫清楚的豬頭又漏畫了一筆。我們錯過了一個轉彎，落得無可救藥地 *perdido* 的下場。

至少不必擔心我們是在繞圈子。只要太陽保持在前方，那我們就是在往西走。而且要知道太陽在哪裡並不難，因為它就在那裡，熾烈地對著我們咧嘴笑，怒目直視我們的雙眼，毒辣地烤著我們的腦袋。

西班牙軍隊救了我們。我們不在任何一條像樣的道路上，而是在一條從中穿越一大片空曠土地的小徑上，所以我們沒料到會聽見背後有車聲靠近。我們轉過身，看到幾輛敞篷吉普車，車上滿載穿著制服的年輕人。我們不知怎麼把自己弄到一塊軍隊用來演習的場地上了，而我們運氣很好，那天的演習項目牽涉到的是開車和敬禮，而不是……比方說，砲擊和轟炸之類的。

我們告訴他們說我們是 peregrinos，這似乎並不令他們意外。他們則告訴我們說我們 perdido 了，這對我們而言也不是新聞。感謝老天，他們給了我們一整瓶的水，並詳細解釋怎麼走才能到我們該去的地方。大夥兒又是微笑又是握手，忙完一輪之後，他們開著車子離開，繼續他們在這荒煙蔓草中漫無目的的演習，我們也出發上路，繼續我們的漫無目的之旅。

我不確定朝聖隊是什麼時候破紀錄召開了當天第二場會談的，可能是在軍隊拯救我們之前，也可能是在那之後不久。我們坐下來開這次的會，而不是邊走邊談。我們把背包往地上一丟，坐在背包上，其中一人唸了開場白，接著我們就熱烈討論起來。我沒辦法告訴你我們說了些什麼，但我還滿確定這次會談的內容不是以往事為中心，而是專注於當下這一刻。

談完之後，我們爬起來，繼續走。

這一天就這麼沒完沒了地繼續下去。太陽還是扎著我們的眼睛、炒著我們的腦袋。終於抵達一座村莊時，已經差不多是晚餐時間了。這座村莊裡面或附近都沒有庇護所，而我們不可能在天色完全變黑之前抵達下一個地點。我們環顧四周，這座村莊看來也不像會有旅館或青年旅舍的樣子。接著，某個人指示我們到這棟非常美麗的小房子，房子漆了鮮豔的色彩，一個英俊的年輕人一臉微笑地來應門，還用英文歡迎我們。

屋內令人驚豔。裡面到處是一瓶瓶的鮮花及色調柔和的牆壁，空氣中瀰漫著檀香蠟燭的香氣。他領我們到一間窗明几淨、配備齊全的臥房，指出走道盡頭一間一樣一塵不染的浴室，並請我們把這裡當成自己家。他不用說第二次。

我們洗了個澡。這個澡洗得正是時候。回到臥房之後，我們對主人提供的各種香皂和那深色的毛巾讚不絕口。「我不敢相信這裡有這種地方。或許我們沒及時喝到水？」琳恩說。

「妳認為我們產生幻覺了？」

「我認為我們已經死了。」她說：「而且他們讓我們上天堂了，就算我們的罪孽還沒獲得赦免。那個完美無瑕的小夥子幹嘛要在西班牙這個不知名的地方開一間完美無瑕的旅館？」

「又是鮮花又是蠟燭的。還有，妳有沒有注意到那些香皂？」

「怎麼可能沒注意？一塊塊蛋糕也似的法式研磨皂，全都有不同的造型和顏色。」

「妳不會認為……」

「毫無疑問。他配戴了鑰匙。」

「別鬧了。」

「我沒鬧。緊身牛仔褲，還配戴鑰匙[46]。」

「這個嘛，他是開旅館的。」我說：「有那麼多扇門他得打開。而且，說不定在這裡配戴鑰匙的意思和在克里斯多福街不一樣。」

「嘿啦，最好是。」

「但他到底在這裡幹嘛？」

「不然他應該在哪裡？韋斯卡？」

「老天。」我說：「我們怎麼老是跑到這種地方？我想妳可以說牛牽到北京還是牛，我們跑

46 此為同志身分的象徵。

到這裡也還是西村人。[47]我告訴妳，我不在乎他是怎麼到這裡來的，我也不在乎我們是怎麼到這裡來的。我只是很高興他在這裡、我們也在這裡，這天殺的一天就要結束了，因為我不認為我還能再忍受一個小時。多悲慘的一天啊！我簡直要失控了，我都快崩潰……」

「嗯，我不明白為什麼。」琳恩說：「別忘了，我們今天會談了兩次欸。」

【庇護所】

如果我們沒在地獄之日那天迷路了一次又一次，可能就會錯過在同志天堂過夜的機會。我們會直接路過那座村莊，走到下一間庇護所。

聖雅各之路沿途的庇護所體制無疑讓朝聖容易得多。導致我們兜了一大圈到薩拉戈薩的客滿災難不再是個需要擔心的問題。庇護所總是有空房，我們要做的只是跟著指南走，就保證有地方睡覺。

雖然物質的享受從來不曾達到鮮花和香皂的水準，但某些庇護所大致算是令人滿意。我記得在聖多明哥岡薩多的那一間，每個住過那裡的人都說它是庇護所的典範。我想，它比得上任何一間一般水準之上的青年旅舍。但在聖雅各之路上，它算是出類拔萃的一間。

我要特別指出，它所坐落的那座村莊以「雞的奇蹟」著稱。我們聽過這個故事的幾個版本，

47 卜洛克住在紐約的西村之時，該地是同志文化的重鎮，這裡的克里斯多福街可謂同志之街，同性戀解放運動的起源地「石牆酒吧」（Stonewall Inn）就位在這條街上。

大意是說有個人有求於當地的一個權貴，這個權貴當時正坐在桌前用晚餐。他指著他面前盤子裡的烤雞，說是只要「這隻雞從桌上跳下來喔喔啼」，他就答應來人的請求。說時遲那時快，這隻無頭鳥就照他說的做了，當地的教堂有一幅壁畫畫了這個主題。

我覺得這個故事很棒，那幅壁畫也很棒。琳恩認同我的看法，但她還更進一步對這個奇蹟信以為真。琳恩對所有的奇蹟都深信不移，而在被西班牙軍隊拯救又被同志客棧解救之後，我必須說我能理解她的想法。

就算有人指出全歐各地到處流傳著這種雞的奇蹟，每個國家似乎都有不只一個相關傳說，全都有隻烤成金黃色的雞從盤子上跳下來喔喔啼救了某個無辜的人，她對這個傳說的熱情也沒有熄滅。難道她不覺得不可能全歐到處都發生這些奇蹟嗎？

「這只顯示出雞的力量多麼令人敬畏。」她說。

另一間庇護所——就是請大家喝 aguardiente 那一間——有一個既對環境友善、也對朝聖客很友善的設備。他們的屋頂有個水塔，靠太陽能加熱，為淋浴間供應源源不絕的熱水。多數庇護所都有某種類型的淋浴間，但很少有足夠的熱水滿足所有人的需求。如果你不想被冷水澆得一頭一臉，運氣加上正確的時機是不可或缺的要素。

偶然會有一間庇護所有一兩間套房。作為夫妻，在難得有套房的情況下，我們往往能分到一間。在有一整排或兩組上下鋪的房間裡，通常我會睡上鋪，琳恩會睡下鋪。

而當我們享有隱私的時候，也並不保證那一晚會住得舒適。有座村莊應該要有一間庇護所，但我們必須到教堂去找牧師才有辦法找到。牧師給我們一把鑰匙和一堆指示，鑰匙讓我們進入一個大約二十平方呎的房間，房間角落裡有各式各樣的垃圾，牆上則畫滿莫名其妙的塗鴉。這地方本來是車庫，現在改成庇護所，儘管唯一顯示它新狀態的跡象，就是放在水泥地中央的一個空蕩蕩的床墊。我們比自己預期的睡得好，但覺得住一晚就夠了。一早，我們把鑰匙還回去，啟程上路。

隨著時間過去，我們發現在庇護所連續住二到三晚已是極限。每到第三或第四個晚上，我們就會設法去住某個營利性質的旅店。在這些旅店，我們一定會有自己的房間，以及用起來沒問題的浴室。有時候，如果這家旅店、這個房間和這座村落夠吸引人，我們就會住上兩天。但絕大多數的日子裡，我們都是第二天一早就上路了。

【活動】

不在走路、吃飯或睡覺的時候，我們都怎麼打發？

我不能說我們看了很多電視。庇護所沒有電視機，廉價旅館也沒有，不過有時我們吃飯的咖啡廳有。一次，我們走進一家便利商店（相當於當地的7-ELEVEN），很訝異聽到彼得・詹寧斯（Peter Jennings）的聲音。法語台Canal+在播英文的《ABC晚間新聞》，我們站在那裡看得目瞪口呆。另外，我提到過在巴斯克鄉間看《八百萬種死法》，那裡的人似乎每隔一星期左右就有新的創舉。

但當我們有電視可看時，螢幕上似乎總是在播《摩登原始人》。在我能理解弗萊德和威瑪說了些什麼的情況下，我就從來不是這個節目的觀眾，經過翻譯之後，它也沒有贏得我更多青睞。另外一個我唯一記得的節目，就是西班牙版的《歡笑一籮筐》。我們在家從沒看過，而如果有任何選擇，我想我們在西班牙也不會看。

但我或許是錯的，因為西班牙的版本有你在美國從沒看過的東西。除了慣有的爆笑寵物絕活和小屁孩的滑稽表現之外，他們挑出這支不可思議的錄影帶，讓我們看一隻兔子上一隻雞（很抱歉，我想不出有什麼更禮貌的表達方式）。

我們周遭頓時鴉雀無聲。每個人都盯著螢幕，接著全體哄堂大笑，發出不需要翻譯的鼓譟聲。

「我希望妳注意看了。」我告訴琳恩：「因為妳不會再看到一樣的東西。」

但我錯了。到了節目的尾聲，觀眾投票選出最愛的一支影片，當然，兔子和雞贏了，於是他們再播一次給我們看。下一次我們來到一個有電視機的房間裡時，恰好正是一週之後，所以你猜電視上播的是什麼節目？而當然，上週勝出的影片這週又入圍了，並且那支該死的影片又贏了。如果這個節目還在播出，我不得不假設它還在繼續拔得頭籌。

我很不願意承認，但我不介意再看一次……

我們還做了什麼？唔，我們稍微觀光了一下，在有得觀光的時候。我們也讀了點書。除了固定嘗試掌握《國家報》的大意之外，我們埋首於帶來的少數幾本書當中。那幾本小說撐不了太久，我們在離開法國之前就已經讀完，並且把它們拋棄了。但我帶了一本聖經，而我們倆都沒有一夜之間就把它讀完的危機。我們也不可能太過沉迷其中，但在像這樣的一段旅途上，鑽研一下這樣一本書似乎是正確的事。

我也帶了海姆．波圖克（Chaim Potok）的《猶太人歷史》（*History of the Jews*），心想這樣或許能平衡一下這段旅途不可否認的基督教色彩。如果我要追隨聖方濟和聖嘉勒的腳步，而且在沿途每一座教堂都讓自己沾一沾聖水，我至少能做到的是同時也溫習一下我對自己族人的記憶。

現在或許是指出琳恩和我的一件事的好時機。與其說我們是兼容並蓄的異族通婚，不如說我們倆各自都是兼容並蓄的混和體。在紐奧良的吳甦樂學院接受了正規的天主教教育之後，她搭巴士來到紐約，在那裡愛上了一群藝術家。我絕對不是她人生中第一個猶太好男孩。

至於我，在第一段婚姻結束之後，我發現自己找上了街角的教堂，以求在曼哈頓的喧鬧中覓得一絲安寧與平靜。在我寫的關於前任警察馬修．史卡德的故事中，我也讓他做了大致一樣的事情，並在那裡點蠟燭紀念離去的朋友。

到了我們開始與彼此作伴時，你可以說我們各自都是一點鄉村音樂加上一點搖滾樂的綜合體。就在兩年前，我們在宗教上異花授粉的程度浮出檯面，當時有個白痴在新墨西哥州北部一條結冰的公路上超車插進我們前面。

"Oy, gottenu!" 聖以利沙伯的得意門生驚呼道。[48]來自貝斯錫安堂的男孩則什麼也沒說，只是在胸前畫了個十字。

唔，這樣也行得通，不是嗎？我們沒有撞上那輛車。而我們當下最直接的反應真的就是那樣，我可以對神發誓，不管你要哪個神……

儘管如此，我還是覺得波圖克的歷史書是個很好的選擇，而且我必須說它確實是，但它也帶來了一點尷尬。一切都很好，直到我讀到十五世紀。就在我們行經某座城鎮的時候，我偏偏非得在當晚讀到那座城鎮在西班牙宗教制裁中是個要地，那裡的猶太教堂遭洗劫，那裡的猶太人口則被活活燒死。

48 Oy, gottenu! 為猶太人使用的意第緒語，意思是「喔，天啊！」。以利沙伯為施洗約翰的母親，乃聖經人物。聖以利沙伯的得意門生指的是信奉天主教的琳恩。

喔，嗯……除此之外，這本書都是旅途良伴。我和琳恩聊這本書，我們都同意波圖克是一位好作家，而且我們都很享受他的小說《我名叫阿胥爾．里夫》（*My Name is Asher Lev*），小說寫的是一個來自極端正統派猶太教家庭的年輕藝術家。「它有一本續集，我不記得叫什麼了。」我說。

「《現在我名叫艾倫．路易斯》[49]。」琳恩不假思索地說。

【走路】

旅途上有很多好時光，但願我呈現出來了。就算是最糟的時刻，我們走著走著，過個一天也沒那麼糟了。我們不乏打發時間的好法子，但我們主要做的事情，我們在西班牙那幾個月的重心，是走路。

如前所述，有些人是騎自行車完成這段旅途。有的路徑自行車沒辦法應付，但從一間庇護所到下一間庇護所之間，總有自行車朝聖者能騎的路。

有一組西班牙騎師團騎馬走了這條路線的一部分——我印象中是從萊昂到聖雅各康波斯特拉，他們構成了一幅很壯觀的景象。如果讓我來決定，我會很樂意赦免他們的罪過，連帶送他們的駿馬糧草和水。

每年也有一些開車走這條路線的觀光客，他們會趕在慶典前抵達聖城。（我不認為他們自詡

49 此書的續集並非《現在我名叫艾倫．路易斯》。「阿胥爾．里夫」是猶太人姓名，「艾倫．路易斯」則是美國人姓名。琳恩此處是拿猶太人取一個美國人的名字以求融入美國社會的現象來開玩笑。

為朝聖者，我也不認為他們會以為這樣就能縮短在地獄度過的時間，但誰曉得呢？）有些旅行社提供聖雅各之路沿途護航行程，他們有載運行李的後援車，還有讓不勝腳力的人坐的拖車，外加一份濃縮版的行程表，乃至於某些路段有接駁車服務。

並不是說這有什麼不對……

但事情是這樣的，如果你不打算走路，說真的，你來幹嘛？

徒步走過迢迢長路──地理上實際的一大片土地──具有某種令人蛻變的效果。看著西班牙的地圖，誰會認為這是一個有可能靠雙腳橫越的國家？但到了走完全程的那一刻，我們完成的正是這樣一件事。一次一天，一次邁出寶貴的一步。

我不認為我們會有單日走完超過二十英里路的一天，但那麼長的一段路在卡斯提亞出現了。聖雅各之路經過這裡的一大片空曠平地，往北銜接到萊昂。我們知道這段路等在前頭，那天我們特別早早上路，帶著必要的飲水和食物。那是走了好久好久的一天──我們一般似乎是平均每小時走三英里路左右，遇到困難的地勢會少一點──但我們順利抵達它的盡頭，而盡頭有一間庇護所等著我們。

隨著里程的增加，我們也從中得到很大的力量。有生以來，為了從一個地方抵達另一個地方，我們都要依賴除了自己之外的東西。無論我們的交通工具是公共的還是私人的，無論是搭乘公車、飛機，還是開著買來或租來的車，都是某個並不真正由我們控制的東西載著我們移動。我們沒動，是汽車、公車或飛機在動，我們只是那上面的乘客。

在西班牙，我們是貨真價實靠自己的力量移動。當我們很偶然地停下來想一想時，總會很驚訝自己真的辦得到這件事。十年前，在奧勒岡州，當我決定不要買一輛自行車時，我甚至從沒想過我也可以用走的。幾年後，我送《酒保亂亂走》裡面的一幫小說人物去走喀斯喀特山脈，這在小說裡行得通，但當琳恩和我在追獵水牛的日子裡沿著《酒保亂亂走》的路線前進時，我們是開車去的。我們能想像自己做這種事，但想像和行動是兩碼子事，無論那些心靈勵志大師要你相信什麼，我們從沒想過自己真的會採取行動。

我們不是為了健康或減重而走，但兩者都是這趟朝聖之旅必然的結果。我向琳恩保證過，走路會讓她更強壯，並進而能夠完成這段旅程。就算她不相信我，事實真的就是這樣。抵達聖城時，我們倆都強壯許多、苗條許多，整體的狀況也都比較好。而且，我們由衷信奉起走路這件事，認為它不只本身是一個愉快的活動，也附帶龐大的益處。我們向彼此打包票，這會是我們往後的人生中持續進行的一件事。

我們雙雙同意，我們沒理由在城市裡不能像在西班牙那樣走路。想要消磨一整天，有什麼方式比搭地鐵到第二四二街和百老匯再走回來更好的？我瞧瞧，二十個街廓換算成一英里，第二四二街到西十三街是多少？十英里、十一英里？哈！小意思，算不上什麼，而且在百老匯要找到食物和飲水可比我們走過的某些地方容易多了。

琳恩在想我們是否該揹著大背包。她說：「倒不是說有這個必要，但揹著大背包說不定是更好的運動。」

「我們可以兩種方式都試，看看我們喜歡哪一種。」我提議道：「或者，妳可以試試推購物推車。」

「就這麼辦。」她說：「純粹為了把你逼瘋。」

除了在城市裡探險，我們也可以設法去度徒步假。挑出某個每隔十英里路左右就有一座城鎮的州，然後去到那裡開始走，這能有多難？如果我們挑中一個地勢平坦的州，一路徒步穿越它應該不至於太難。

還有另外一件事——我們要再來走聖雅各之路一次。不是明年，那太快了。但或許是後年，這次我們會有正確的背包，並且知道要帶些什麼。我們會像其他所有人一樣從隆塞斯瓦耶斯開始，或許我們還可以配合季節抓時間，在夏末越過庇里牛斯山，這樣踏上卡斯提亞的草原時就會是秋天。

或許哪一年我可以試試自己一個人來走。和琳恩一起走是很棒的一次經歷，再走第二次也會很棒，但獨自上路應該會是一個截然不同的有趣經驗。當然，我會走得比較快，而且我不會停下來觀光個幾天。我說不定三不五時就會睡在星空底下。更重要的是，這種做法的獨處本質或許會讓我的心向內自省，而帶來有用的收穫。

喔，我們有無數的想法。但有一件事很清楚，那就是從今以後，我們會確保走路是生活中固定的一部分。

於是乎，我們在聖城度過了愉快的幾天，吃得很好，遇見了我們一路上碰到的朝聖者，像是那個我們只有耳聞的聖家庭。而促成這整件事情的，是傑克．希特和威斯雷克夫婦的談話。消息一傳十、十傳百，據說傑克．希特就落在我們後面某個地方。與第一次的朝聖之旅相隔十年之後，他二度來走這條路線，此刻人就在聖雅各之路上。之後他將寫下《上路去》（*Off the Road*）這本書，那是一本關於聖雅各之路的很有意思的書。

我們從聖城搭火車到里斯本，途中中斷旅途，在維戈過了一夜。在西班牙王位繼承戰爭中，還有遠在安妮王后在位期間，維戈都占有舉足輕重的地位。而在我是個徽章迷的歲月裡，我曾經收集到一個當代的大獎章，那個漂亮的小東西上面呈現的主題是法國艦隊轟炸維戈港。我確定這就是我挑維戈過夜的原因。那個大獎章早就不歸我所有了，但現在回顧起來，我對它的印象比我們在維戈看到的任何東西都還清楚。

我們本來安排要在里斯本待一星期，也還滿喜歡那座城市的。但在我們的心目中，這趟旅程在走進聖城那一天就劃下句點了。里斯本所有的教堂、瓷磚工廠和葡萄牙怨曲都不足以抓住我們的注意力。我們撐了四天，接著就改了機票，搭上飛機回紐約。

我們卸下行李，沖了澡，調了時差，做了所有離家很久之後要做的事。我們知道自己遲早會重拾長途步行大業。

有趣的是，這件事從來沒有發生。

✦

我猜事情往往是這樣的。某一件活動格外令人心滿意足，你於是想要堅持下去，讓它成為人生中始終保有的一部分。它是那麼重要，那麼不可或缺，你無法相信它不會繼續下去。

這就是為什麼出國玩的遊客會帶食譜書回家，他們深信自己會想要煮出在孟加拉、多哥或特羅布里恩群島享用到的佳餚。或許有些人真的煮出來了，但我有預感多數人做的事就像我和琳恩一樣，那就是把烹飪書束之高閣，再也沒看它一眼。

畢竟，我們以前就是這麼對待照片的，在我們捨棄徒增重量的相機之前。我們在西非拍了沒完沒了的照片，並把照片沖洗出來，然後它們就原封不動地在一個盒子裡待了幾年。接著，有一天，琳恩突發奇想，買了一本相簿，把所有照片都放了進去。她把相簿放上書架，從那之後，我們倆都還沒看過它。

照片是意圖抓住某個經驗的一種嘗試，彷彿這樣就能將時間凍結在某一刻，永遠擁有它。從第二四二街走回家不也一樣嗎？我們想要抓住某個經驗，不是透過看照片，而是透過繼續去做那件事，但這樣是沒有用的。你可以拍照，你也可以走很遠的路，但無論如何，這段經歷都是一時的事，過去了就是過去了。設法保有它就像在畢業後設法保有在校時期的樂團。

所以，我們回到家，回到我們的人生。

第三部

16 比賽，一個危險的字眼

常言道，人生是一連串的選擇，選擇了這個就等於選擇不要那個，每一條踏上的路都意味著無數條沒有踏上的路。

我認識少數很早就確切知道自己生來是要做什麼的人，這些人終其一生就走那麼一條路，清清楚楚，毫不含糊。我的一名摯友就富有這種自知之明，而且他會迫不及待地告訴你這些年來他都沒什麼改變。他已經二十五年沒住在紐約了，但還是會熱情地為尼克隊和巨人隊加油。他還是剪五十年前的同一個髮型，還是穿同一種衣服，還是愛聽一樣的音樂，抱持的政治觀點基本上也還是一樣。你或許會以為他這樣的人相處起來很無聊，或你至少也會以為他的生活一成不變而乏善可陳。那你就錯了，他是一個很棒的朋友，而且過著多采多姿又心滿意足的生活。

我的人生一樣多采多姿又令人滿意，但它這些年來並沒有保持不變。熱情來來去去，熱度忽高忽低。

你還記得我在一九八一年完成五場馬拉松，外加三十五場短程賽事，接著又在一年之內完全斷絕了與比賽的關係。此外，儘管我們從未刻意放棄追獵水牛，到了一九九〇年搬回紐約之後，這件事也差不多被擱置了。我們的人生改變了，我們不常開車跑來跑去，事實上，我們根本沒有車。徒步遠征西班牙回來後，我們又發現自己對增加新的國家比對挖出新的水牛有興趣。我們才剛順手拿下安道爾和葡萄牙，接下來的幾年間，我們有很多時間都在旅行，並且抵達了地球上一些還滿遙遠的地方。

有時也會牽涉上走路。我們和三個女兒一起參加過托斯卡尼的團體徒步旅遊，為時兩個星期，行李會被送到下一間旅館，每天的徒步行程都會被一場豐盛的野餐打斷，這頓野餐會在我們轉過路上的某個彎道時神奇地出現在眼前。另一次的徒步旅遊是在另一年夏天，由一個女兒和一個外孫女陪同，這一趟比較激烈，因為要爬阿爾卑斯山，也因而讓我們的國家清單多了瑞士和列支敦斯登。

在那之前幾年，一九九三年時，我考慮過再度踏上聖雅各之路。這次我會自己去，我會在九月越過庇里牛斯山，而且我估計可以在五、六個星期內走完全程。但我還有時間慢慢想，就在我訂下機票或跑去買一個比較好的背包之前，我既懊惱又鬆一口氣地明白到自己並不真的想去。我不想離開琳恩那麼久。我越是想像自己睡在庇護所或苦苦尋覓 bocadillos de queso 的畫面，這些畫面就越不吸引我。更何況，去它的，我已經去過了，我已經完成了，或許一次就夠了。要嘛它現在和我記得的不一樣，這樣我會很討厭那些改變；要嘛它就和之前一模一樣，那我幹嘛還整個重來一次？

✦

並不是說從里斯本回家之後，我就讓我的雙腳萎縮了。一個紐約人每天往往會不假思索地走個幾英里路，那是你在這座城市移動的方式，那也是為什麼琳恩事前沒做準備就能表現出一個朝聖者該有的水準。

我持續去上健身房，儘管我的出席率斷斷續續。有時我一星期去三次，有時我的情況比較是一個月去三次。健身房開了又關，當我去的那間收掉之後，我拖了好一陣子才找了另一家加入。

有一度，琳恩對我某些非常空泛的暗示做出了回應，買了一台樓梯健身機給我。我們把它裝在我的辦公室，從我們的住家往上爬兩段樓梯就是這間被我當作辦公室的公寓。一開始，我每天都會用它一用，就像每個弄了一台樓梯健身機回家的人一樣。接著也像每個人一樣，用著用著就不用了。到我重新踏上它的時候，這台機器發出一陣怪聲，接著就不動了，而相較於找人到府維修，把它當成額外的衣帽架來用比較容易。還好我們沒有車庫，否則它就會在那裡一直待到今天。不過，我們卻找到一個願意接手的建築工人。我猜他把它修好轉賣了，不然就是丟在他家車庫裡，因為我看不出來他在擁有這玩意之後有一絲絲變得比較健壯的跡象。

在健身房，我多半都是做重量訓練，但偶爾也會跳上跑步機，揮汗走個二十分鐘左右。為了保住我的膝蓋，我用走的，走法是競走的走法，手臂在兩側擺動。這麼做的時候，我不得不想起我的馬拉松歲月，但我卻不曾想過要回到那些輝煌的日子裡。

就算想過好了，我可能也會告訴你那是不可能的。近來我的腳有一些問題，右腳尤其不時會有部分麻痺的傾向，而且沒事就會痛一下。有時候，我正在街上走著，右腳就突然一陣劇痛，痛個一會兒又不痛了。

一位醫生告訴我，這可能和我的坐骨神經有關係，我應該嘗試做做伸展。事情不是這麼回事，儘管做伸展沒什麼害處，卻也沒有任何幫助。我不知道是怎麼回事，也不是真的很想弄清楚。我上網讀到一些間歇性跛行和糖尿病神經病變的資料，症狀看起來相符，但我不認為自己罹患了這兩種疾病。

而且，情況沒有那麼糟。我的腳在早晨會覺得有點麻麻的、刺刺的，但隨著日常活動的展開也就沒事了。我還是照常過日子，照樣到處跑來跑去。這一切其實只意味著我的馬拉松歲月過去了，但那個歲月老早就過去了，我也不是真的很懷念。此外，這可能也意味著我沒辦法再去走聖雅各之路一次，但我也已經決定我不想再去走一次了。

哎呀，去它的，我老了。我都年逾六十了。很快的，我只要還能走路，或只要還能找到回家的路，就算幸運的了。

✦

我最大的外孫女莎拉．萊契爾長久以來對企鵝情有獨鍾。於是，二〇〇一年十二月，為了慶祝莎拉的猶太成年禮，琳恩和我帶她和她的阿姨吉兒一起去南極，到企鵝的自然棲地看看她心愛的動物。

接著，二〇〇四年春，我瀏覽起地球觀察（Earth Watch）的目錄。這個公益組織為志工提供一些以環境保育為目標的旅遊機會；付出一筆不算太龐大的金額，你可以參加特羅布里恩群島考察之旅，去那裡數一數瀕臨絕種的小熊貓還剩幾隻，或者到瘧疾肆虐的沼澤地發放免費的蒼蠅拍，又或者到某個地方蓋一座水壩，以減輕河狸的負擔。琳恩和我看他們的目錄已經看了幾年，並且心不甘情不願地漸漸做出我們不夠高尚的結論。我們沒有報名這種行程的情操，如果我們是更好的人，那麼我們寧可去喀麥隆為村民注射登革熱預防針，也不要搭郵輪暢遊南太平洋。但在把目錄丟掉之前，我一定會迅速看過一遍——我覺得這是我至少能夠做到的。接著，待我回過神來，只見我已經為莎拉和我自己報名搶救南非企鵝的行動了。

我甚至不知道南非有企鵝。但他們有，而且有很多，直到幾年前一次漏油事件害得牠們數量大減，最終危及其存續。羅本島——最有名的受刑人是曼德拉的那座監獄之島——是許多企鵝的家鄉，身為地球觀察的志工，我們要參與一個正在進行中的計畫，負責觀測這些小傢伙。

我們會在八月飛到開普敦，而就在開始打包行李時，我遭到一記當頭棒喝。那裡會是天氣很冷的季節，這代表我要帶長褲。整個夏天，我都穿著短袖短褲。我拿出長褲來試套一下，竟然發現自己穿不下。不知不覺間，我變胖了。我在夏天開始時買了短褲，然後……喔，管它的，總之我變胖了，我的褲子穿不下了。

這意味著要去地下室的儲藏櫃翻箱倒櫃一番，有一大箱我的胖子衣服很有耐心地在那裡等著我再度變胖。但這件事顯然讓我不太好過，出發前一天，我碰到一個朋友，情不自禁嘮叨起這整件事。

「哎呀，你可以等你回來之後再想想辦法。」他說：「還記得我們剛認識的時候嗎？有一天，你去了第二十街的閣樓健身中心，過了足足三小時才出來。你可以再做一樣的事。」

結果證明他是對的。

這趟行程本身多半很愉快，儘管日復一日跟著企鵝跑的活動還滿枯燥的。我們共同分擔幾件雜務，其中一件是兩、三個人一組，逐窩檢查，按時記下某一窩裡是否有小企鵝出沒，若有，就評估一下這個小傢伙的成熟度（「嗯，牠很可愛，但我想牠還不到可以喝酒的年紀。」）有些企鵝窩已經棄置了，我們也要把這一點記下來。所有企鵝窩都臭氣熏天，但我們不必寫下這一點。

我們也做路邊觀測。我們會在路邊站上一小時，數經過的企鵝數量。企鵝會在一早走向大海，每天下午回到陸地，穿越那條道路，回去牠們臭烘烘的窩。我們會在那裡等牠們，然後用鉛筆在筆記本上做紀錄。我們看到兩隻企鵝經過，就做兩個記號。接著是單一的一隻，再接著是四隻，然後有一隻走回去了。再來是另一隻企鵝穿越道路，然後……

回到我們的宿舍，莎拉會把所有數據打進電腦。她是輸入資料的快手，這讓她贏得其他志工熱烈的掌聲。這些志工都至少比她大幾歲，另一方面卻又比我小了整整一個世代。身為莎拉的外公，我覺得非常欣慰，但在企鵝天堂這裡，我感覺自己彷彿是所有人的外公，而這一點就沒那麼有趣了。

有一天，這個計畫要我們從企鵝窩抓一隻企鵝過來，頭下腳上拎著牠，讓牠吐出來。（我不記得他們是怎樣讓牠吐出來的了，但如果讓我做主，我會放西班牙文配音的《八百萬種死法》給牠看。）接著，那些反芻過的嘔吐物就被送到某個地方去化驗。

但不只是企鵝嘔吐物而已。有一天下午，我們在沙灘上走來走去，忙著撿拾垃圾。另一天，我們則騎車跑來跑去，調查當地的野生動物。這段經歷最棒的部分，就是我可以有機會和莎拉相處一些時間。顧完企鵝之後，我們還擠出幾天獨自在開普敦度過。

接著，我們飛回家，我回去上健身房。

✦

我已經是會員了，但我下定決心要很有紀律地使用那個地方。我決定我每天都要去，我還決定我的首要之務就是半小時的跑步機。之後，我每週會做三到四次重量訓練，但跑步機是計畫的核心。我想消耗一些卡路里，我只希望我的腳不會是個阻礙。

那年七月初，一次詭異的橡膠涼鞋意外掀掉我右腳大腳趾一塊肉，我得一跛一跛地走到聖文森特醫院去把它縫起來。它完全復元了，但那隻腳還是繼續給我罪受。它在一早往往又刺又麻，而且被我弄裂的這一根腳趾長久以來就有關節炎的老毛病。我可以和這一切共存，那是變老的一部分，但我擔心它會妨礙我的跑步機健身計畫。

出乎我的意料，走路似乎對這隻腳有幫助。我不知道事情為什麼會是這樣。在踏上跑步機之前，我也不是沒有相當的步行量，但我不打算爭辯這件事。我繼續走我的路，每天早上去健身房，一星期去七天。

這樣鍛鍊了一個月左右，我得到了相隔將近四十年以來第一份真正的工作。我的兩位朋友——布萊恩．柯波曼（Brian Koppelman）和大衛．李韋恩（David Levien）——要為ＥＳＰＮ體育台開一個戲劇節目，內容是關於一流撲克玩家的世界。他們雇用我當全職作者和故事編輯助理。突然間，我在曼哈頓中城有了一間辦公室，每星期要去那裡五天，而且要按時上班。

這會是放棄上健身房或至少減少次數的好藉口，但我從已建立起來的規律中得到很大的滿足，何況我要做的只是在去上班之前先上健身房。健身房五點就開了，所以，在我沖澡、更衣、搭上上城的Ｅ列車之前擠出一小時左右能有多難？結果證明一點也不難，製作《撲克失控！》（*Tilt!*）這個節目從沒讓我少上一次健身房。

一開始，我每天在跑步機上競走半小時，最後做五分鐘的收操。幾星期後，我開始偶爾把訓練排程延長到一小時，以十分鐘的收操作結。

跑步機能讓你自由選擇步速。我從每英里十五分鐘開始，每隔五到十分鐘就往上調一格。我想出一套幾乎能在神不知鬼不覺間提高整體速度的辦法。不出兩個月，我就能以每英里十二分鐘左右的速度結束每天的訓練。我手邊都會有一瓶水，並固定穿插喝水的時間。這是一個很好的做法，因為那些訓練搞得我大汗淋漓。結束時，我總是渾身濕答答的。

我看過其他人一邊使用跑步機一邊看書讀報。我想不透他們是怎麼辦到的。在我看來，如果你同時還能讀書，那就表示你運動得不夠認真，而我總是盡量認真運動。

結果是值得的。我看到了成效——在體重計上，以及在我衣服的鬆緊度上。我的胖子長褲回到地下室的儲藏箱裡，到現在都還沒等到我又再需要它們的時候。我的狀況很好，感覺也一級棒。就算我的腳趾還是有關節炎，並且在某些早晨會有神經病變的症狀，整體而言，我的腳已經好很多了。

當然，我沒辦法這樣就滿足了。

✦

那年的最後一天，一切有了戲劇化的轉變。琳恩和我選擇一派輕鬆地度過除夕，早早在附近吃了晚餐，吃完就回家休息。之後我們會打開電視看跨年倒數，但首先我們要找點別的樂子打發時間，於是我坐到電腦前google，這一google就不得了了。

幾天前，我在跑步機上完成了一段很長的訓練，一小時外加十分鐘的收操。機器的儀表很有幫助地指出我走了四點八英里或五點二英里之類的。我想應該是超過五英里，因為我當下浮現的念頭是我走了相當於五英里比賽的距離。

比賽。這是一個危險的字眼。

唔，有任何我不能參加比賽的理由嗎？我的速度不會很快，但話說回來，我的速度從來也就不快，所以有什麼差別？我打消了這個念頭，但我猜它想必是決定要繼續糾纏我，因為我在除夕夜google的東西是紐約路跑俱樂部。

這是我在我的比賽歲月加入的俱樂部。會員效期在一九八二年到期之後，我就沒有更新過。我和這個組織無疑也斷了聯繫，但我知道它還是屹立不搖。實質上一手創立了現代都會馬拉松的路跑狂人弗雷德·勒博（Fred Lebow），幾年前就已敗給他和腦癌的長期抗戰。但他所草創的這個組織如今坐擁東八十九街的大樓，並以此為總部所在地，也持續舉辦紐約市馬拉松，路線就和我將近二十五年前跑的一樣。照理說，他們應該要有一個網站，而他們也真的有。二十分鐘之後，我又成為會員，並且報名了兩場比賽。

話說，這就是邪惡的網路討厭的地方。它把每個人都變成衝動購物狂。才不過幾年前，如果我讀到一則好像很有趣的書訊，我得記得下次逛書店時要找一下這本書。而到了那個時候，我可能已經決定我沒有那本書也活得下去。又或者，它可能已經沒有庫存。再不然，我可能翻個幾頁，決定管它去死。

但現在，這一秒鐘，我還在逛亞馬遜或 Alibris 網路書店；下一秒鐘，我已經把書買下來了。在來得及考慮清楚之前，我又多買了兩本我不想要或不需要的書，純粹為了省下運費。

話說，這一切都沒關係，只要是發生在別人身上，尤其如果他們買的是我的書。所以，我假設這件事扯平了，但我還是不確定該作何感想。

如果我有時間想一想，如果我必須開一張支票、寫一封信、在信封上填地址，然後出門去買郵票，唔，或許結果就會不一樣。但我要做的只是敲幾下鍵盤、點幾下滑鼠，轉眼間，我就成了資格完備的紐約路跑俱樂部會員，並且預付了一月九日一場五英里賽以及三週後一場十英里賽的報名費。而且，因為我年逾六十五（儘管顯然沒有比較睿智），所以我是以樂齡會員的身分入會，比賽的報名費因此有敬老折扣。多划算啊！

琳恩非常支持。她覺得這主意很棒，還問我他們送不送T恤。我說似乎有可能，她說那就太棒了，白白送一件T恤欸！我告訴她沒有白白送一件T恤這種事。

我投入的金錢也沒有侷限於網路上的花費。我可以連著一口氣走五英里，但我的這些訓練都是在室內進行，在跑步機上。他們可不會貼心到在我的健身房進行比賽，我要走在中央公園，它的坡路是出了名的，而且時間是一月，這代表天氣會很冷，地上可能還有積雪。我必須去一趟體育用品店，挑一些東西來穿，像是保暖又排汗的高科技機能運動服。為了我所付出的報名費，我大有可能囤積一堆T恤。

我寫電子郵件給我的孩子，通知她們我即將參賽的消息。我女兒吉兒令我喜出望外地報名了五英里的那場比賽；她住在俱樂部的總部附近，主動提議由她幫我去領號碼布和T恤。我在星期日早晨到她的公寓和她碰頭，花了十分鐘把我的號碼布別得恰恰好之後，我們及時走到公園參加比賽。

比賽進行得很順利。天氣很冷，但結果證明我穿的衣服很合適，我的腳也禁得起坡路的挑戰。大概在比賽進行了一英里左右，我來到公園北端的大坡路。這段路很有挑戰性，但我要很欣慰地表示，我在又長又陡的下坡路段超越了許多吊車尾的跑者。他們被迫不得不打亂本來的節奏，改成用走的。身為一名競走者，我得以從他們身邊飄過。

「飄」或許不盡然是我想找的字眼，因為它隱含了某種程度的輕鬆自如，而這在我身上可看不出來。我為這場比賽卯足全力，走完的時候，吉兒已經在終點線等我了，她在我之前幾分鐘抵達。我們一起去吃早餐，回到她家之後，我換回一般的衣著，並穿上剛剛贏得的那件T恤。這場比賽是弗雷德．勒博紀念賽，T恤上有他的肖像，我驕傲地穿著它。

接著，我回到家，想都不用想就直接走到書櫃前。這段時間以來，我那本喬．韓德森的《跑得更遠更快》一直等在那裡。（好吧，事實上，它只在那裡等了十一年半，因為我們在這間公寓就住了那麼久。在此之前，它跟著我到處搬來搬去。）

我把它從書櫃上拿下來，翻到最後面的空白頁，也就是我記下所有比賽的那一頁，最後一筆一九八二年的紀錄寫著：萬聖節八公里／五十八分零五秒／競走／二二六五號。

在下面一行，我寫下「二〇〇五」。再往下一行，我寫上「弗雷德．勒博五英里／一月九日／一小時零分二十一秒／競走」，接著加上我的選手編號（五二〇三號），以及我每英里的步速（十二分零四秒）。

哇。

✦

日子一天天過去，這份清單開始越變越長。一月二十九日中央公園十英里。一星期後拉斯維加斯五公里。二月十三日在公園的另一場比賽，十五公里。三月的第一個星期，華盛頓高地街道路跑，五公里。

兩星期後，一場我之前完成過的比賽來臨了，是布魯克林半程馬拉松，我參與了它在一九八一年的開幕賽。那是我身為競走者的第五場比賽，也是我在倫敦馬拉松之前的最後一場比賽。路線和我記得的一樣，始於在康尼島木棧道上兩英里的折返跑，接著沿海洋公園大道穿越布魯克林區，來到展望公園，琳恩就在那裡等著迎接我。回程路上，他們讓我們全都免費搭地鐵。免費的T恤，免費坐車回家——教人怎麼抗拒得了？

但當我把這場比賽記到我的書上時，我拿這次的兩小時三十六分零四秒和一九八一年那次的兩小時二十二分二十五秒對照了一下。我每一英里慢了一分多鐘，我不懂這當中的落差。那時候，我才剛學競走，我才參加了第五場比賽而已，而且這陣子我的狀態大有改善，還有……

「親愛的，你現在老了二十四歲。」琳恩溫和地指出。

「喔。」我說。

這下子，我深深體認到光是年齡本身就足以讓一個運動員沒戲唱。它讓投手的快速球每小時慢了幾英里。它讓接球員沒辦法把角衛甩掉。在高爾夫球場上，它縮短了球衝出去的距離，甚至讓球比較沒辦法找到球洞。還有，當然了，它讓跑者跑得比較慢。這就是為什麼他們要按照年齡分組，也是為什麼到達某一年齡界線的跑者可以從他們的新身分獲得一絲安慰。在滿四十歲的那一天，你就不必再和三十五歲到三十九歲的人一較高下，你可以把眼光放在四十歲到四十四歲。或許是有點心酸的安慰，但總比沒有好。

這一切我都明白，但顯然不屑一顧，就像人人都有無視於老病死的傾向。是的，沒錯，是人都會死，但我不一樣。

儘管我還沒完全準備好要放棄我會長生不老的錯覺，我卻必須承認在經過了四分之一個世紀以後，每英里多個一分鐘是意料之中的事。事實上，整體而言，這件事其實沒有那麼糟。

更何況，我在進步啊，不是嗎？訓練的時間比較長、強度比較強，也針對我的身材做努力。我理當可以讓我的半馬成績下修幾分鐘。或許不見得能像一九八一年的成績一樣，但我至少可以朝那個目標邁進，對吧？

並不是說速度對我來說真有多重要，那是讓我看看自己做得怎麼樣的方式，但它本身並不重要。

我真正在乎的是能不能完成一場馬拉松。

✦

這次我甚至不能怪網路。我是從一本《路跑時訊》上得知瀑布賭場馬拉松的，比賽定在十月二十三日。路線從水牛城的奧布萊特－諾克斯美術館開始，在我瞭若指掌的街坊跑個幾英里之後，就越過和平橋來到加拿大，繞過尼加拉河，一路來到瀑布。

比賽是在星期日。接下來那個週末，班奈特中學一九五五年畢業班的同學要辦第五十屆同學會。琳恩和我打算參加，我怎麼樣也不願意錯過這次同學會。而在剛完成一場就在水牛城舉辦的馬拉松幾天之後直接走進同學會現場，感覺起來怎麼樣？

在發現這場比賽並報名參加時，我還有足足六個月可以做準備。時間似乎應該很充裕——如果一場二十六點二英里的比賽確實在我能力範圍內的話。在人生的這個階段，憑著這兩條腿，我不知道它是否超出我的能力。而就我所知，唯一能夠知道我走不走得了這段距離的辦法，就是去試試看。

天寒地凍的那幾個月，我持續在跑步機上進行所有的訓練。冬去春來，我發現了哈德遜河公園。我每星期有一兩天會去用跑步機，做做速度訓練。但多數時候，我都改成去公園，並每週漸次增加我的步行長度——十英里、十二英里、十四英里、十六英里。我走到巴特里公園再回來，我在碼頭上走了一圈又一圈，里程數開始累積。

我也持續參賽並領回T恤。蘭德爾島五公里，中央公園十公里。華盛頓特區八公里，有我女兒艾利森（Alison）作陪。（截至目前為止，我的大女兒艾美都對這一切敬謝不敏，但最近開始從她在阿斯托利亞上班的地方走回她在森林小丘的家，並且會在城裡走幾小時的路，往往有她妹妹吉兒作伴。）

連續兩個週末，中央公園兩場四英里賽。紐澤西州薩米特市五英里賽。（拜薩米特市本地人吉姆・克瑞莫〔Jim Cramer〕之賜——就是在ＣＮＢＣ新聞台窮嚷嚷的那位仁兄，除了一定會有的T恤，每位參賽者還收到一頂財經網站TheStreet.com的棒球帽。）

賴克斯島五公里賽，伴隨著從牢房裡對我們又喊又叫的囚犯。比賽開始時，他們在我們手上蓋了章，以確保沒人逃獄混進我們當中。從皇后區大學岬起跑的半程馬拉松，這場比賽我砍掉了五分鐘，刷新我兩個月前在布魯克林區的紀錄。我樂壞了，我在皇后區的成績只比一九八一年布魯克林區那場半馬慢了八分鐘，或許我真能練到跟那時一樣快。誰會說我不行呢？

再多加三場中央公園的比賽，一場十公里賽，兩場五英里賽。接著是布朗克斯半程馬拉松，比皇后區那場慢了兩分鐘，但這裡的地勢坡路較多，七月的高溫也是一個因素。接著是連三個星期一場比賽都沒有。

再接下來，七月的最後一個週末，琳恩和我租了一輛車，開到波士頓西邊的麻薩諸塞州威克菲爾德鎮，參加我的第一場二十四小時耐力賽。

嗯，我一直想要試試看。第一次聽說有這種東西，我就告訴自己在滿六十歲之前，我還有足夠的時間做準備。現在，越過那道門檻七年之後，我終於準備好要行動了。

在完成一場全馬之前挑戰二十四小時耐力賽，這是否為明智之舉？我確實猶豫過。我想到那個為自己寫了一封長信道歉的傢伙，他解釋說他沒時間把信件內容縮短。那是一個很好的說詞，但我始終認為這位仁兄說的是鬼話，因為我寫過短信和長信、短篇故事和長篇故事、短篇小說和長篇小說，在我的經驗裡，長的那些需要更多時間，也更費思量、更花精神，消耗你更多心血。

比賽不也一樣嗎？何況我如果連完成一場馬拉松的把握都沒有，幹嘛報名參加相當於——沒算錯的話——四場馬拉松的比賽？

「只不過，我是不會嘗試去走四場馬拉松的。」我向琳恩解釋道：「我很樂意哪天挑戰一百英里，躋身百英里王的行列，但我要過很久很久才能達到那種境界，也可能永遠達不到。我在威克菲爾德鎮不會妄想要走一百英里，或甚至它的一半。但我應該能夠走完二十六點二英里，尤其如果有二十四小時可用的話。」

我就是這麼想的。無論花了多少時間，只要能完成相當於一場馬拉松的比賽，我就可以胸有成竹地離開比賽場地，知道十月的尼加拉瀑布馬拉松指日可待。而如果我在走到那麼遠之前就必須放棄，我也會知道自己還需要進步多少，才能在同學會上以馬拉松選手之姿駕到。

我只能說，一切在當時看來完全合情合理。

✦

威克菲爾德鎮的場地是三點一六英里長的環狀跑道，順時鐘環繞瓜那波威特湖。「瓜那波威特」是印第安語，意思是「你一定是在開玩笑」。起點在威克菲爾德大人汽車旅館停車場，這讓人生輕鬆了一點。我們在星期四抵達，訂了三個晚上的旅館。星期五晚上七點，不同於多數比賽的號角和槍響，他們用不正規的嶄新方式宣布比賽開始。「好的。」負責的那個女人說：「五、四、三、二、一，開始！」我們就衝了出去。

主辦單位一次辦兩種比賽，一是二十四小時耐力賽（可以像我這樣以個人身分參加，也可以組團參加接力賽），二是標準的馬拉松。馬拉松選手從短距離的折返跑開始，如此一來，繞湖八圈恰恰就能讓他們完成二十六點二英里的距離。在經過三或四或五個小時之後，他們就可以領到獎牌回家去，而對我們其他人來說，真正的比賽才正要開始變得有趣。

除了一開始的路程不太有趣之外。在最初的路程當中，每一圈都要先來一段三十碼長、坡度陡峭的越野跑，威克菲爾德的場地風景夠優美的了，那座名字很難唸的湖始終保持在你右邊。接著有一段是穿越公園用地的柏油路，其餘則是沿著人行道穿越一座迷人的小鎮，多半是水泥路。後面的部分，有幾百碼的路程會有一片墓地，在湖和比賽場地之間，但你經過時不需要暫時停止呼吸。

他們在起點附近設了一個補給站，有一張飲料桌提供飲水和運動飲料。在過了一半多一點的地方設有第二個飲水站。這些崗位上都安排了志工，另外還有人坐在桌前，每當你完成一圈，他們就記下你的號碼。由於沒記錄到就不算數，所以我在越過那條線時，總是特別注意要喊出我的編號，喊得響亮又清楚。「三〇四！」我一喊完，計分桌的人就會複誦一次作為確認。我則喝下琳恩遞給我的那杯水，朝下一圈邁進。

在比賽初期，場地上亂哄哄地擠滿馬拉松選手。有些人如魚得水地保持六分速或七分速，而最慢的選手也還是比資質一般的競走老翁在下我快很多。我對他們沒有惡意，但很樂意把他們送走。

在我完成我的馬拉松之前，他們都早就跑完了，而我差不多是在第九圈左右完成的。但以下是我在賽後一週寫的東西，我把這份報告貼在馬拉松競走選手的網路論壇上：

七圈：晚上十一點四十六分，二十二點一二英里

據說，一個人應該聆聽自己的心聲。嗯，或許吧，但聽了搞不好下場不妙。我的心聲在告訴我兩件事，一是我能完成這場馬拉松，二是這樣就夠了。畢竟，我從一九八一年起就沒有走這麼遠過，我想證明什麼呢？

我為這場比賽立下三個目標，一是完成一場馬拉松，二是把它延長到五十公里，三是或許老天幫忙吹一陣強風，把我再往前推到五十英里。我不只設定這些目標，還跟大家說了。我怎麼能現在停下來呢？

八圈：半夜十二點二十九分，二十五點二八英里

賽道上有超跑者馬拉松終點線的標示，但我是事後才知道。我估計能在五小時五十分左右走完二十六點二英里。比我計畫的要快。太快了嗎？

九圈：凌晨一點十三分，二十八點四四英里

我不曾想過要在第九圈就停下來。只要再一圈就五十公里了，那是我第二階段的目標，而且比我以往比賽的距離長了很多。我要做的只是繼續向前，就能到達那裡，而這也正是我所做的事。「再一圈就五十公里了。」我告訴琳恩。話一說完，我繼續上路。

但情況變得棘手。我的身體狀況沒有問題，但我的心理狀況有問題——我能體認到這種問題的存在。我提醒自己，讓人在諸如此類的比賽中半途而廢的原因，往往是缺乏意志力。現在，我就是缺乏意志力。我在試著找出一個我應該停下來的理由。

十圈：凌晨一點五十五分，三十一點六英里

我已經在七小時內完成五十公里了。我想坐下來。事實上，我想喊停了。我不睏，我現在的疲憊不是那種疲憊。但不知怎麼著，我走到椅子前面，充滿感激地一屁股坐下去。我猛灌運動飲料，灌完又狂喝水，並決定換一雙襪子。

我穿了兩層襪子。一層是比較薄的五趾襪，為的是避免腳趾彼此摩擦。外面再套一雙襪子，增加緩衝效果。我把兩雙都脫下來，換上乾淨的襪子。我想琳恩從點心桌拿了東西給我，但我不記得是什麼了。我就這樣坐在那裡。琳恩問我要不要回旅館房間躺一下，我很想去，但我還不想停下來。

十一月下旬，紐約路跑俱樂部在中央公園有一場六十公里賽，我打算參賽。現在再走兩圈，我就有六十公里了。難道我辦不到嗎？呿，才不過兩圈而已。

我站起身，走出去。當然，我現在全身上下都在痛，我只能蹣跚前進，我的肌肉和筋骨都很僵硬。我在停車場暫停，扶著車子伸展一下小腿。有幫助，但不多。我再走了幾步，發現我的右腳很不舒服，腳趾感覺擠得難受。我把右腳的鞋子脫下，剝掉外面那層襪子，再把鞋穿上，繼續前進。

比較好了。

在這一圈，我和一個從我旁邊經過的跑者互相打了招呼。我們在賽前聊過，現在他說他已經停下來睡了一小時又再回來。天啊，想到停下來……想到睡個覺……

十一圈：凌晨三點零四分，三十四點七六英里

我終於明白要怎麼放慢步速了。只要持續走五十五公里，你的步速自然就會慢下來。之後，我從琳恩仔細寫下的紀錄得知，第十圈花了四十二分零五秒，第十一圈花了四十七分十五秒。

而且很難繼續走下去，很難走好來。我感覺得到自己彎腰駝背，勉力保持良好的姿勢，但那很難，我的背不肯合作。要保持手臂的擺動也很難，而手臂的擺動又連帶能帶動髖部的扭轉和步幅的拉大。在這一圈當中的某些路段，任何一位競走裁判都會毫不猶豫判我喪失資格。

但我繼續走下去。而且在轉過最後一個轉角、朝終點線邁進時，我的步法和姿勢有了顯著的改善，因為那裡會有人看著我。

啊，面子吶。唯有貪婪是能與之匹敵的動力。

十二圈：凌晨三點五十分，三十七點九二英里

六十公里，達成。我直接走到椅子前，輕手輕腳地坐下。我已經比我的第二個目標多走了十公里，離我夢想中的五十英里只差四圈。我想起中途跑回去睡一覺再回來比賽的那個傢伙。如果我現在停下來了，我還會回來嗎？我有什麼好在乎的嗎？我告訴琳恩我想躺下來，於是我們回到旅館房間。

我迫切渴望沖個澡。外面又濕又冷；我流了滿身汗卻無法揮發掉。但我實在只想躺下來。我和衣躺下，脫掉鞋子，留著襪子，躺成一個大字。

琳恩問要不要幫我定鬧鐘，一小時後叫醒我。我說定一個半小時吧。我閉上眼睛，呼呼大睡。

清晨五點二十分：重新上陣

不可思議地，我聽到鬧鐘響。甚至更不可思議地，我一骨碌跳下床，心裡知道我想完成那四圈。這樣就有五十英里了。我從不曾發自內心相信我能走這麼遠，現在我也不完全相信，但才不過四圈而已。琳恩準備和我一起出門，但這樣真可謂支持我支持到一個離奇的地步了。我向她保證我一個人沒問題，勸她回去睡覺，而要說服她一點也不難。

稍微擦過澡後，我重新回到賽道上。之前，我本來還期待從黑夜走到黎明，親眼看著天空破曉，但來不及了，天色已經大亮，現在和日出時分已是天差地別。我的步行狀態良好，站得直挺挺，精神抖擻快步前進，而且對這整個競走大業的感覺非比尋常地好。接下來四圈，我不知道一圈的時間是多少，因為我的私人記錄員正在睡她該睡的覺，但我想我的步速就和剛開始比賽時差不多一樣。

我走了兩圈，然後停下來，為幾顆水泡包紮一下，同時也為我的乳頭貼上ＯＫ繃。小時候，我曾疑惑男人到底為什麼要有乳頭，現在我明白了——是為了讓它們硬生生被衣服的布料摩擦到會痛。這在以前從來不曾發生過，但話說回來，我也不曾走這麼久過。

我在補給站發現了滿坑滿谷的垃圾食物，他們源源不絕地供應過來。在平時，我力行阿金飲食法，這種飲食法我執行起來完全沒問題。但我覺得一場超走賽是暴飲暴食的完美藉口，我毫不客氣狼吞虎嚥起來。奧利奧夾心餅乾？花生果醬三明治？燕麥餅？甜甜圈？來者不拒！還有，我的老天，居然有咖啡可喝！而且，我盡情揮霍時間大吃特吃，因為只要再兩圈，我就大功告成了，五十英里落入囊中。我喝了第二杯咖啡，然後回去繼續比賽。

十六圈：早上八點五十七分，五十點五六英里。大功告成。

從比賽開始已經過了十四個小時又兩分鐘，我已經繞湖十六周，累積了五十英里路。（準確地說，是五十點五六英里。）我本來預計走這麼遠可能要花十三個小時（假設我辦得到的話），但我沒把睡個覺算進去。

我感覺好極了。唷吼！我剛走完五十英里路。

我回到旅館房間，琳恩已經醒了。我脫衣、沖澡、上床睡覺。她問說該在什麼時候叫醒我，我說不用麻煩了。

我起床時將近一點，比賽還剩六小時，我沒有理由不多累積一點里程數。畢竟，再四圈就一百公里了。

我不曾跟任何人提過，甚至不曾對自己大聲說出來過。但在比賽之前，我覺得一百公里——六十二英里——似乎是有可能的。現在，我則頗為確定我辦得到。

外面豔陽高照。早上九點時天色整個很陰暗，但現在是萬里無雲，而且外面很熱。我決定至少等到兩點再出去，結果最後一直在房間裡待到兩點半。日正當中，我很樂意少在外頭曝晒一點時間，因為整個賽道基本上毫無遮蔽。

我記得另一個超走選手賽前在電子郵件中給的一些建議。他談到克服第十六至十八小時的心理障礙，他稱這段時間為意志動搖期。對我來說不成問題，那段時間我在睡覺。

下午兩點半

我把號碼布別到短褲上，上衣留在房間裡，打赤膊上陣。當然，一開始我既僵硬又痠痛，但是還能走。而且，我必須要說，晒太陽的感覺很好，四圈似乎唾手可得。但我發現自己的手臂不時就會垂下來，換腳的速度則和之前差不多一樣（我是從計算步數得知的；在第八圈或第九圈，我就已經放棄計算我累積的總步數，但在每一圈還是持續不斷數著我的呼吸；這讓我的腦袋有點事做，也讓我大概知道自己現在位於這一圈的哪裡），但我的步幅較短，而且走完一圈要換氣更多次（換言之就是更多步）。

有意思。

另外一點也很有意思，那就是現在我的身體側邊很痠，因為手臂擺動的緣故。這從來不曾發生過。怪只怪我走了這麼長的距離。

十七圈——五十三點七二英里

我匆匆完成這一圈，接著繼續走下去。剛開始的時候，我跟上一名跑者的腳步，他的步速和我的步速相當。這整場比賽以來頭一遭，我和另一個參賽者並肩同行。他名叫保羅，我們聊了起來。很不可思議，這一圈是我的第十八圈、他的第二十八圈。他一路馬不停蹄沒有休息，但這是他的最後一圈，因為他得早點離開才來得及到機場趕搭往舊金山的飛機。他要參加第二天一早的舊金山馬拉松。

兩星期前，他才跑完惡水盆地的比賽，就是那場穿越死亡谷的比賽，你必須乖乖跑在他們畫的線上，你的鞋子才不會融化。現在他在跑第二十八圈，這大概是八十八英里之類的，接著他要從東岸飛越到西岸去跑馬拉松。

後來，我跟他問了個清楚，發現他還只是個孩子。這就說得過去了。我的意思是，這孩子才五十八歲而已。

他稱讚我的步速，說他很怕跟不上我。我告訴他我可是拚了老命跟上他，而我不知道還能撐多久。走著走著，我告訴他說我要讓他先走，他便超前了，我尾隨在他身後，很是讚賞他輕鬆省力的跑步風格。隨後，他跑著跑著改成用走的，儘管這時我已經捨棄競走的形式，我還是走得比一個走路的跑者還快，於是我超前了。在最後一英里左右，我重拾競走的步法，並在終點線等著要祝福他。他在我後面兩、三分鐘抵達，領了他的獎牌，東張西望要攔車去機場，我則灌了更多運動飲料，回到場上。

十八圈——五十六點八八英里

再兩圈。在第十九圈，我綜合了競走和一般的步行，一會兒鼓動手臂，一會兒讓手垂下來。到了這個節骨眼，真的沒有什麼好趕的。我的雙腿很痠，我的雙腳有點痛，所以，停下來會很好，但是先別急，我還是沒有要停下來聞一聞野花香之類的。

大概距離十九圈結束還有半英里，我冒出了一個想法：如果真有什麼問題，在這一圈之後，我也不會讓任何問題阻止我多跑一圈。我對天發誓，就在冒出這個想法過了十五秒之後，我的右腳小腳趾突然前所未有地痛了起來。每走一步，它都痛得簡直要我的命。

疼痛沒有消退，但也沒有更嚴重。隨著我繼續前進，它倒是變得越來越容易忍受。更何況，現在什麼也不能阻止我。

十九圈——六十點零四英里

我停下來喝點東西，然後宣布道：「最後一圈！」接著就又衝出去。我再次綜合一般的步行和競走，但這最後一圈多半主要是競走。轉過轉角踏上最後一段賽道時，我卯足全力競走，實實在在地鼓動手臂，而且很高興我還有足夠的體力做最後衝刺。

二十圈：下午五點三十八分，六十三點二英里

「你還有時間再來一圈。」一個工作人員告訴我。我覺得這真是我聽過最好笑的一句話。我笑了出來，從他身邊經過，走到計分員的帳篷，告訴他們我比完了，領了我的完賽獎牌。我又塞了更多食物，吞了一包能量膠，吃了一條能量棒，抓了一把糖果，做盡一切足以讓阿金博士在墳墓裡急得團團轉的事。

回到旅館房間，琳恩告訴我，有個工作人員問她覺得我明年還會不會再來。她說：「唔，有兩種可能。要嘛你們再也不會看到他，要嘛他以後每年都會來。兩種都有可能。」

她就是這麼了解我。

沖了個澡、休息一會兒過後，我們又出門去看比賽結果。有媒體來拍照，一座獎盃頒給了總冠軍，這人穿著著火的運動背心，從頭到尾沒停下腳步，在我走二十圈的時間內一氣呵成跑了四十圈。這我能相信，因為他似乎每一圈都超過我。我始終沒弄清楚著火冠軍的名字，但我告訴琳恩，比賽剛開始時，他的背心沒著火，是他十萬火急的速度讓它燒起來的。

我在想有沒有我這個年紀或更老的人像我走那麼多英里。琳恩說有個看起來比我老的人走了二十一圈。我告訴她說還好我不知道，否則我可能會忍不住再上場一次。

我們在那裡待了一晚，回程途中拜訪了在康乃狄克州的朋友。他們推薦我們去一家有名的冰淇淋店，說是能讓我把比賽期間消耗掉的脂肪和碳水化合物補回來。事實上，我已經把這兩者補足到可以再走一千英里的地步。但這裡的冰淇淋應該很特別，而且在過去四十八小時吃了那些垃圾之後，不去吃點好東西似乎很愚蠢。

這家冰淇淋不愧是名貴的冰淇淋。「有些罪惡值得那個代價。」琳恩說。

星期二下午

我從來不曾有過比這次比賽結果更大的成就感，這種感覺至今沒有消退。我的右腳腳跟嚴重起水泡，但我加的襯墊讓我繼續下去，而且到比賽結束後，我也不用刺破它，因為這時它已經被吸收了。我確實必須動一點手術處理腳上的幾顆水泡，其中一根腳趾慘不忍睹，但還是治得了。昨天，我必須跛著腳走，甚至沒想嘗試平常的步行訓練，但我看不出來有什麼理由不去健身房，我做了上半身的鍛鍊，感覺好得無與倫比。我也用了橢圓交叉機，因為我在比賽過程中很訝異地發現股四頭肌受到很大的衝擊。（在平常的步行訓練和短程比賽中，我的股四頭肌沒問題；看來又該怪在距離了。）結果使用橢圓交叉機完全不會痛。最近幾個月，我稍微用了一用，它對鍛鍊股四頭肌來講確實很好用，所以我計畫未來要投入更多時間在這上頭。

今天，我就不再跛腳了，而且或許能嘗試短程的步行。等著瞧吧。

我還真是滔滔不絕沒完沒了，對吧？

而且，這下子，我在超走論壇看到歐里的一篇貼文，他說十一月底在達拉斯市外圍舉辦的二十四小時耐力賽會有競走組，所以只要在二十四小時內走完一百英里的參賽者就能榮登百英里王的寶座。他們會有裁判，但唯一的要求是單腳不離地。（多數時候，我雙腳都不離地。）

據說，參加馬拉松就像生孩子，只要經過一段時間，成功忘記第一次有多恐怖，你就可以再來一次。顯然，這件事尚未發生，而且我不可能在二十四小時內完成一百英里。

但我的步法有機會通過裁判的審核。而且到那個時候，我應該已經準備好，可以迎接另一場長距離賽事了。

我必須要說，我很心動……

17 不過是一場馬拉松

不到三個月之後，琳恩和我就開車到尼加拉瀑布，住進加拿大那一邊的一家旅館。星期天早上，一支客運車隊將參賽者運過邊境，來到水牛城的奧布萊特－諾克斯美術館，這裡離家母過去二十多年來度過人生的公寓或許有個一英里遠。幾百名穿著短褲和背心的男男女女看抽象畫看了一小時，不時停下來綁鞋帶或跑廁所。接著，我們就到外面去，在淒風苦雨之中排排站，聽了兩首國歌，開始跑瀑布賭場馬拉松。路線沿著這座城市最迷人的一塊區域繞行幾英里，再帶我們穿過和平橋，來到加拿大；接著它就環抱尼加拉河的河灣，一路來到瀑布。

我越過起點線，及時來到和平橋，並在經過五小時又四十五分鐘後，來到了終點線。過程很艱辛，我卯足全力，希望能在六小時內完賽，風雨剝奪了那天許多的樂趣。但我從不懷疑自己能否完賽，畢竟，這不過是一場馬拉松。

為什麼會有人自虐到去參加超級馬拉松？為什麼要無休無止地訓練了一小時又一小時，只為花更多時數懲罰自己完成五十或一百公里，或是五十或一百英里？為什麼要沒完沒了地繞一座湖兜圈子，兜上二十四個小時？

（或甚至更久。還有完全是另外一回事的比賽叫做「連日賽」，這個名詞的涵義比參賽者的動機更好理解。四十八小時賽，七十二小時賽。皇后區一座公園裡的六日賽。三千一百英里賽——對，你沒有看錯——也是在皇后區；有一年，安迪·凱博的一個朋友參加了，安迪向我回報，儘管冠軍已經通過終點線，他的朋友卻還有五百多英里等在前頭。想想看，好嗎？比賽已經結束了，冠軍已經脫掉鞋襪躺在地上，而這位朋友還得從聖路易市跑到堪薩斯城再回來。）

為什麼要把一個人的身體和靈魂獻給這種事情？超馬跑者已經厭倦這個問題了，但如果有哪位超馬跑者給你回應，他可能會告訴你：必要的紀律讓他的人生有方向，鞭策自己超越極限讓他覺得自己無所不能，在賽道上的漫長時光對他來講是精神上的洗禮。花俏華麗而且／或者玄之又玄的說法司空見慣；超跑選手的孤獨似乎確實讓人挖掘出內在的詩人、內在的哲學家、內在的勵志卡片。

你需要一個理由嗎？這裡有一個。完成一場超馬，在往後的人生中，你和人聊天的時候，口裡就可以掛著這麼一句話：

不過是一場馬拉松。

✦

威克菲爾德鎮那場比賽讓我前所未有地振奮。這輩子我不曾有過更大的成就感。一個朋友聽了這番話不禁給我臉色看。他提醒我，我出過這麼多書，我遊遍全世界。這些在他看來是真正的成就，而我卻覺得繞著一座名字很難唸的湖走一天一夜讓這一切都黯然失色？

唔，沒錯，而且我想我知道為什麼。我大大超越了自己的期望，比我自信能做到的還多出許多。我本來只期望能走一場馬拉松的距離。我有意要走五十公里，並妄想能莫名其妙走上五十英里。但我甚至不曾有過走一百公里的念頭，我卻莫名其妙達成了，還超過了。我把這番話告訴他，但我不確定他能體會。

但他絕對不是唯一一個聽我說嘴的人。你知道那個告解室裡的老人的故事？老人活靈活現地報告著他的風流韻事，說他的對象是一個歲數只有他三分之一的女人。神父打斷他說：「不好意思，但從您談話的內容看來，我感覺您是猶太教的？」

「我是啊。」老人說。

「那您為什麼告訴我這些？」

「神父，我告訴每一個人啊！」

我也告訴每一個人，部分是出於驕傲，但也有部分是基於對自己喊話的需要，因為我的腦袋一直盡其所能要貶低這個成就。我的心裡一直有個聲音在說我自認為做到了，但其實沒有，我停下來睡覺，我還有時間再走一圈卻放棄，我沒有盡力。事實上，我盡了六十三點二英里的力，但那個聲音不以為然。如果我做到了，那這件事能有多難？完成了又能代表什麼？

✦

我從威克菲爾德鎮帶回痠痛和水泡，但這些都在不算長的時間內復元了。我悠哉地重回訓練的懷抱，並報名了兩場半程馬拉松，就當是為尼加拉瀑布的全馬助跑，一場是九月在澤西市，另一場是瀑布馬拉松前一週在史坦頓島。在我看來，史坦頓島的賽事只是一次長距離的訓練，是在參加全馬前的最後一次訓練，而我輕鬆以待。

結束瀑布馬拉松之後，琳恩和我留在水牛城出席我的第五十屆同學會。我想我並沒有隱瞞一週前我剛完成一場全馬的事實。我甚至可能在談話間說過那麼一兩次的「不過是一場馬拉松」。若真如此，我不訝異。

儘管有威克菲爾德鎮的佳績，我也沒認真考慮德州十一月的超核心耐力賽（The UltraCentric Experience）。在同一個週末，紐約路跑俱樂部要在中央公園辦六十公里賽，我決定選擇這個來試試身手。

我在一個寒冷的星期日早晨現身參賽，聚集在起點線的人群適足以顯示超馬和相對短程的賽事間的差異。俱樂部一年到頭都在中央公園舉辦比賽，多數介於四英里至十英里之間，每一場比賽總有成千上萬男男女女為了自我挑戰和贈品T恤參加。就在六十公里賽前三週，約有三萬人為紐約市馬拉松聚集在史坦頓島的華茲沃斯堡，而就像中樂透一樣，他們只是一小撮有幸參加的報名者。如果俱樂部接受所有的報名，那裡就會有超過十萬人次的選手。

為紐約佬六十公里賽聚集在第五大道和第九街準備起跑的勇士，或許有個五十人吧。

是不是很不可思議？

不容否認，紐約馬拉松享有諸多有利條件。它是國際間知名的重要賽事，路線風景優美，一共穿越五個行政區，沿途引來無數熱情的觀眾。相形之下，紐約佬六十公里賽是在中央公園裡沿著四英里長的路線繞上九圈，外加在一開始有一段折返跑，補足三十七點二英里的距離。沒有媒體來採訪，起點線那裡沒有電視台來拍，沒有熱情支持的群眾，沒有樂隊來演奏。起點線有一個補給站，中途有另一個補給站，提供水、運動飲料，以及超跑選手的最愛——走味的可樂。

你甚至領不到一件T恤。

儘管如此，難道那數以萬計被拒於門外的報名者當中，就沒有幾位寧可花十分之一的報名費，

多跑十一英里路嗎？

✦

對我而言，紐約佬六十公里賽有需要克服的挑戰，因為時間是一個要素。八個半小時後，主辦單位就不會再管終點線了。如果你在那之後才抵達，他們就不會計算你的大會時間。回想起來有點難以理解，這有什麼好在乎的？但對當時的我而言，這件事就是很重要，我下定決心要及時完賽。

說起來，這樣的時間限制對跑者而言不算太吃緊。如果你的體能足以應付這段距離，你絕對能在規定的時間內跑完。但對一個競走者，尤其還是一個老翁而言，要以十三分半的均速快步走完，可就得費一番努力。在這一年當中，我之前比賽的步速都更快，尼加拉瀑布那一場是十三分十秒，但這場比賽多了將近一半的長度，天氣也更冷，這意味著我要穿更多衣服，而這又意味著每當我停下來尿尿就要占去更多時間。

結果是我必須鞭策自己到一個我並不樂意的地步。長距離賽事中最愉快的部分，就在於你能步履從容、放鬆下來、順其自然的時候。我不能放任自己這麼做，我必須踩在舒適圈的邊緣向前衝刺，這把我的樂趣都剝奪掉了。但我在八小時二十一分五十秒時越過終點線，而且，很不可思議，有幾個人甚至花了比我更久。

一星期後，我回到同一座公園，參加四英里賽。這就為整個二〇〇五年劃下了句點，我的紀錄顯示我參加了二十五場比賽，總計兩百七十七點二英里。一月的第二個星期天，我又回到公園參加弗雷德·勒博五英里紀念賽，就是我一年前開始走的同一場比賽。那次我的時間是一小時零分二十一秒，這次我砍掉將近三分鐘，花了五十七分三十六秒。一星期後，我飛到阿拉巴馬州莫比爾市，參加一場照理說應該很有趣的比賽，儘管它畢竟不過是一場馬拉松。

18 全世界都是我的尿壺

為什麼是莫比爾市？

唔，我讀到的比賽相關資料聽起來不賴，而且它來的正是時候，三星期後才是紐奧良的懺悔星期二馬拉松。再說它會是在阿拉巴馬州，如果我有意每一州都收集到一場馬拉松，那麼我遲早要去阿拉巴馬州。畢竟，若按字母排列，A開頭的阿拉巴馬州排第一。我沒辦法從這裡開始，因為在四分之一個世紀以前，我的紀錄上就已經囊括三個州了（全都以N開頭），但我絕對可以從阿拉巴馬州開始我的二〇〇六年。

那麼，我是否有意集滿全部五十個州？

我必須承認，這個想法頗具吸引力。我讀到過執著於追求這種目標的跑者，而我必須要說，他們聽起來是我的同類。他們組了一個俱樂部，這個俱樂部很快就一分為二，一個是要集滿五十州的跑者，另一個則額外把華盛頓哥倫比亞特區也算進來。（多數的五十州收藏迷似乎都同時隸屬於這兩個俱樂部。）

這些夥伴在幾年前做了一件事。德拉瓦州（按照車牌排序的話，它是第一個州）一場馬拉松也沒有，失望之餘，他們召集了地方上的支持者，成功辦了一場比賽出來。第一次舉辦時，除了一小撮德拉瓦州的居民，還有一大票來自全國各地的狂熱分子，很興奮能有機會把這個撲朔迷離的州加到他們的清單上。

一個投入幾年時間從薩克其萬省水牛溝、賓州水牛角、德州水牛泉一路蒐集到密西根州新水牛城的人，怎麼可能無動於衷？我覺得他們的精神很值得讚賞，事實上，我依稀記得遠在我初次參加馬拉松的一九八一年，伴隨著英國和西班牙，我在美國蒐集到北達科塔州、紐約州和紐澤西州。當時我就想過我或許可以把其他州也蒐集一下，直到全都齊全了為止——但我卻徹底拋棄了這項消遣。

我不知道現在我又有多熱中。這個目標對我來講實際嗎？我能撐到把所有的州都集滿嗎？如果我一年集到五場比賽，這就是一個長達十年的計畫。我到了七十好幾還能走二十六英里嗎？到時我還想嘗試嗎？這些問題不可能得到解答。然而，在這段時間，如果我反正都要參加馬拉松，何不挑選不同州的來參加？何不就從莫比爾市開始？

✦

莫比爾市還有另外一個誘人之處。它是少數有競走項目的馬拉松。包括半馬和全馬，在那天的這兩種比賽中，賽道旁都會安排裁判確認競走項目的參賽者遵守規則，而男子組和女子組走得最快的選手就會獲頒冠軍。

截至目前為止，我都小心避開紐約的競走比賽。我懷疑我的步法在專屬於競走的賽事中會害我喪失資格。我實在不知道這件事在莫比爾市會不會發生，但就算真的發生了，我頂多會被當成跑者來計分，它還是一場馬拉松，我還是能領到T恤。而且，我有預感那裡的裁判不會像競走專門賽的裁判一樣嚴格。

那是一場走起來很享受的比賽。氣候宜人，場地迷人。有些人對坡路有怨言，但經過中央公園的歷練，莫比爾市的難不倒我。我對我的表現很滿意。我原想比瀑布馬拉松那次的五小時四十五分下修一點點，並奢望能自我突破到五小時三十分，結果我的成績是五小時二十一分十秒，足以榮登競走男子組的第二名。但事實上……總共也只有三位競走選手，兩男一女，所以我其實沒贏過任何人。（有十多個左右的競走選手參加了半馬賽。）

我不需要贏過任何人就很有成就感了。我凱旋而歸，最後我的獎狀也寄到了。那是一張抽象拼貼風格的彩色獎狀，裱了框，但玻璃在寄到時已經裂了，因為他們只是把它裝進牛皮紙信封就丟進郵筒。

「什麼樣的白痴會這樣做？」琳恩納悶道。

「很有誠意的白痴。」我告訴她。我解釋說這些獎狀是當地一個喜憨兒之家的成員手工做的，他們是這場比賽的受惠者。她為自己的失言懊惱，相形之下，我卻覺得相當自豪，並且在書櫃上找到一個地方放我的獎狀。

✦

莫比爾市賽後一週，我走了中央公園的十英里賽，再一週後緊接著是曼哈頓半程馬拉松。接下來，琳恩和我就飛到紐奧良。那是繼卡崔娜颶風之後，她第一次回家鄉看看……也是我第一次嘗試懺悔星期二馬拉松。

卡崔娜重挫這座城市的觀光業，但你從這場比賽的人潮看不出來。如同莫比爾市，這場比賽也將競走選手另外分出來。我報到時領的號碼布不只有一塊，而是有兩塊；競走選手前胸後背各一塊，工作人員才能一眼就從跑者當中認出他們來，並據以做出裁判。

這次，我沒打算要贏。這場比賽有更多參賽者，所以我不能單靠現身參賽並抵達終點線就獲獎。我也不期望能突破我在莫比爾市的成績。那次比賽恰好是天時地利人和，我的每英里均速莫名其妙比瀑布馬拉松少了五十五秒。我很懷疑這次還能不能那麼順利。

但話說回來，這裡的場地比莫比爾市平坦，所以我或許能保持在五小時半以內。

試圖回想這場比賽時，我想到的多半是我多麼頻繁地停下來上廁所。那天一早，我一如往常以一杯瑪黛茶揭開序幕，而且沒有吃早餐，下場就是在開始比賽後的頭兩個小時，每次經過一棵樹，我都比罹患腎臟病的德國牧羊犬更不願意錯失良機。沿途大約每隔一英里設有流動廁所，但在比賽的前半段，廁所前總有幾個人在排隊，而我覺得這真是浪費時間到不可原諒的地步。

我的意思是，這是一場比賽欸，不是嗎？你看到有誰站在樹前排隊了嗎？我是說，加減乘除一下吧你。

◆

史坦頓島的一場比賽中，我在預備區排隊等流動廁所時，聽到一個年輕人大言不慚地向他的同伴宣布：「全世界都是我的尿壺。」

回顧四分之一個世紀前參加的比賽，我似乎不記得有哪一場讓我必須在起點線和終點線之間停下來解放一下的。無庸置疑，記憶是一個篩選的過程，我很有可能純粹是忘記早年參加馬拉松所上的那些廁所了。

但我記得在賽前幾分鐘的尿急。那是一件顯然每個人都需要做的事，甚至比綁鞋帶和重綁鞋帶更迫切。多半可能要歸因於緊張，而不管原因是什麼，起跑槍聲一響，它立刻煙消雲散。槍聲一響，我的鞋帶就綁好了，我不再覺得鞋帶太鬆或太緊，反正槍響之前覺得怎麼樣都到此為止。而且，就我記憶所及，我也不再想尿尿了。

事實上，比賽的距離長度不太有影響。在長距離的比賽中，到了某個階段，排泄系統似乎就停工了。流汗導致的脫水可能是一個因素。就算到了現在，在一場馬拉松的後半段，我一般還是能從流動廁所面前過其門而不入。

但到了那個時候，我可能已經為許多樹木施洗過了。

啊，黃金歲月所獨享的特殊樂趣啊。

✦

不管廁所如何，我在紐奧良街頭走得很愉快。我很注意我的競走對手，時時鞭策自己要趕上這一個、超過那一個。勉強爭取到的時間又為了上廁所浪費掉是滿令人洩氣的，但有那麼一個競走選手，我一次又一次地超過他。

逾半數的競走選手參加的都是半程馬拉松，走了十三點一英里後就回到超級巨蛋結束比賽了。剩下的人繼續前進，衝過普利塔尼亞街，繞行奧杜邦公園，接著沿普利塔尼亞街原路折返，回到終點線。踏上普利塔尼亞街時，我注意到有一名競走選手已經折返了。我前面還有幾個人，而到了比賽最後的四分之一，我開始一一超越他們。我走得並不快，但他們的步速變得比我慢，我現在能夠超越他們了。

最後一英里，我看到有個競走選手就在我前面一點點的地方。我加快腳步迎頭趕上，和他平行前進，他見狀也快馬加鞭奮力一搏。僵持了五十或一百碼後，我衝了出去，和他拉開距離。我沒來由地就是知道在抵達終點線前不會再看到他。

我以五小時十七分二十六秒的個人時間完賽，比莫比爾市的成績快了將近四分鐘。我再度在競走男子組名列第二，但這次我是八、九個人當中的第二名，而不是兩個人當中的第二名。（交代得更完整一點，冠軍是個來自佛羅里達州狹長地帶的年輕人，他贏了我整整四十分鐘左右。）

這是很棒的一次比賽，我帶著滿滿的成就感和對未來的無限希望回家。我在一九八一年的最後一場馬拉松是澤西海岸馬拉松。你或許還記得，在那場比賽，為了拿到一件外套，我必須在五小時內完賽。結果我花四小時五十三分走完全程，那是一個我不奢望能再達到的目標。

但誰說永遠不可能實現呢？如果我能每英里少花一分鐘，就能把全部的時間控制在四小時五十一分之內，外加幾秒鐘。每英里一分鐘很多，而且說不定根本辦不到，但在我看來，我有進步的可能。我在紐奧良的步速是每英里十二分七秒。六月時，我在中央公園的五英里賽走出十一分十八秒的均速，我在皇后區半程馬拉松則是每英里比這快了十秒而已。我以兩小時三十分二十二秒的成績完成皇后區的比賽，以一樣的步速走五小時的話，我的成績就能少個一分鐘。

說不定我能挑戰五小時，說不定我甚至能挑戰四小時五十三分，為這段距離刷新個人紀錄。這似乎不可能，但在紐奧良的比賽之前，我的目標也顯得不可能。

說來奇妙，只要內心深處認為自己有潛力，你的目標就有可能實現。想想四分速的紀錄吧，直到羅傑·班尼斯特（Roger Bannister）跑出四分速之前，大家都認為那是一道不可能跨越的障礙。一旦他做到了，其他跑者也前仆後繼地突破了這道障礙，因為他們知道那是有可能的。

莫比爾市五小時二十一分，紐奧良五小時十七分，我或許永遠沒辦法達到四小時五十三分，或甚至五小時，但我無疑能接近一點，對吧？我無疑能持續進步。我可以訓練得更賣力，速度和距離雙方面都不放過。在舉行比賽的早晨，我也可以不要喝瑪黛茶，改成攝取別的東西。比方說攝取一點鹽分，這樣或許能促使我的消化系統把水分留住，而不是胡亂灑給每一棵方便好用的樹。

我可以保持體重，或甚至稍微減輕一點。我曾經在哪裡讀到一名馬拉松選手的黃金公式：一磅等於一英里。減掉十磅，你就可以把一場馬拉松的時間砍掉十分鐘。顯然這招是有限度的，你不能減掉一百磅去挑戰肯亞人。但不容否認，身上負擔的重量越少，行動起來就越快。

一般普遍有馬拉松選手都很精瘦的印象。如果你只看過跑在最前頭、第一批越過終點線的選手，那你就會留下這種印象。冠軍的體格從時尚模特兒的纖瘦到厭食症的枯瘦不等。但如果你留到最後，看看吊車尾的選手，你就會看到近似於普通小老百姓的男男女女。或許沒有人是肥胖到病態的地步，但有很多絕對稱得上豐腴，而且你會在某部分人身上看到五十州俱樂部的T恤。有些比賽甚至為重量級選手另分一組，跑最快的胖子也有獎牌可拿。（胖哥被冠上「踏雪馬」的封號，胖妹則被封為「雅典娜」，你不得不納悶這是誰想出來的。我說，胖哥是隻苦力馬，胖妹卻是個女神？唔，好啦，或許吧。你高興就好。但當初誰曉得原來雅典娜是個肥婆？她不是從宙斯的額頭蹦出來的嗎？他一定覺得他的頭如釋重負吧。**砰咚！**）

跑步能減輕體重，但吃吃喝喝輕易就能把它扯平。你很有可能一個月跑上幾場馬拉松，卻沒減掉一盎司體重。跑個幾英里，吃一桶冰淇淋。嗯，這樣也不是不可以。

但如果我跑個幾英里，不要吃冰淇淋，我就可以輕個幾磅，每英里快個幾秒。照理說，年齡會有影響，但自從我一年多前重拾競走以來，我一直在變老。儘管如此，我的成績還是變好了。我已經達到五小時十七分。我的極限在哪裡，誰又說得準呢？

咳咳，結果證明，我在紐奧良創下的紀錄，是一個我再也沒能打破的紀錄。

19 令人失望的成就

從紐奧良飛回家時，我樂不可支地夢想著把時間下修一點。但三星期後飛往德州時，我沒在想時間的事。以這場比賽來講，距離就是一切。

休士頓超級耐力賽包含一整套各式各樣的比賽，全都在熊溪公園裡一條兩英里長的環狀柏油路上舉行，這條柏油路平坦又舒適。除了二十四小時耐力賽，他們還有六小時賽、十二小時賽、四十八小時賽，乃至於一百公里賽。我報名了二十四小時耐力賽，比賽排在星期六早上八點開始。星期五下午，我去現場領號碼布，四十八小時耐力賽已經在進行了，八位堅忍不拔的參賽者克盡職責累積著里程。他們把帳篷搭在場內，以便定時去小睡一下。我有旅館房間可睡，於是就去了旅館。

星期六早晨，我見到了和我一樣參加二十四小時耐力賽的夥伴。我們一共是七個人，有六位是競走選手，外加一名孤單的跑者。兩位合格的競走裁判在一旁待命，讓這場比賽成為正式的百英里王資格賽。顏斯．伯雷羅（Jens Borello）大老遠從丹麥過來，只為成為美國也認可的百英里王。（他已經在英國和歐陸獲得這項殊榮了，後來也在澳洲達到一樣的成就。）

這一行人當中，我認識三個，儘管只親眼見過一個，也就是貝絲．凱契爾，我從網路論壇上認識的。一月的最後一個週末，她和家人到紐約玩。我們安排星期日早上見面，沿著哈德遜河走一走。不久之後，她就報名了休士頓超級耐力賽。我也是從網路上認識安迪．凱博和歐里．南伊斯的，但這是我們第一次見面。

正當四十八小時賽來到一半，我們的比賽也開始了。一兩個小時後，雨也下了起來。

✦

要是沒有下雨，這就會是一場完美的比賽。天氣很涼，但沒有冷到需要額外的衣物。賽道就像北達科塔馬拉松一樣平坦，這座公園也是理想的場地，地點隱密、景色宜人，完全沒有車流。人數相對眾多的競走選手讓我們感覺自己像是名正言順的參賽者，而不是混在一群跑者當中的可疑人士，鬼鬼祟祟又慢慢吞吞。

紐奧良之後，我還未曾參加任何比賽，我的雙腿雙腳狀況都很好。我的起步很漂亮，並保持著輕快的步伐，差不多是在我最佳速度的巔峰段。如果沒有差錯，我大有機會達成三個目標其中的兩個。

我的第一個目標是要拿到烏里・康門獎（Ulli Kamm award）。這個獎項是頒給二十四小時內走完一百公里的競走者。七月時，我在威克菲爾德鎮的成績還更好。只要再來一次，我就可以拿到一面獎牌。我的第二個目標是要沿賽道繞三十二圈，累積六十四英里，比威克菲爾德鎮的六十三點二英里更進步。

我的第三個目標和顏斯・伯雷羅一樣，事實上，也和每一名競走選手一樣。我想要走一百英里。我想成為百英里王。

我實際上有沒有希望走那麼遠？依我看，這個問題只有在場上才能得到解答。我需要保持每英里十五分鐘以下的均速，而對我來講理想的步速是介於每分鐘十三至十四公尺之間。單從數學運算的角度而言，這似乎是可行的，但你也得把比賽後期的疲勞可能造成的影響算進去。

我不認為我真的有機會。而且，我心裡有的一線希望很快就被沖掉了。

✦

前一天，一名工作人員警告過我可能會下雨。他說，除了有那麼一個小瑕疵之外，這條賽道是完美的場地。賽道會積水，不會排水。萬一雨下得很大或很久，積水恐怕是個問題。

雨下得很久，而且有些時候下得很大。相信我，積水確實是個問題。一窪窪的水積了有幾吋深，某些部分的賽道整個被積水擋住。你別無選擇，只能嘩啦啦涉水而行。

我的鞋襪都濕透了。乾著腳走比濕著腳走舒服太多了，但這還不打緊，畢竟一場二十四小時耐力賽本來就和舒服沾不上邊。更重要的是，這讓我的腳得花更長的時間拖著我前進。

在涉過幾個水窪之後，我幾乎立刻就發現了這一點。就我的判斷，我的腿部還是保持一樣的速度，但我的步伐變得比較短，而一樣的距離我必須要走更多步。

你或許會問，我又是怎麼知道的？唔，你瞧，我一直在算我的步數啊。

✦

我不得不承認，遠在二〇〇四年秋，一開始每天去健身房走跑步機，我就養成了數步數的習慣。（更確切地說，我數的是我的呼吸。自從一九七〇年代間跑華盛頓廣場公園以來，我的呼吸和步伐就以六步一口氣的方式彼此搭配——吸氣左腳右腳，呼氣左腳右腳左腳右腳。所以我可以默記我的步數——吸氣，一百三十二；吸氣，一百三十三。以此類推。）

我不確定我為什麼會有這種顯然很詭異的行為。這可是在跑步機上欸，你嘛幫幫忙，有一堆儀器即時告知你時間和距離。反正閒著也是閒著，算步數似乎能給我的腦袋一點事情做，但這個動作很快就變得很自動，我可以天馬行空胡思亂想，步數卻還是算得清清楚楚。只除了一個例外，如果我算起別的東西，這一組新的數字就可能打亂本來的節奏。否則，我可以像雨人一樣算個不休，有辦法告訴你距離瓦普納[50]播出還有五分鐘。

從跑步機轉移陣地到大街上之後，我的怪習慣其實是有用的，就彷彿內建了計數器一般，當我數到三百，我就知道我走了一英里。在不熟悉的場地上進行長距離競走訓練時，我能估算出自己走了多遠，從而知道自己是否達成了那天的目標。不容否認，瞄一眼我的腕表就能充分得知大概的數據，久而久之，我就能放棄算步數，忘掉距離的事，只專注在花了多少時間訓練上。

比賽當中，一越過起點線，我就開始算步數了。典型的賽道都會有里程指標，讓你知道自己到哪裡了，但算步數讓我知道我離下一個指標還有多遠。有一次，在蘭德爾島的一場八公里賽，當我在兩個里程指標之間算到三百五十的時候，我就知道他們的指標放錯位置了。其他人擔心起自己的配速，但我算的步數讓我很放心。另一次，在中央公園一場距離稍長的賽事當中，我們有些人還在場上，志工卻開始清場。在我們抵達之前，他們就把里程指標收掉了。我算的步數讓我知道本來哪些地方應該有指標。我不能說這麼做讓我比較快越過終點線，但它讓我很放心地知道

50 此指電影《雨人》的主角每天要看的電視節目「人民法庭」，瓦普納（Joseph Wapner，1919-）為劇中法官，其現實生活中為退休法官。

自己在哪裡。

在長距離的比賽中，我照算不誤，但策略有所改變。以馬拉松來講，每到一個新的里程指標，我就重新計算我的步數。在威克菲爾德鎮，我不再計算我的總步數，只計算每一圈的步數。在熊溪公園，我也是這麼做的，並且正是因此才會知道濕著腳走讓我的步伐縮短了。我的腳在鞋子裡滑來滑去，我的鞋子在濕漉漉的路面上抓地力也比較差。在這條兩英里長的環狀賽道上，以六步一口氣來算，我多花了二、三十口氣。

我的手表或大會時鐘會告訴我，我繞場一周所花的時間比較多，而我算出來的步數則讓我知道為什麼。

✦

我額外多帶了一雙鞋子和兩雙襪子，但我看不出來把鞋襪換掉有什麼意義。我不可避免要涉水而行，乾的鞋襪走不到一英里就濕透了。

我繼續走。直到大雨來攪局之前，我的步速可以在比賽到一半的十二小時內走完五十英里多。這並不代表我有機會走一百英里，因為我不可能在第十三到二十四小時還維持一樣的步速。不過，那代表烏里．康門獎勝券在握，而且我可能可以比威克菲爾德鎮那次多走個十五、二十英里。

雨繼續下。夜幕降下來了，我的步速和精神也低落下來。我濕答答的腳在濕答答的鞋子裡滑來滑去，兩隻腳的大腳趾一直撞擊鞋頭前端。把鞋襪脫下來的時候，那畫面慘不忍睹。兩隻大腳趾的指甲都鬆脫了，而且變成一種在活物身上很少看到的死灰色。我隨身帶了一把瑞士刀。我用刀片把鞋頭稍微劃開幾吋，再把鞋子穿回去，然後繼續走。

到處都在痛。毫不意外，我長了水泡，渾身又痠又痛。情況很糟。我開始每走兩圈就在補給站停下來，不只是停下來抓一個三明治或吞一把 M&Ms 巧克力就走，而是坐下來休息幾分鐘。我強迫自己走完一圈又一圈，我累積了一英里又一英里。事實上，到了兩點的時候，我走完第三十二圈，累計六十四點二六英里——一圈比平均的兩英里多個幾碼——這表示我已經贏得烏里．康門獎，而且已經超越我在威克菲爾德鎮的六十三點二英里，儘管只超越了一點點。

而我還有五、六個小時可走，想增加總里程還有的是時間。我或許一英里要花上二十分鐘，我或許每走兩英里就得在補給站停下來，但就算一小時只能走兩英里好了，我也能走個七十五英里。比起威克菲爾德鎮那次，這可是大大的進步。而且，就算天候狀況良好，這個數字也很值得驕傲。

想得美。走完第三十二圈，我癱在補給站的一張椅子上，這一癱似乎就爬不起來了。我在那裡待了十五到二十分鐘左右，這真的拖太久了，不只讓我的肌肉有機會變得緊繃，也讓我的腳脫離了那種具有保護作用的麻痺狀態。它們現在不但不麻痺，還嘮嘮叨叨地向我報告它們的狀況。等我站起來搖搖晃晃地回到場內，我的每一步都痛得無法忍受。

如果我強迫自己走起來，其實就不會那麼痛。人體的機制就是這樣，七月的時候，我在威克菲爾德鎮發現了這一點。休息會給疼痛一個大爆發的機會，繼續走則會逼退這份疼痛。

但這次，我沒辦法勉強再走下去。除了疼痛之外，我也疲憊不堪。我不想再走了。我想躺在床上。我想睡覺。

我坐進我租來的車裡，開到我的旅館，結束這一夜的折騰。

我離開時，貝絲和安迪也雙雙在走了三十一圈和六十二點二五英里後打住。（補給站的後方有幾張行軍床，貝絲爬到其中一張床上昏死過去。過了兩小時，她醒了過來，回到場上繼續走，並且繞了兩圈，略勝我一圈。如果我知道她要這麼做，那……唔，算了。）

我沖了個澡，睡了幾小時，並在顏斯於七點十五分抵達百英里王終點線後幾分鐘重回熊溪公園。他還有充分的時間再走整整一圈，但他甚至連百英里指標到起點線／終點線的那幾百碼都不想走了。他的目標是走一百英里，他心裡抱定這個目標前進，而他達到了——對他而言，這就夠了。

那是一個輝煌燦爛的早晨，天氣涼爽又晴朗。如果他們隔天再舉辦比賽，情況就大不相同。我突然想到，我自己也有時間再來一圈。歐里還在場上，走完這圈，他就有七十六點三英里。我可以加入他的行列，也加入貝絲的行列——她現在有六十六點二六英里了。

我從未認真考慮這件事。我穿的是牛仔褲，但就算換上運動短褲，我也沒辦法再回到場上去。我的比賽結束了。

✦

第二天飛回家時，我的行李箱裡裝著烏里．康門獎。那是一塊漂亮的木頭獎牌，寬八吋、長十吋，上面刻了一隻熊的肖像。（當然，是因為熊溪公園的緣故，不是因為我的圖騰動物是熊，後者純屬巧合。）獎牌上寫著：休士頓超級耐力賽，二十四小時一百公里完賽證明，特此頒發烏里．康門獎予……接著有一個空格，空格的兩邊有螺絲，是要用來把黃銅名牌固定上去，他們之後會把這個名牌寄給我。

我還在等我的名牌，但是沒關係。這是一塊很棒的獎牌，而我不需要把名牌釘上去就知道它是誰的。我也不用擔心會忘記自己為這面獎牌吃了什麼苦頭。我很高興擁有它，也很驕傲地秀給琳恩看。

但這卻不足以抵銷我的失望。

在威克菲爾德鎮，我走了六十三點二英里，得到了前所未有的成就感。在休士頓，我多走了一英里，而且還是涉水而行，但我卻覺得很失敗。

無論晴雨，無論腳趾甲如何，我的成績本來還能更好。我可以留在場上。我可以再多走幾圈。再三圈就有七十英里。但我卻在補給站逗留，導致我要再走出去時痛得不得了，而我就欣然以疼痛為藉口放棄了。

那份疼痛千真萬確，那份疲憊也是。但疼痛和疲勞在那麼長的比賽中是不可避免的，這一點我心知肚明，我也知道只要去走就能克服。

但我沒有。

20 沒什麼好得意，也沒什麼好丟臉的

雅典馬拉松的紀念T恤是我最愛的一件。它是長袖的，剪裁得很好，顏色是暖色系的咖啡色，但這些都不是重點。T恤上寫著：二〇〇六年雅典馬拉松。並且，在一圈經典的桂冠圖形裡有一個戴著頭盔的希臘戰士在跑步。

你絕對猜不到他們指的是俄亥俄州的雅典市。

✦

這場比賽在四月二日舉行，我在前一天飛到哥倫布市，再開車到雅典市。場地很小，有一百三十五個人完賽，賽道很美，是一條穿越鄉野的柏油小路，比賽期間禁止自行車通行。終點線位於俄亥俄大學足球場內，最後的四分之一英里就是繞橢圓形的跑道一周。

我的成績是五小時四十一分零八秒，比莫比爾市或紐奧良都慢了許多，但我那天沒想打破任何紀錄。我回旅館吃披薩。第二天一早，我穿上我的新T恤，開開心心回家去。

✦

我一邊繼續參加路跑俱樂部在紐約本地舉行的比賽，一邊安排馬拉松和超走賽。休士頓和雅典市之間，我參加了兩場比賽，一場是華盛頓高地的五公里賽，一場是回鍋參加布魯克林半程馬

拉松。我在布魯克林的成績比二〇〇五年那次慢了將近四分鐘，我自己還滿意外的。以我在這十二個月之間所做的訓練和參加的比賽來看，你會以為我的時間應該會下修一點。不過，我把這個結果歸因於休士頓超級耐力賽的後續效應。

雅典市之後到下一場馬拉松之前，我在紐約本地還有三場比賽。下一場馬拉松則是六月的第一個週末，在南達科塔州戴德伍德市。三場紐約本地的比賽中，距離最長的是皇后區半程馬拉松，我的成績是兩小時三十七分五十五秒，比前一年慢了七分半。

嗯……

✦

琳恩和我認真把造訪戴德伍德市當成一次旅行，不只趁著賽前遊覽這座城市，接下來的一週也開車在這一州繞了繞。追獵水牛期間，我們用拍立得相機為彼此拍下穿著水牛T恤、站在相關地標前的照片，現在我們更上一層樓，拍起虛擬照片來。在某些合適的景點前——我們最愛的是南達科塔州休倫市的世界最大雉雞雕像——我們兩人其中之一會擺出一個恰當的姿勢，另一人則舉起一個隱形的相機，完美地把畫面框住，然後按下隱形的快門。這件事最棒的部分就是路人瞠目結舌的反應，但事後的結果也一樣很棒。回到家後，我們沒有底片要沖洗，沒有相片要裝框，也沒有數位照片要讓朋友看得打呵欠。

比賽本身充滿挑戰性。那是一場起終點不同的比賽，在戴德伍德－米克森步道上舉行。那是一條老舊的鐵路專用道，已經改成休閒用途（他們稱之為「鐵路轉型步道」，個人很贊成這種做法）。公車把我們載到起點，我站在排流動廁所的隊伍裡，等著輪我尿尿。尿完之後，基於賽前的慣例，我又再回去排隊。直到該站上起點線之前，我已經反覆尿了幾個回合。

如果雅典市的場地是折返跑，戴德伍德市的就是上下跑。我們從海拔五千呎左右的高度開始，前十四英里一路爬坡向上，接著又一路下坡直到終點線。整體而言，海拔高度的高低差約有一千呎。

海拔高度和連續不斷的上坡路使得比賽的前半段很吃力，而剛開始下坡的第一段路又陡到讓步行者很難不跑起來。剛開始下坡時，我順應這股不可抗力，嘗試轉換成慢跑，但這麼做對我的膝蓋來講負擔太重，過了十五、二十碼我就不得不放棄。

我知道我的成績不會多出色，而我也不是真的很在乎。我欣賞著沿途美景，不疾不徐地抵達終點線，個人時間六小時零八分零八秒。沒什麼好得意的，但也沒什麼好丟臉的。更何況，我現在擁有一件上面印有煞星珍妮和野人比爾[51]的T恤，而且我的馬拉松清單上多了南達科塔州。

51 美國西部拓荒時期，煞星珍妮（Calamity Jane，1852-1903）和野人比爾（Wild Bill Hickok，1837-1876）皆為戴德伍德市當地著名的鏢客。

21 出了差錯的長途腳力比賽

六月和七月，紐約和附近一帶都有許多賽事，但我統統略過。從戴德伍德市回來之後，我放鬆地回到日常訓練中，沿著哈德遜河提高里程數，希望能在威克菲爾德鎮有很好的表現。撇開我的失望不談，休士頓的耐力賽讓我從六十三點二英里來到六十四點二五英里，而我覺得自己應該至少要比一年前多走一圈。

才不過是一年前而已嗎？一年前，我還沒辦法想像走超過五十英里，現在我卻夢想著八十英里。這個目標似乎並非遙不可及。要不是積水來攪局，我在休士頓本來可以走到八十英里。無論晴雨，要不是意志力動搖，我也還是可以走到七十英里。威克菲爾德鎮的場地比較不理想，小部分是越野下坡路段，大部分是長長的水泥路，但它沒有那麼糟，而且它是我已經熟悉的場地。

我們在星期四租了一輛車，開車北上，住進威克菲爾德大人汽車旅館。這次我為琳恩帶了一把折疊椅，還帶了一張折疊桌放我上次沒想到要帶的補給品。（我倒是忘了一件東西，那就是餐刀。除了提供我一塊舒服到怠惰下來的休息區，休士頓的補給站讓我見識到一個補給站該有的樣子。相形之下，威克菲爾德鎮在這方面就很弱。除了一堆含糖的垃圾，他們最好的補給品就是花生醬。你得自己抹吐司來吃，只不過你辦不到，因為他們只給你一把小小的白色塑膠刀，你得用它把花生醬從大罐子裡挖出來，但它簡直搆不著罐子裡的花生醬，有時還會在過程中彎曲、斷掉。這把刀就連用來劫機都不能，更別提挖花生醬抹吐司了。我本來下定決心要去二手慈善商店挑幾隻餐刀，捐給大家一起用，但我忘記這件事了。）

✦

詩人藍道・傑瑞爾（Randall Jarrell）為小說下了一個有名的註腳。他說小說就是出了差錯的長篇虛構作品。唔，二十四小時耐力賽就是出了差錯的長途腳力比賽。以這次來說，出差錯的是天氣，就像休士頓那次一樣。

星期四的天氣溫暖而潮濕。一年當中的這個時候，威克菲爾德鎮基本上似乎都是這樣。星期五早晨也沒什麼不同，但氣象預報說接下來會有大雷雨。隨著時間過去，天色開始變暗，風也開始變強，你聞得到空氣中有風雨欲來的味道，沙漠裡的農夫會跪下來感謝上帝，我可不會。

就在我去報到帳篷領號碼布的時候，天空下起毛毛細雨。話說，毛毛雨不是問題，它在仲夏非但不是阻礙，還是一大幫助。我帶了一件 Gore-Tex 的連帽風衣，它在德州就派上了用場，儘管不能為我的腳做什麼。我不擔心毛毛雨，但老天賞給我們的可不是毛毛雨，而是傾盆大雨。到了該在起點線集合的時候，我們移駕到旁邊一間汽車旅館的會議室。眼前面臨的不只是豪大雨，而是火力全開、雷電交加的暴風雨。直到風雨平息為止，他們都不敢把我們送上場去。

比賽開始的時間延後半小時，改到七點半。但在七點十五分，他們又宣布要再延後到八點。八點過後，每耽擱一分鐘就會侵蝕掉比賽的時間。因為他們必須在星期六晚上八點結束活動，所以，比方說，如果我們九點才開賽，這就成了一場二十三小時耐力賽。對任何人來說，這時間聽起來都夠長的了，但其實不然，而我們這夥人可不高興。

貝絲也在，她家離威克菲爾德鎮開車只要半小時。安迪也來了，能再看到他們很好，能認出前一年見過的老面孔很好，能讓其他參賽者認出我來也很好——或說「準參賽者」，看在暴風雨還沒過去的份上。

琳恩聽到兩位年輕跑者在為時間的延誤發牢騷。其中一人說：「好像我會被雷打到似的。我是說，這種機率有多高？」

✦

結果暴風雨沒構成問題。它在八點前及時飄過天際，讓比賽順利開始。第一個小時左右還是下著毛毛雨，但這實在沒什麼可抱怨的。它讓熱天變得涼爽，也驅走了前一年我忙著呼氣吹散的蚊蟲大軍。

記得那首靈歌嗎？

上帝以彩虹與挪亞立約……

不再有洪水——下次是火災。

休士頓是積水，威克菲爾德鎮是暑熱。

✦

前面十小時左右，以一件費力的事情來講，這場比賽夠愜意的了。沒有大水窪要踩過去，除了接近起點那裡的五十碼越野下坡路以外，整個場地差不多都是乾的。那段路頗為濕滑，但就那麼一小段而已，而且要繞開積水的地方並不難。總而言之，那段路只是有點討厭，暴雨也沒讓它變得多糟。

最初六小時，我多半都和安迪．凱博並肩同行。威克菲爾德鎮的比賽沒有裁判，也沒有分一個競走項目出來，所以他在下坡路段就自由混和某種拖著腳跑的方式。這種時候，他會把我甩在後頭。等到了平地之後，他又會刻意放慢腳步，而我會在上坡路段趕上他，以此類推下去。我們邊走邊聊，圈數逐漸累積，里程逐漸增加，時間逐漸過去。

約有四小時的時間，琳恩都坐在我們的折疊桌前迎接我。我每完成一圈三點一英里，就會回到她那裡。差不多到了午夜，她說她很累，就回旅館了。這本來無可厚非，只不過再繞了一圈之後，我發現她沒把後車廂裡那兩大罐可口可樂拿過來，而且她把車鑰匙帶走了。我喝了點水，繼續上路，一路上努力想著這娘兒們的優點。

到了第九圈或第十圈，我記得我對安迪說，如果運動飲料開始變得好喝，我就知道我累了。他說我看起來不累，我說運動飲料還沒變得好喝。「但也不像前幾圈那麼難喝了。」我承認道。

✦

就我所知，只有威克菲爾德鎮的二十四小時耐力賽是晚上開始。其他比賽都是一早上路，像是絕大多數的馬拉松和超走賽。開賽時間對威克菲爾德鎮的馬拉松選手來說是個加分；太陽下山之後，暑熱容易忍受多了。而且，馬拉松選手可以在像樣的時間結束比賽，吃掉披薩，打道回府。

但對二十四小時耐力賽的參賽者來說，晚上開始是好是壞呢？這就難說了。很明顯的一大缺點是，除非賽前睡了午覺，否則到了比賽開始時，參賽者已經十二個小時左右沒闔眼了。到了他們平常的睡覺時間，眼前則還有四分之三的比賽有待完成。

另一方面，在黑濛濛的時分，人在心理上有疲倦的傾向。從晚上開始，經過十小時之後就是天亮，而剩下的比賽便會是在白晝裡進行，也就是你習慣醒著的時間。相形之下，以我自己在休士頓的經驗而言，經過十八個小時在場上的折磨，時間來到凌晨兩點，我的每一個細胞都渴望著躺到床上。如果不是凌晨兩點，而是下午兩點，我就比較能振作精神嗎？

或許是，也或許不是。因為我們終究要回到那個源自藍道·傑瑞爾的定義上，是什麼定義來著？喔，對了——出了差錯的長途腳力比賽。

天空破曉時，我看得出來這次是哪裡要出錯了。

✦

還記得，剛知道有二十四小時耐力賽的存在時，我滿心歡喜地認為在黑夜過去、黎明到來的那一刻，我的精神也會為之一振。這可是名副其實的跑向陽光，怎不教人振奮呢？

唔，那可不盡然。日出就像日落，是一種我看也看不膩的景象。而且，因為我一般較少看到前者，所以前者顯得特別多了。我提到過西班牙的那一次——琳恩和我爬到山頂，回頭一望，剛好就看到太陽衝破地平線。我也在遊輪上看過，日出的景象向來都能讓我振作起來。

但在一場比賽當中，日出是一件非常之循序漸進的事情。先是遠方天際現出一抹光芒，接著一點一點越來越亮，就像有個人很慢很慢地把亮度調節器轉開。我不記得太陽映入眼簾的畫面。有那麼一刻，在天亮一會兒過後，它突然就已經掛在那裡，離地平線有個幾度高了。你或許會很高興看到它，也或許不會，但無論如何，這幅畫面絕對稱不上是人生當中登峰造極的體驗。

在威克菲爾德鎮的第一次比賽，當天空露出第一道曙光時，我人在旅館房間裡，雙眼緊閉。待我回到場上，天空已經大亮。這次，我沒在黑夜時分跑去休息，天亮時我人就在外面。

我抬頭一看，看到萬里無雲的天空。

無庸置疑，那絕對是一個美麗的早晨。我寫這幾行字的時候，也是一個美麗的早晨，時間是七點過幾分，太陽高掛，放眼望去只有兩、三朵小小的雲朵襯著藍天。但此刻是二月下旬的一個早晨，一年當中的此時，太陽公公顯然是個和藹的好人。

在七月的威克菲爾德鎮就不然了。在你面臨即將在太陽底下待一整天的命運時，就不然了。

✦

整個晚上的氣溫都很宜人。下過雨後的大地一派清涼，只可惜下雨沒能改變濕度。破曉時，我身上已有一層汗水殘留的鹽分，而天空萬里無雲只代表情況會更糟。

到了六點，你已經能感受到太陽的溫度。到了七點，光線已經很強了。再過一小時，我就在場上足足十二小時了，而且我並未脫離百英里王需要的步速。這並不代表我有機會走一百英里，但這代表八十英里唾手可得，八十五英里或甚至九十英里也並非全無可能。

只要他們能針對太陽做點事的話，比方說掛一兩朵雲上去擋一下之類的。

九點左右，我首度離場。我想去避暑個幾分鐘，而且我迫切想要沖個澡，把那一層汗水結晶洗掉。沖過澡後，換上乾淨的襪子、把號碼布別到乾淨的短褲上，我就又出去了。我喝了一杯咖啡，吃了一點東西，然後回到場上。

正午時分，我需要再休息一次。我回到旅館房間，在床上躺成大字。我不記得我睡著了沒，也不記得我休息了多久，但最終我又回到場上。

天氣越來越熱。那個週末是整個夏天最熱的時候，全區氣溫上看華氏九十五度。這是在陰涼的地方，而場上可沒什麼陰涼的地方。這場比賽剩下的部分，我每走三英里就要休息一下，只為閃避太陽。這意味著躲進補給站喝水，逗留五到十分鐘，再到太陽底下走四十五分鐘，繞場一周，然後又再回到帳篷的遮蔽之下。

前一年，我走了二十圈，我決心這次要走二十一圈。就數學運算而言，我還是有可能走八十英里，我還剩大把時間可走，但暑熱難以承受。我走了二十圈，退到陰影裡躲了五到十分鐘，接著踏上第二十一圈。就這樣，我走了六十六點三六英里，比我在休士頓的成績進步了兩英里。

我決定這樣就夠了。我的雙腳雙腿都很好，我還可以再多走幾圈，而且我有超過四小時的時間可以運用。但暑熱耗掉我太多元氣，而且我擔心繼續曝晒下去真的會有危險。

我走的英里數幾乎就是我的歲數。我當時六十八歲，再走一圈就超過六十八英里了。從場上整個撤退下來以後，我才想到這一點。如果早點想到，我說不定就會待在場上，鞭策自己走完第二十二圈。如果走了二十二圈，我或許又會注意到再一圈就破七十英里了。衝著這一點，我或許大有可能走完第二十三圈。

也或許不會。

貝絲帶著小腿肌肉的傷上場，走了二十圈之後離場。安迪走得不錯，總計二十四圈、七十五點八四英里，但他因為暑熱提早退場。有兩位跑者完成三十九圈（一二三點二四英里），其中一個比另一個早三分鐘跑完，於是他成了冠軍。

第二天早上，我覺得一切都還好。我的腿很痠，我的腳知道我走了很久，但除此之外，我都完好無缺。我們把折疊桌椅打包收好，開車回家，途中順道拜訪哥倫比亞郡南部的一個老友。幾年前，動過血管修復術之後，他養成每天早晨出門快走半小時的習慣。他向我吐露，這對他而言算是個滿容易實行的養生法。他說：「我在平地上可以走一整天。」

哦？

22 重走一場比賽就像重讀一本小說

整個夏天，我都想著要在九月再參加一場馬拉松。我有幾個很不錯的選項，但最後我決定統統不參加，就等著一如往常在十一月第一個星期天舉行的紐約市馬拉松。

我已經得到保證參賽的資格。有幾個辦法可以避免成為每年被拒於門外的那五萬個申請者之一。你可以是個一流跑者；你可以是國外來的，透過其中一個官方馬拉松旅行團報名進來；你可以買通門路，買法是捐一定的金額給某個特定的慈善團體；你可以走運被抽中；你也可以連續兩年都抽不中，到了第三次，你就自動享有報名成功的資格了。

又或者，你可以在前一個年度，參加並完成九場紐約路跑俱樂部舉辦的比賽，那你就能參一腳。

我就是這樣。在二〇〇五年度，我已符合資格，還多出一倍。在我的紀錄本上，我第九場紐約路跑俱樂部的比賽是四月下旬的湯瑪斯．G．賴柏科四英里賽。到了十二月，我以第十八場比賽結束那一年，那一場也是在中央公園的四英里賽。所以，等馬拉松報名的時間到了，我就把報名表交出去，然後在星期六拿到我的號碼（四四四六四）。星期日早晨破曉前，我到第五大道和四十二街交叉口的市立圖書館前，搭上其中一輛接駁車，及時在史坦頓島的華茲沃斯堡下車。

這場比賽最困難的部分，在於開賽前四小時。那是一個很冷的早晨，多數人都穿著直接丟掉也沒關係的長袖運動衫和保暖衣物上陣。說到舊衣服，我格外有種多愁善感的情懷。我總是捨不得和它們告別。我知道我會把身上穿的東西丟掉，因此我特別挑了那些塵封已久、多年沒穿的衣服。帽子的部分，我挑了所有報名者都會獲贈的福袋裡那頂奇醜無比的黃色棒球帽；看到它的第一眼，我就等不及要把它扔掉。

我穿了一層又一層，手上也戴了手套，卻還是冷得不得了。大會供應了貝果和咖啡，但貝果被拿光了，而我知道我可不想喝太多咖啡，因為咖啡的效果就和搞得我在紐奧良到處灌溉小樹苗的瑪黛茶一樣。

主辦單位做了很好的措施來讓比賽順利進行。他們分了幾個起跑區，跑者依序朝韋拉札諾海峽大橋上的起點線移動。我謹慎地排在我那組的尾巴，即使如此，我的大會時間和個人時間也只差了十一分鐘。這是我抵達起點線所花的時間，在那顯得很不真實的十一分鐘裡，我或快或慢地邁著大步，走在一條穿越衣山衣海的道路上。

那是一幅很壯觀的景象。一堆又一堆的運動衫、T恤、手套、毛帽。成千上萬被拋棄的衣物，足以讓未開發國家的窮苦大眾都有得穿。（就我所知，這也確實是它們的命運。所有這些棄物都被收集起來運送出去。說不定就在此刻，地球上某個鬧饑荒的角落，某個吉星高照的幸運兒正穿著我那件「水牛城，沒有假象之城」運動衫。我只能希望他穿得還算滿意。）

✦

儘管我很確定有一些小小的調整，但這條馬拉松路線基本上和我在一九八一年走的路線一樣。場外的觀眾好像比較多，又好像沒有；那年頭的出席率是很不錯的。

離開那座橋、踏上布魯克林區的街道很久之後，我還是一直看到被丟在路邊的衣物。到了我要離開貝德福德－史岱文森、邁向南威廉斯堡時，我把那頂醜陋的黃色棒球帽脫下來，交給一個很小的小男孩。

對我來說，戴著一頂我願意丟棄的棒球帽參賽沒什麼稀奇的，到了完賽時還戴著或把它塞在褲頭也沒什麼稀奇的。

我提過我在紐澤西州薩米特市得來的帽子，那頂帽子為薩米特市的名人吉姆・克瑞莫的網站打了廣告，這人擁有的棒球帽顯然超乎他的需要。我沒辦法告訴你這頂帽子陪我歷經多少比賽和長距離競走訓練。那玩意兒比貓還多出幾條命。我本來要戴它去紐約馬拉松，而且絕對不會再戴著它回家，但事情的發展就像以撒獻祭的聖經故事，有一隻公羊如有神助地冒出來當替代品。在我的故事中，上帝派來的不是一頭公羊，而是一頂蹩腳的黃色棒球帽。TheStreet.com 就這樣存活下來，多奮鬥了一天。

它現在已經不在了。我不記得是何時何地，但確實有那麼一天，我戴去參加比賽，途中把帽子給丟了。我不能說我想念它，而且我有點高興不用再看到，但我要說——直到今天，我還是覺得有點浪費。

✦

過了二十五年之後再把紐約走一次，感覺就像過了這麼久之後重讀一本小說；只要一來到那裡，我就想起沿途的每個部分了。有些部分在我意料之內——在綠角區，來到曼哈頓大道時的那個彎道；皇后大橋；從第五大道移動到中央公園的山丘——但其他部分，我的記憶已經模糊了，只有在我走到那裡時才會變得明朗。

第一次，我混合了走和跑完成全程。大概跑到一半的地方，膝蓋發出抗議，我就改成用走的。這一次，當然了，我全程都用走的。我的個人時間是六小時零五分二十秒，換言之，我比一九八一年多花了將近一小時半。但這兩者不能真的拿來相提並論，第一次，我有一半都用跑的，而且我比現在年輕了二十五歲。二〇〇六年這次比莫比爾市、紐奧良、雅典市都慢了許多，但場地的特性至少要為此負起部分責任。整體而言，我很滿意我付出的努力，也很滿意我得到的成績。

越過終點線、把晶片從鞋帶上拔掉、脖子掛上一面獎牌後，我費了一番工夫搜尋琳恩的下落。他們規劃了一個讓家屬重聚的區域，但對於一個剛在紐約街頭奮鬥了二十六點二英里路的人來講，場地的配置實在不是一下子就搞得清楚。但我們還是找到了彼此，我做了一點收操的動作，然後我們走到哥倫布圓環，搭A列車回家。

23 選擇我還沒走過的路

紐約馬拉松過後三週，我再次挑戰紐約佬六十公里賽。我甚至連考慮都沒考慮。同一個週末，他們要在達拉斯市附近辦超核心耐力賽，項目包括一個有百英里王裁判的二十四小時耐力賽。我從其中一個網路論壇認識的馬歇爾·金，二〇〇五年時就是在那裡奪得他的百英里王頭銜，今年的賽事也肯定會有超走選手現身。

但對我而言，緊接在紐約馬拉松之後三週，這場比賽似乎不是個好主意。我要等二月的休士頓，在那之前，我會在十二月十號參加拉斯維加斯馬拉松，那已是紐約馬拉松足足過了五星期之後。

我不認為紐約佬六十公里賽是這兩場馬拉松之間唯一一場紐約本地的比賽，但我發現自己對較為短程的賽事已經不那麼熱中了。在威克菲爾德鎮的耐力賽和紐約馬拉松之間，我只參加了一場史坦頓島半程馬拉松。而我之所以參加，純粹是為了紐約路跑俱樂部的獎品。俱樂部每年舉辦五場半程馬拉松，每個行政區各一場，如果你參加了四場，並且在三小時內完賽，他們就送你一塊燙布貼。我在二〇〇五年達成了，但沒把那塊燙布貼貼到任何東西上，而是把它丟到我用來收集號碼布的箱子裡。我想，二〇〇六年的燙布貼，我還是會用一樣的方式處理。

我把史坦頓島半馬當成是走全馬之前的預習，並且恰恰就在三小時內完賽。那是我在二〇〇六年第九場紐約路跑俱樂部的比賽，這意味著我剛贏得參加二〇〇七年馬拉松的資格。但到我完成二〇〇六年的馬拉松時，我已經滿確定下一年我不想再來一次了。那是一場有許多樂趣、也很令人滿意的比賽，但我不認為這一切凌駕於在史坦頓島賽前那幾小時又冷又無聊的等待時間之上。

（順帶一提，九場紐約路跑俱樂部的比賽不再能保證讓你享有參賽資格。二〇〇八年初，他們宣布規則改了：從今以後，除了參加九場比賽，你還必須在其中至少一場擔任志工。符合資格的人太多了。）

✦

自從不再當律師而展開職業賭徒的事業第二春之後，我的親戚派提就以拉斯維加斯為家，全心投入廿一點和撲克牌錦標賽。他是個很棒的夥伴，當我把內華達州加到我的馬拉松清單上時，琳恩很樂於到曼德勒海灣來與我共度週末。

比賽路線沿著賭城大道綿延數英里長，穿過佛瑞蒙街行人徒步區，再穿過一塊不吸引人的商業區，經過一連串的折扣家具店和一條條的購物街，接著才踏上漫長的歸途。這裡是觀光客不曾看過的賭城，而且不看為妙。一路上，我們都迎著嚴酷的強風逆風而行。最後半小時左右，我們這些殿後的選手還得在沒有管制的街道上和其他人車爭道。不是我最愛的一場馬拉松，也不是我最好的一次表現，個人時間六小時零三分三十四秒，但也絕對算不上一場災難，我毫髮無傷地完賽，也沒有搞到虛脫的地步。而且我得到一件T恤，還多收集到一個州。沒什麼不好的。

✦

拉斯維加斯賽後一週，我參加了中央公園的十英里熱可可路跑。之所以叫這個名稱，是因為那就是他們賽後在附近一所學校招待我們的東西。這場比賽為我重回競走選手行列的第二年劃下句點。相較於前一年，我在相對較少場的比賽中（十八場對二十五場），走了更多的距離（三七五點四一英里對二七七點二英里）。

我在意的是長程比賽。二〇〇六年的十八場比賽包括六場馬拉松和兩場二十四小時耐力賽。有超過二十年的時間，我都簡直不敢相信我在一九八一年參加五場馬拉松的紀錄——我怎麼可能在單單一年之內達成這一切？現在，我比較老，也比較慢，但卻比一九八一年搞定了更多場馬拉松，外加兩場二十四小時耐力賽。我的馬拉松生涯清單上已經有紐約和麻薩諸塞州（外加紐澤西州和北達科塔州），但今年我新增了阿拉巴馬州、路易斯安那州、德州、俄亥俄州、南達科塔州和內華達州。如果我能保持每年收集五個新的州，唔，集滿五十州或許也並非全然不可能。

於是，我著手規劃起我的馬拉松行程。網路實在是讓這件事情單純許多，一旦發現marathonguide.com，我就不再需要《路跑時訊》或《跑友天地》上的賽事列表。海內外有琳瑯滿目的比賽供我選擇，我從網站上就能讀到相關的介紹和心得分享，還能連到某一場比賽的官方網站，點幾下滑鼠就完成報名。完成這些動作之後，出門去參加比賽，藉由把一隻腳放到另一隻腳前面這種自古以來流傳已久的方式完賽，格外顯得原始到一種不可思議的地步。

我挑出想去的比賽，先是一月十三號的密西西比馬拉松，接著是二月的兩場比賽——第一個星期日，在加州杭亭頓海灘的衝浪城馬拉松；最後一個星期日，再次回去參加紐奧良的馬拉松。（我本來沒打算今年再去紐奧良，因為它的時間是在懺悔星期二之後，不是之前，而我不想錯過休士頓的二十四小時耐力賽。但很不幸，他們默默把休士頓的賽事取消掉了。休士頓超級耐力賽向來是堪薩斯州的一個超跑協會籌辦的，我猜他們已經玩膩了。你或許還記得，二十四小時耐力賽就是出了差錯的長途腳力比賽，而這一次出的差錯，就是不會有這場比賽。）

一旦把休士頓換成紐奧良，我就取消了三月去伊利諾州的作家藝術村住一個月的計畫，改成到紐奧良住下來，直到把我的書寫出來——抱著不成功便成仁的決心那樣。

沒了休士頓，也還有別的二十四小時耐力賽。幾年前，歐里・南伊斯在玉米帶四分之一英里長的賽道上累積完成一百英里。他沒有贏得百英里王的頭銜，因為那場比賽沒有裁判，但這項殊榮終究還是歸他所有。五月的玉米帶是一個可能的選項，六月在明尼蘇達州的FANS也是。

七月底則即將迎來我的第三場威克菲爾德鎮耐力賽。那個月稍早，琳恩和我會參加西航郵輪的旅程，從阿留申群島玩到白令海，再到俄屬遠東地區。在那之前一星期，我們要從安克拉治啟航，這座城市將舉辦市長盃午夜太陽馬拉松。

喔，有何不可呢？

✦

首先是密西西比州。我在前一天飛到傑克遜市，開車到我在當地訂的旅館，並發現我做了很好的選擇。從這裡開車很快就到比賽的起點線，而且隔壁就是一家鬆餅屋。在我心目中，這家主要分布於南部的連鎖餐廳是「邪惡的享受」這個說法的化身，令人難以抗拒又找不到合理的藉口。

當然，除非你有必須在馬拉松賽前囤積碳水化合物或賽後補充卡路里存量這種理由。我在星期五晚上克盡職責地攝取碳水化合物，第二天一早第一件事就是再去了一次，把燃料加滿，然後到起點線等著，希望在發生高血糖休克之前趕緊開賽。

密西西比馬拉松是少數有競走組的比賽之一，而且簡直是保證人人有獎，因為在競走組有十座獎盃要發。他們還讓競走選手在七點出發，也就是比其他選手早一小時上路。（有些跑者甚至享有更早起跑的特權，六點就可以跑出去了，這樣他們就能趕回來上班。整體而言，那是一場極其為大家著想的比賽。）

如果網路讓你更容易找到一場比賽並完成報名，那麼它也讓你知道該預期什麼樣的天候狀況。我在賽前一週所諮詢的網站斬釘截鐵地表示，傑克遜市會下雨，可能從星期五開始，而到了星期六，我們肯定會淋成落湯雞。

唔，他們弄錯了。星期五烏雲密布，星期六卻是晴空萬里。我想星期天看起來像是會下雨，但我不記得到底下了沒有。就算下了，我也不在乎；到了那個時候，我已經癱在汽車旅館的房間裡，看國家美式足球聯盟的決賽，只有在回應鬆餅屋邪惡的呼喚時才會走到外面。

取得先機在七點出發的人大約有二十個，多半是競走選手。場地很平坦，是在納奇茲小道公路上一段簡單的折返路徑。這條公路縱貫全州，景色相當優美，是一條雙線道的快速道路。我一開始先慢慢來，但在熱身過後就加快步速。

一小隊基本上都是競走選手的陣容發揮了彼此激勵的作用。在那第一個小時內，我們就走了五英里，所以很容易就會忘記這場比賽還有別人。

過了兩英里之後，我超越一名夥伴。他一直緊跟在後，有好幾英里路，我都能聽到他的呼吸和腳步聲。我確定我為了擺脫他加快了腳步，即使他也加快腳步要跟上我。距離終點線還剩兩英里時，他火力全開奮勇向前，經過我時停頓一下，把從我褲頭掉落的棒球帽遞給我，然後就一路衝刺到終點線。我試過了，但我跟不上他。我晚他五十秒完賽。

在折返式路線的比賽中，朝折返點邁進時，你可以看到已經往回走的領先選手。接著，在你折返之後，則能看到落在你後面的選手。我所看到的領先選手讓我有點不是滋味，因為有些掛著競走選手號碼布的人不是用走的。有個女的採取的方式差不多就像安迪．凱博的拖腳跑一般符合規定，另一個女的則顯然是混和跑跟走，以這種方式完成馬拉松不成問題，但如果你是以競走選手身分參賽就不然了。

我看得義憤填膺、熱血沸騰，這幅光景就像早餐那些吸飽了糖蜜的鬆餅般，有效促使我加足馬力。

折返之後，我看到落在我後面的人。這些人為數眾多，而且他們絕大多數是用跑的。八點出發的參賽者約有一百四十位，他們很快就超越了我們。比賽的後半段，我們都和不費吹灰之力就超越我們的跑者混在一起——先是跑得快的那些，接近完賽時則是跑得慢的那些。

對我來講，這次算是反其道而行。因為我一般會慢慢開始，走了五、六英里之後進入最佳狀況，之後就保持這樣的步速直到完賽。也因此，我超越的人會比超越我的人來得多，尤其是在長程賽事的後半段，到了這時，受傷或訓練不足的跑者紛紛改成用走的。

無論如何，我以五小時二十六分三十三秒的個人時間抵達終點線。而且，因為起點線上有空間讓每個在七點出發的選手都能站上去，所以我的個人時間和大會時間是一樣的。這比我一年前在莫比爾市的成績慢了幾分鐘，也比我在紐奧良的成績慢，但還不算太糟。

由於我們提早出發，跑步組的比賽還沒來到四小時半的指標，而我享受到一次非比尋常的體驗——我站在旁邊吃披薩，看著中段班的跑者越過終點線。一般而言，到我完賽的時候，他們早就吃光所有披薩，收拾書包回家去了。我必須要說，提早出發是很有道理的。

或許這就是讓我在終點線流連忘返的原因。我通常只短暫停留一下，領完獎牌喘口氣就走。但這次不一樣，我不急著離開那裡。一如往常，許多夥伴都趕緊坐上車，匆匆離開。但剩下的一小片人海徘徊不去，等著看頒獎。

最後的幾英里路，我有些疼痛和不適，到完賽時也有點累了。但整體而言，我的感覺滿好的。天氣沒變，場地很棒，我的表現也比我預期的好。這並不足以讓我改頭換面變成一個好人緣小甜心——熊是我的圖騰動物不是沒有原因——但確實把我朝那個方向推了一把，讓我有心情和陌生人說說話。

我和那位好心幫我把帽子撿回來又在終點線狠狠打敗我的競走選手聊了一下。他叫約翰．巴克利，來自百慕達，是專程來把密西西比州加到他的「到此一走」清單上的。依我看，他似乎不只收集美國各州，也收集各個國家和各大洲。我沒做筆記，不過他應該七大洲的馬拉松都去過了。我記得他說他還去了南極洲。

那些參加競走組卻混合了跑步的選手也讓他一肚子火，我們一致認為這種行為應該受到譴責，罪刑輕重介於闖紅燈和連續殺人之間，但我們倆也都沒有在意到要去向任何人投訴。我們雙雙同意，嚴格說來，裁判也很有可能判我們倆失去比賽資格，所以我們決定算了。

除了密西西比州本地人，多數跑者似乎都是五十州俱樂部的同好，有些人從別的比賽就已經認識彼此了。我偶然聽到有個差不多我這年紀的人在跟一個女子說明怎麼去莫比爾市。第一道光馬拉松就在明天，她在考慮要不要去。他勸她：「妳大可順便去一下，反正妳都到這一帶來了。」

我和他攀談，結果他自己明天就要去莫比爾市跑馬拉松。他還慫恿我開車南下，加入他們的行列。畢竟，我都到這一帶來了。我告訴他，我前一年去莫比爾市走過了。他點點頭，我感覺他不認為這足以構成不再去一次的理由。

我轉身朝披薩桌走去，一邊想著：多了不起啊，這裡有個人，老到在玩沙狐球[52]之前都得大量攝取碳水化合物，卻連著兩天跑兩場全程馬拉松，而且顯然很習慣這麼做。他不是跑最快的兩足動物，但這不是重點。更有甚者，他是在披薩被吃光之前抵達終點線的，對吧？

星期六密西西比州，星期天莫比爾市。有個人可以高興吃多少披薩就吃多少披薩。

我也辦得到。至少今天辦到了。

✦

他們花了一點時間統計結果並頒發獎牌，這時已經只剩一小撮人還留著。宣布獲勝的競走選手時，大部分獎牌都沒人去領；他們之後會再寄給獲獎者。約翰・巴克利一直待到領他的第七名獎牌，我緊接其後奪得第八名。我領了獎牌，開車回旅館。

那個月稍晚，我需要上網查看一下比賽結果。我想確定我的時間跟我記得的一樣。時間確實一樣，而且我注意到我變成第五名，那位來自百慕達的朋友則變成第四名。他們顯然釐清了一些事情，將三個偽競走選手從榜上除名，讓後面的人排名往前。

我去客廳看那塊他們在密西西比州頒給我的獎牌。它就放在書櫃上很顯眼的地方，但我說不

52 Shuffleboard，沙狐球是一種相對輕鬆、適合老年人的休閒活動，作者以此比喻該名選手老到連從事輕鬆的活動都必須先補足能量。

出上次我注意到它是什麼時候。我想確認上面寫的是不是「第八名」。確實是。而且，我告訴你，就算上面寫的是「第五名」，我恐怕也不會更珍惜它，或把它放到更顯眼的地方。

回顧起來，我記得的是我有多享受那場比賽。然而，這段回憶帶有一種苦樂參半的餘味，因為我知道我重回傑克遜市再走一次納奇茲小道公路的機率有多低。就算他們繼續在那裡舉辦，我也繼續參加馬拉松，我回鍋的機率還是很低。

莫比爾市也是，我永遠都會很珍惜地記在心頭。這兩場比賽向來都在同一個週末舉行，讓五十州俱樂部的成員可以連著兩天一氣呵成。我連著兩年參加這兩場比賽，兩場都很愉快，而這兩場比賽都不太可能會再看到我的蹤影。

因為就算不是選擇比較少人走過的路，我至少也想選擇我自己還沒走過的路。對我而言，到五十個州去走馬拉松本身就是夠艱鉅的任務了。如果我還堅持年復一年都要參加同一場比賽，那就是不可能達成的任務了。當我決定要去密西西比州時，我就同時決定放棄莫比爾市，儘管後者是我走得很愉快、也很樂意再走一次的比賽。（但不是接在第二天；我或許瘋了，但是我不笨。好吧，沒有那麼笨啦。）

有些馬拉松，我很樂意只參加一次就好。我沒有喜歡拉斯維加斯馬拉松到想要再去走一次，儘管我樂於再去造訪那座城市。我或許會再參加紐約馬拉松，但那至少也是幾年後的事了。

但我對密西西比、莫比爾、雅典和戴德伍德印象很好，每年都回去參加這每一場比賽的衝動很強烈。我可以選擇這麼做，我也可以選擇去走我沒走過的路。

我想，這是一種每個人終其一生都要一再面臨的選擇。我知道有些家庭喜歡每年去同一個地點度假，一次又一次去住同一家旅館，享受旅館員工還記得他們的滋味。如果他們碰到了同樣的度假客，那就再好不過了。每一年的經驗和前一年越像，他們就越心滿意足。

而我明白這其中的吸引力，我真的明白。到威克菲爾德鎮領號碼布時，工作人員記得我，離開時我心裡迴盪著《歡樂酒店》（*Cheers*）的主題曲。無庸置疑，大家都認得你的感覺很好。

另外一派的想法則是某一次的旅遊經驗越好，你就越應該避免重來一次。你在查爾斯頓市度過一個愜意的週末？那很好啊，但別再去了，因為第二次絕對比不上第一次在你心目中烙印下的回憶。

（回憶總是會把實際經驗改造一番，突顯好的部分，沖淡不好的部分。無論記得什麼，它在我們的記憶裡總是顯得比較好，或至少不那麼糟。如果真的太糟了，我們就會徹底把它忘掉。而這也很合情合理；否則我們都會走上絕路。）

就我而言，我決定尋求折衷辦法。畢竟二十四小時耐力賽也不多，而依我有限的經驗看來，場地對我來說還算其次，重要的是征服時間與距離。所以，如果天殺的堪薩斯人沒把比賽取消，我會再去參加休士頓的耐力賽。我已經去威克菲爾德鎮參賽過兩次，我還要去第三次。

此外，儘管我傾向於挑選還沒去過的州，但我也會試著不讓這個特定的目標排擠掉格外吸引我的賽事。我沒辦法再參加一九八一年在大福克斯市跑的北達科塔馬拉松，因為他們已經不辦這個比賽了，但我讀到法戈馬拉松的資料，很心動，想在這幾年去共襄盛舉，就算它不能讓我集到一個新的州。南達科塔州的布魯金斯市也一樣；我去過那裡幾次，也喜歡那裡，很樂於再看一看當地的大學收藏的哈維·杜恩畫作，也很樂於再去它的街道上走長長的路。

我還會回去紐奧良。那是琳恩的老家，也是一座我們倆心愛的城市。而且，二〇〇六年那次，我玩得多開心啊！第二名的獎盃耶！五小時十七分的成績耶！休士頓耐力賽取消的好處，就是讓我有機會回紐奧良。

誰曉得結果會是一場災難？

24 讓抵達終點線成為一種勝利，無論要花多久

但你還記得那個部分。有太多英里路——緩慢、劇痛的迢迢長路——我的腦海裡迴盪著一道兩段式咒語。我沒辦法繼續；我蠢到沒能棄賽。

你也記得我沒棄賽，而最後我不痛了，我就這樣衝過終點線。但你不記得另一件事，因為我沒提過，那就是我的小成就為我贏得另一面獎牌。這面獎牌在幾個月後寄來我家，令我大吃一驚地寫著我是競走男子組的第五名。

我猜，一共只有五個人。

✦

稍早，我寫過賽後的餘波。我留在紐奧良寫一本書，完成了《殺手打帶跑》，回家後則陷入憂鬱，最終報名了明尼蘇達州的二十四小時耐力賽，並以此為目標勤加訓練，希望有益我的心理健康。

而這招奏效了。

我有兩個月可以為FANS做足準備。那兩個月是四月和五月，正是訓練的好時機。除了少數迫使我踏上跑步機的雨天，我所有的訓練都是在哈德遜河公園進行，有些日子長，有些日子短，里程不斷累進。

我以為我把所有的訓練時數都記到那段時間的月曆上了，但月曆上在四月二十九日之前空無一物。那個星期，我走了十五小時，最長的訓練是五月二日星期三那天，總計投入四小時。下一週，我的紀錄是二十小時，或八十英里，包括有兩天走了四小時，有一天走了五小時。

再下一週，我只出去三次，但最長的一天長達六小時，當週的里程則差不多來到四十八英里。接著是累計十七小時的一週，最長的一天是七小時。我主要專注在時間上，而不是距離上，但我估計自己的均速是每英里十五分鐘。訓練時，我沒去管速度，只是照我當下剛剛好的最佳步速去走。我知道我在第二個小時比第一個小時走得快，即使我願意相信第七個小時會走得比第六個小時慢。但無論我想計算得多保守，走七個小時就勢必相當於一場馬拉松。

那不是一場太有趣的馬拉松，內容主要是沒完沒了地繞行哈德遜河的碼頭，繞完了再往下走到曼哈頓南端，然後沿著這座島嶼的另一邊走回來，再度對碼頭發動攻勢。大賽前兩週，我在五月二十日星期天練走，接著休息一天。次日走了一小時，再下一天則是五小時，然後又休息一天，繼而在再度休息一天之前走了四個小時。

接下來，賽前最後一週，我在星期天走了三小時，星期二再走三小時。就這樣。現在我要做的，就是在星期五飛去明尼亞波里斯市，走它個一天一夜。

✦

二〇〇七年截至此時為止，我只參加了兩場短程比賽，都在一月，一場在密西西比馬拉松前一週，另一場在後一週。第一場是弗雷德．勒博五英里賽，這是我連續第三年參加。我一路忍痛走，花了前四英里路來熱身，而我的成績雖然比二〇〇五年好一點，但卻明顯比二〇〇六年差。

第二場比賽也在中央公園，是曼哈頓半程馬拉松。在那三個小時的比賽過程中，我實在走得很痛苦。我可能一開始衝太快了，我發現在比馬拉松短的比賽中很難不犯這種錯誤。而且我花了八輩子都還沒熱身，始終沒有真的抓到一個舒服的節奏。前一年，我在同一塊場地參加過同一場比賽，個人時間兩小時三十六分，外加幾秒鐘。現在才過了一年，我的成績是三小時零三分四十秒。

我大失所望地離開比賽現場。我的均速從每英里十一分三十八秒變成慢吞吞的十四分鐘，而這並不是因為我慢慢來或掉以輕心的緣故。相反的，我從頭到尾卯足全力，拚命盡快抵達終點線，並且清楚知道萬一超過三小時，大會可能就不會記錄我的時間。我花了很大的力氣，結果卻換來很差的表現——以及又一件醜陋的白色長袖T恤。

依我看，在未來的短程比賽中，這種情形大概都在意料之內。如果能更有效地熱身、起步時放慢一點，我或許能走得比較愉快，但就算如此，我的成績進步或甚至保持一樣的機會也不大。因為我必須面對老化的無情事實，儘管很訝異，我也必須承認宇宙的法則在我身上沒有例外。

再怎麼勤加鍛鍊，再怎麼鞭策自己，歲月終將迫使我放慢腳步。一開始很難認清這一點，因為在三年前重回競走行列時，隨著體能越來越好、技巧越來越精進、越來越掌握到配速和比賽的策略，我的每一場比賽都有進步。

而且，當然了，我有否認事實的本能反應。發現我比一九八一年多花了十四分鐘走布魯克林半程馬拉松時，我的反應是很訝異，而最後我告訴自己，在一兩年內，我應該就能達到之前的水準。有何不可？比起二〇〇五年，我只要每英里砍掉一分鐘，這能有多難？

但老化似乎是很真實的，而且在我身上似乎還更嚴重。我彷彿能感受到重新開始比賽的這兩年已經在要我付出代價了。

唔，那又怎樣？首先，全世界除了我以外，有誰在乎我花了幾分幾秒完成三點一英里、五英里、六點二英里或十英里？我再也沒辦法比現在還快，但我這輩子又何曾當過飛毛腿？只要我從這些比賽當中獲得一絲成就感，一種與時鐘上的數字無關的滿足感……

而我確實有這種成就感和滿足感，但只有從長距離的比賽中才能得到。馬拉松那毫不手下留情的距離讓抵達終點線成為一種勝利，無論要花多久。每當完成一場比賽，我就覺得自己做了一件值得的事情。第一次的懺悔星期二馬拉松過後，我輕易就能有一副好心情，因為我對自己的成績很滿意。但第二次前進紐奧良卻讓我有截然不同的心情，一樣的路途，我多花了超過一小時的時間。但無論如何，我還是完成那段距離了。

每一場馬拉松皆然。如果是我還沒去過的州，終點線就讓我朝五十州（外加華盛頓特區吧，我想）更接近一步。如果是我已經去過的州，沒關係，我的紀錄上還是又多了一場馬拉松。我撐過的耐力賽或許讓我能在談話間穿插一句「不過是一場馬拉松」，但這句話總也帶有幾分自我解嘲的意味。

在紐奧良的第一場比賽之後，在我看到自己連著三場馬拉松的成績從五小時四十五分、五小時二十一分、五小時十七分一路遞減之後，我輕易就能想像這種進步持續下去——請注意，並不是永遠，但至少是暫時。一年後，要維持這種想像就比較難了，比較有可能的是五小時十七分即將成為個人最佳紀錄，我再也沒辦法在這麼短的時間裡走那麼長的路。

如果有興趣，我也可以套用各種公式去計算相對於年紀來講的成績。如此一來，我不只能比時鐘上的時間，還能比月曆上的時間。而且坊間什麼樣的算法都有，我幾乎一定找得到能讓我安心的東西。這一切在我眼裡就像科普版的「以我的狀況來說，我的狀況相當好」，我決定去它的，不管了。

事實上，我的狀況真的不錯，而且很有可能保持下去，只要我繼續參加馬拉松。我不知道我能堅持多久，但話說回來，我也不知道我還能維持多久的心跳。只要可以，我就會繼續去走馬拉松。

以及二十四小時耐力賽。當然，有那麼一天，我在二十四小時耐力賽上相當於紐奧良五小時十七分的成績也會到來。目前我參加過三場這種比賽了，每一次都比上一次好一點。有一天，事情將再也不是如此。

但在目前，二十四小時耐力賽還是有進步的空間。

✦

在明尼亞波里斯市，星期五下午接近傍晚的時分，我開車去公園領我的T恤和號碼。賽前的披薩派對上，我碰到了一些同好。歐里．南伊斯從皮奧里亞市北上過來參賽，並介紹我認識馬歇爾．金，也就是一年半前在超核心耐力賽奪得百英里王頭銜的那個德州人。我吃了一堆披薩，然後開車回旅館。

配件包裡有一張停車證，特許我把車停在比賽場地旁的停車場一整夜。上床前，我把它放在一個我一定會記得的地方。當然，我把它忘得一乾二淨。第二天早上，工作人員惠賜我一張多出來的停車證，我也把我的車丟在一個好地方。

賽道環繞諾科米斯湖，長二點四二英里，多半是公園裡的柏油路，有部分越野路段，這些路段讓你接連受到打擊，其中一段重頭戲是爬過一大段坡路。有人在那裡貼了告示，表明這玩意兒叫做諾科米斯山，上面還有一張模擬海拔高度表，小數點依序往右移，端看你來到第幾圈。競走選手在攀登諾科米斯山時恐怕很難保持良好的姿勢，但沒人會期望你做到這一點。

沿途還有其他有趣的元素，包括一條涓涓溪流上的一小座行人木橋，還有一座大了許多的橋，大橋是車道的一部分；我們不需要與汽車爭道，人行道的空間很足夠，但主辦單位語帶歉意地表示這是「不可避免的一段水泥路」。

當地的競走俱樂部在起點/終點線附近搭了專用棚，由布魯斯．賴索爾坐鎮，他也負責裁判。競走選手歡迎使用這座棚子，當地的一名選手戴夫．道伯特把他所有的鞋子都放在那裡。他帶了八雙鞋——依據我的研判，每一雙的款式和型號都一模一樣——他有條不紊地換鞋，每走三小時就換一雙。雖然我覺得很怪，但我猜這絲毫無損他的表現。比賽結束時，戴夫是走了最遠的那一個。

比賽開始前，主辦單位的規劃就已經讓我很欽佩了。他們在起跑前幫你量體重，每隔四小時又再請你站上體重計一次。如果你的體重減輕到超過一定的比例，他們就給你一個吃吃喝喝、把體重補回來的機會。如果你的體重補不回來，他們則可以請你退出比賽。

我在想我要擔心的鳥事是否又多了一件，但我想起在休士頓那個我待了太久的補給站，有一名在那裡當志工的超跑選手說，在他參加過的超級賽事中，從來沒有一場是他的終點體重比起點體重還輕的。

當然，FANS有一個食物補給站，而且還有一個醫護站，現場有志工待命，不只幫忙處理水泡，還不可思議地提供按摩服務。整場活動真是經過縝密的考量與有效的規劃，這是一個加分，但話說回來，不管他們做了什麼有的沒的，只要哨子、號角或槍聲一響，我們就得衝出去，捲起袖子累積里程。

✦

一般而言，繞圈的方向是逆時鐘，在橢圓形跑道上的運動員和邱吉爾唐斯賽馬場上的馬兒都是這樣跑的，但規則會隨著情況改變。在玉米帶，他們每隔四小時就換個方向。在威克菲爾德鎮則是採取順時鐘，好讓陡峭的五十碼越野路段變成是下坡路；如此一來，這段路才不那麼令人討厭。

在FANS，一開始是順時鐘。接著，待我們走了差不多五分之四英里或剛過諾科米斯山之後，他們就把我們轉過來，再次爬上諾科米斯山，然後回到起點線。我們越過起點線繼續走，剩下的賽程就都是逆時鐘。

（順帶一提，我很納悶這兩個詞還能通行多久，或甚至還會不會有人聽得懂。當世界上所有的時鐘都變成電子鐘，我們要如何描述沿著賽道行進的方式？繞行諾科米斯湖時，我或許想過這個問題。畢竟，我有大把時間可以胡思亂想，卻又沒什麼太重要的事情可想。）

折返式路線的設計不是為了要讓我們再爬那座山一次，而是為了讓賽程中的一些關鍵點恰能吻合起點／終點線。如此一來，我們就會在完成第二十圈時來到五十英里指標處，接著再多跑五圈便能讓我們來到一百公里。（百英里指標則會是在第四十一圈結束前半英里處。）

比賽於早上八點開始，由於現在正值六月，這個時間的太陽已是火力全開，不過卻有大量雲朵遮蔽天空，而且雲朵越來越多，到了中午已是濃雲密布。看來我們不用受六月烈日之苦，這讓人大大鬆一口氣，但代價是在今天結束前極有下雨的可能。

反正總有什麼會出錯。

然而，此時此刻，我的狀況很不錯。我很高興能參加一場長到不用擔心時間的比賽。在一場馬拉松的前幾英里，我往往必須頻繁地停下來尿尿，這件事讓我很惱怒，但在這裡，在這條環狀賽道一半多一點的地方就有流動廁所，而且我不討厭在那裡停留。事實上，我把每隔一圈就去上個廁所當成例行公事，樂於迎接片刻的休息。

✦

二〇〇六年二月在休士頓的比賽過後，安迪．凱博在超走論壇貼了一篇有趣的觀察。他走到一百公里就停了，儘管他很確定自己還能再走個幾英里。據他推斷，他之所以結束比賽，是因為他為自己訂下的目標太少了。他達成了第一個目標，也就是走一百公里，把烏里．康門獎抱回家。他的第二個目標是繞場五十圈，奪得百英里王的殊榮。

比賽進行到十五小時，他在當天顯然達不到一百英里已是個不爭的事實。於是，一旦走完一百公里，他就沒理由再繼續下去。時間很晚了，他很累了，他的腳都泡濕了，何不回旅館去睡個覺？

如果他有一些折衷的目標——七十英里、八十英里之類的——他或許會在場上多待幾小時。

我讀了他的貼文，而且謹記在心，並據此設定我自己的目標。最少最少，我也要再拿一次烏里．康門獎。再來我想超越我去年在威克菲爾德鎮六十六點三英里的個人紀錄，去年是我第二次參加威克菲爾德鎮的比賽，只要再走一圈，我走的距離就和我的年齡相當——如果我想到了這一點，說不定就真有可能辦到。所以，這次我多增加了這個目標。我現在還是六十八歲，再過兩星期才是我的生日，所以我的目標就是那麼多英里。

達成這個目標之後，下一個目標是七十英里。接著七十五英里。再接著七十八點六英里，亦即三場馬拉松。再接下來，如果天時地利人和，一切都對了的話，就是八十英里。

這並不代表我走到八十英里指標就得踩煞車。超過八十英里的任何數字都很好。但八十英里看起來像個理想的目標，不是完全不切實際，如果一切順利的話，但……唔，我不會說這可不是到公園裡走走而已，因為這還真的就是要到公園裡走走，只不過會在公園裡走很久很久很久。

✦

我還有另一個目標，或說另一種目標，一種與數字無關的目標，而且和距離沒有任何直接關係。

我想要持續走滿二十四個小時。在我看來，距離的祕密在於留在場上。一小時四英里是我在跑步機上設定的最慢速度，而四乘以二十四是九十六；這種輕鬆的步速就能讓一名競走選手逼近百英里王的寶座。

這並不是說我能藉由保持每英里十五分鐘的均速坐上寶座。在那麼長的比賽當中，每個人到了後半段都會慢下來。但假設你在前十二個小時保持那樣的步速，剩下的時間則以一小時三英里的速度閒晃，你就能得到八十四英里的結果。有何不可呢？只要平均一小時三英里，以每英里十二分鐘的速度慢慢摸，就能在二十四小時內走七十二英里，而這比我前三次嘗試這個距離所達到的成績都要好。

我告訴自己，這就是答案。毅力。留在場上，持續把一腳放到另一腳前，不眠不休，因為你不會真的需要睡一下。只要假裝你回到了大學時期，通宵趕進度，吃藥、喝咖啡搞得很亢奮，意圖在太陽升起前消化掉一整學期的學習量……

用這種回憶來打比方，或許不是最好的選擇。

無論如何，反正就是不闔眼，沒有長時間的休息。比賽結束後有大把時間可以睡覺。我只要讓自己留在場上，繼、續、走。我不需要擔心我的步速。就像平常沿著哈德遜河一小時、一小時地走下去，沒去計算里程，沒去管我的步速。我要做的只是累積時數，只不過這次不是五小時、六小時或七小時，而是二十四小時。如果我把時數顧好，嗯，里程數就會把自己顧好。

真的沒什麼大不了。

✦

比賽狀況良好。我不記得自己在前八個小時左右有去注意天氣，說真的，這正是你在一場比賽當中所需要的——不會讓人留下什麼印象的天氣。隨著時間過去，天上的雲越來越多，到了接近傍晚，天上下起雨來，但雨勢沒有大到構成問題。到了晚上，雨還繼續下，下得也不厲害，最終雨過天青，而這樣又更好了。

場上有很多競走選手，在全體一百六十七位選手中占了二十七位，但只有八位報名了整整二十四小時的組別。（另外十九位連同四十三位跑者，會在十二小時過後打道回府。）我很高興有他們在場，但走出去之後，我其實沒怎麼看到他們，我們基本上是孤軍奮戰。馬歇爾．金的定速比我快了許多，我走四圈的時間，他可以走五圈，但這意味著我們要隔幾小時才會碰到彼此一次。

我倒是一直碰到一名年輕跑者——奧茲．普爾曼。賽前我們聊了幾句，得知我倆都來自紐約。每次像陣風似的經過我身邊，他都很開心地跟我打招呼，而他這麼做的次數頻繁到驚人的地步。我沒去算，但似乎是我每走一圈，他就跑了兩圈。這場比賽，他就算不是冠軍，肯定也名列前茅。

✦

我繼續走，圈數持續累積。終點線附近有一張表格，列出各個圈數的里程數——因為一開始的折返跑，除此之外別無記錄里程的辦法——所以，舉例而言，我可以看到第十三圈讓我來到三十三點一三英里，第十七圈則來到四十二點八二英里。

十二小時組的比賽結束時，我差不多就走到這裡。而當你看到跑者在接近終點線的地方來回短距離折返跑時，你就知道時間來到十二小時組的最後一小時了。在威克菲爾德鎮，只有完整的一圈才算數，如果你走完某一圈之後，剩下的時間不夠你再走完三點一六英里，那麼你的比賽就結束了。在諾科米斯湖，他們可以讓你選擇最後一小時在一段八分之一英里長的路線上來回走，你可以走過去、走回來、走回來、走過去，直到時鐘一路來到二十四小時整。

或者，從那天晚上的七點到八點，來到十二小時整。他們在添加最後的一點零星距離時，我從一群選手當中穿過。到我下一次再經過這裡，他們已經不見了，場上剩下的人少了許多，天色也差不多全黑了。

「嘿！賴瑞[53]！不錯唷！」

53 賴瑞（Larry）是勞倫斯的暱稱。

是奧茲，他又從我身旁經過。他還在跑，我還在走。

✦

倒不是說我沒想過要停。

不是棄賽，完全不是。因為我走得很順，進展神速，腳不會痛，腿也很好。我全心全意想要完賽，而且看來我能相對輕鬆地達成大部分目標。刷新個人紀錄似乎是有可能的，總里程數超過八十英里也絕非不可能。

但是我不禁要注意到自己有多累。或許我可以躺下來一下下就好，只要打個盹，精神就來了。離比賽場地一百碼左右的地方有一棟建築，裡面有可以讓你躺下來休息的行軍床，而且他們好像還提到有淋浴間。又或者，如果不想走那麼遠，我能不能在椅子上坐一個小時就好？

我把這番話告訴歐里。我們在補給站或比賽路線上的某處碰到彼此，我不記得是哪裡了，但那是在天黑前一兩個小時。我記得他說我進展神速，而我回他說我覺得我很快就得休息了。

「只要放慢一點就好。」他建議道：「繼續走，但是放慢步速，走個一兩圈之後，你就可以再加快速度了。」

我說我不認為我知道怎麼做。

他說：「一開始，不要再用競走的方式走，手臂不要擺動，只要走路就好。」

結果這是一個絕佳的建議。我照他教的辦法走了將近一圈。我不知道這樣是否真的讓我放慢很多，有可能每英里也慢不到一分鐘。我不能說這麼做就相當於睡了八小時，而且說不定這只是給我一種休息過了的錯覺，但重點是我還留在場上繼續走。到那一圈走完，我已經擺脫那種需要休息的感覺，不再覺得自己必須休息一下，也不再覺得我不能像這樣沒完沒了地走下去。

整個晚上，只要疲憊又讓我冒出休息的念頭，我就再嘗試歐里的祕訣。我把手垂下來，減少髖部的扭轉，縮短步幅，步速隨之放慢。我很少慢走超過幾百碼，而且不由自主就會回到競走的姿勢和我平常的定速，但我躲過一顆心理上的子彈了。

顯然，有時候，一點變化就像休息一下一樣好，有時還更好。

✦

賽道一直就不擁擠，但隨著夜越來越深，人明顯少了許多。十二小時組結束比賽，一百六十七位選手的陣容頓時少掉六十二位。隨著時間越來越晚，有些二十四小時組的選手決定不玩了，到此為止；也有些人先溜去打個盹再說。

我聽說手電筒會派得上用場，但我當然忘了帶。歐里多帶了一支，他把那支借給我，我本來都還覺得很安心，直到我把它從腰包拿出來打開。這時，我發現除非我把光束直接對著我的臉，否則我根本無法判定手電筒打開了沒有。我猜電池已經差不多油盡燈枯了，因為剩下的電力難以讓人在一片漆黑中看見任何東西。

沒關係。到了這時，我對賽道已經很熟了，而且反正也沒那麼多需要燈光照明的路段。但在漆黑與棄賽的夾縫中，我在場上備感孤單。人變少了，而要看見他們又變得更難了。

我意識到了這一點，但也說不上有多困擾。起點／終點線那邊有很多人，他們負責計算我的圈數，在我喊出號碼之後複誦給我聽（我每次都一定會喊，免得我的圈數不算數），並奉上必要的食物和飲水。經過布魯斯．賴索爾坐鎮記錄競走選手圈數（並看守戴夫．道伯特收藏的鞋子）

的小棚子時，我又再喊一次。他會告訴我說我看起來不錯，我會告訴他說我的脈搏還在跳動，然後我就繼續去走下一圈，走過那兩排跑者用來放裝備和食物兼停下來速速補個眠的個人帳篷，走到那第一座小木橋，走進一片漆黑之中。

我要做的只是繼續走，把一隻腳放到另一隻腳前面，就可以打破我的個人紀錄。事實上，照這個情況看來，我可以大大突破我的個人紀錄。

除非，當然了，除非事情出了差錯。

✦

我的車停在我輕易就能到達的地方，車鑰匙則在我的腰包裡。（車鑰匙太占腰包空間了，因為赫茲租車公司的人基於某種我一直沒能明白的原因，硬是把兩、三支一模一樣的備份鑰匙連同汽車遙控器都掛在鑰匙圈上，而那個鑰匙圈本身又是鎖死的，所以你不能自行把它們拆掉。搞一大串重複的鑰匙這種作法顯得匪夷所思，因為掉了一支就形同掉了整串。我唯一的辦法就是把鑰匙圈剪斷，把遙控器收在腰包或口袋裡，其他東西則丟在車上。想想亞歷山大大帝和戈耳狄俄斯之結吧[54]。）

午夜過後，受到腳底發燙的驅使，我回車子去了一下。經過十六小時多，我的腳眼看就要磨出水泡了。我在可能有幫助的地方貼上透氣膠布，換了襪子，綁好鞋子，回去繼續奮鬥。

我又走了幾圈，最後停在醫護站。這時，我兩隻腳前掌都磨出了大顆大顆的水泡。一個志工

54 相傳「戈耳狄俄斯之結」沒有繩頭，亞歷山大大帝見狀揮劍將它劈成兩半，解決了這個問題。

好好幫我包紮了一番，讓我又能站穩腳跟。

除了無視於它們的存在，有兩種方式可以處理水泡。你可以把它們刺破，把裡面的液體擠出來，再把腳包紮好。你也可以讓它們原封不動待在那裡，用繃帶把它們保護好。前者能把壓力釋放掉，從而減輕疼痛，但可能有感染的風險。如果有得選擇，我或許甘冒感染的風險，但我想當差的志工知道自己在做什麼。他讓我又能站穩腳跟，儘管我還是感覺得到水泡的存在，它們卻沒妨礙我走路。就算讓我走得比較慢，也沒有慢多少。

至少我還能繼續比賽。我在處理水泡的同時，另一個醫護志工則在檢查奧茲．普爾曼的膝蓋，我猜情況不太妙。我這位紐約老鄉年方二十四，在這場二十四小時耐力賽中，他的選手編號也是二十四。你會以為這一切都是好兆頭，而且到他必須向醫護站報到之前，他已經飛快跑了四十三圈，累計一百零五點七八英里，但他當晚所能達成的也就那麼多了。這還是足以讓他奪得第十二名。得冠軍的那位夥伴是保羅．哈斯，他跑了一百三十一英里，外加一點零頭。要不是膝蓋出差錯，我猜奧茲搞不好比冠軍還厲害。

好吧，在一場二十四小時的比賽中，總有什麼會出差錯。差不多就在這個時候，馬歇爾．金也出了差錯。他本來希望能再度榮登百英里王。前十六個小時左右，他都還勝券在握，但到了午夜過後，他的體力突然大不如前，而他承認自己這次是沒輒了。第二十九圈是他的最後一圈，他以七十一點八八英里退場。

我也出了差錯。我的差錯就是那些水泡。我踩著水泡繼續走，走得很順利，儘管沒有我本來料想的順利——我把圈數算錯了，誤以為第二十二圈是第二十三圈，當我明白他們算的才對時，那感覺就彷彿我剛剛白白走了整整二點四英里。儘管如此，我的八十英里目標還是有望達成，而且我已經一直走到午夜過後，都沒有離場或小睡片刻。我坐下來休息最長的一段時間，就是處理水泡的那五到十分鐘。無庸置疑，我很累，但絕對談不上筋疲力盡。我要做的只是保持站立，繼續再移動五小時，而這件事，我有自信能夠做到。

顯見我的無知。

✦

第二十五圈讓我恰恰越過一百公里指標。我有了二度榮獲烏里·康門獎的資格，好事還在後頭。再一圈，我就比休士頓那次更進步了。再兩圈，我就會突破一年前在威克菲爾德鎮創下的個人紀錄。再三圈，我就走到了我的年紀。再四圈，我就超過了七十英里。而且，唔，這些數字就近在眼前。

我吃了點東西，喝了點東西，暫停了一下，接受布魯斯對一百公里里程碑的恭喜，然後緊接著繼續走。接著，剛過那座小木橋，我第一次注意到自己上半身往前傾，並且往左彎。而我之所以這麼做，是因為我的下背部很痛。我試圖要把身體打直，卻搞得下背部更痛。為了繼續走，我就採取這種怪異的姿勢。

但並不是說只要這樣走就不痛了。我越走越痛，每走一步都在痛，而我不知道該拿它怎麼辦。我停下腳步，嘗試稍微伸展一下，但似乎也沒有任何幫助。我會暫時覺得比較好，但只要一開始走路，就算沒有更痛，也還是像之前一樣痛。

我想不透這股疼痛是怎麼來的。我知道我在比賽後半段有上半身向前傾的傾向；我是不自覺這麼做的，但已經有人告訴過我，而且有照片為證。當我卯足全力、跟時間賽跑、朝終點衝刺時，格外容易發生這種狀況。在二〇〇六年的紐奧良，我表現最好的一場馬拉松，後來碰到在最後一英里被我超越的那位競走選手時，他就特別批評了我的姿勢。他說：「你整個人都往前傾。」我回他一個剛剛讓他輸到脫褲的人的親切微笑。

但我從來沒有這樣過。下背部——許多人的病灶——從來沒有給我惹過麻煩，尤其不曾在我走路時出過狀況。無論是在比賽中或訓練時，以前我上半身向前傾完全是不自覺的動作；要是察覺到了，我就會矯正過來——接著又很有可能不自覺回到那個姿勢。

而且，之前只是單純向前傾而已。這次不只明顯彎了下去，甚至還倒向左邊。

我天殺的想不透到底該怎麼辦。我一邊走，一邊試遍一切我想得到的辦法。我把兩隻手撐在下背部，壓住會痛的地方，這稍微有點幫助，但以這種姿勢很難走得比蝸牛還快。超過半圈一點點的地方有一張公園椅，長的那種，我已經經過二十五次都沒多看它一眼。這次我整個人攤開躺到那張長椅上，膝蓋微彎，這種姿勢終於讓我舒服了點。我在那裡待了幾分鐘，起身重新開始走路時，我感覺好了很多。

但好景不常。我走了幾分鐘，下背又痛起來了。

我走完這圈，停在醫護站，並發現還要等十五分鐘左右才能輪到我按摩。我看不出來坐在那裡等有什麼意義，而且我的問題也不像是按摩就能解決。我走到競走選手的專用棚，癱在一張椅子上。我可以採取不會痛的坐姿，於是就那樣坐了幾分鐘。接著，我跟戴夫的鞋子分了一點空間，慢慢把自己放到地上，躺在那裡，讓脊椎打直，就像剛剛在長椅上那樣。

再一圈，我就刷新個人紀錄，走出六十七點零四英里的成績了。

我爬起來，強迫自己再走一圈。我停下來兩、三次，躺下來伸展一下，而且我沒等到了那張長椅才這麼做。我就地挑一小塊不可能有人會從我身上踩過去的人行道。有一兩個人注意到我，問我還好嗎，我不曉得到底該怎麼回答這個問題。我不好，但如果我說我不好，那就等同於開口求助，而誰有什麼辦法能幫助我？

這一圈結束，我又回到競走選手專用棚，也再一次躺在地上。布魯斯弄了杯咖啡來給我，我滿懷感激地喝下，便又出發上路，去走那能讓我超過六十九英里的一圈。那樣我就超過我的年紀了，因為未來三週內我還不會滿六十九歲。

堅持走那二點四英里，不時停下來躺一躺，每次躺下都叫自己爬起來繼續走。我在想，走到等同於我年齡的里程數到底有什麼了不起的？對年邁的高爾夫球手來說，敲出等同於年紀的桿數是不得了的大事，而且，撇開歲月的摧殘不說，那是一個一年比一年更有可能達成的目標——六十歲以前不可能，七十歲以後比較沒那麼不可能，如果還揮得動桿子，八十好幾的時候倒是更有可能。

對一名競走選手或跑者而言，情況恰恰相反。在年齡讓目標更難達成的同時，時間也不斷把標準提高。想走出等同於年齡的里程數——二十歲時不構成挑戰，四十歲時也不太是個挑戰——只會越來越難。

我告訴自己，再一年，我就又老一歲、多出一英里要走。所以，我也大可現在就達成。

✦

差不多在凌晨四點左右之類的，我完成了第二十八圈。最後的三圈花了很久，因為我沒能以像樣的步伐移動。我現在達成了在威克菲爾德鎮的高溫之下只要再多走一圈就能達成的目標，也就是走到我的年齡。但現在，再一圈就能讓我超過七十英里，我坐在競走選手專用棚，告訴布魯斯我有多想要那個數字。

他指出我大可不必再走整整一圈就能達到目標。我已經走了六十九點四六英里，再半英里就有七十英里了。如果我現在沒辦法立刻再去走一圈，嗯，我也不必急於一時，因為比賽還剩將近四小時才結束。我可以找個地方躺下來，兩小時後再回到場上。歐里剛剛已經先跑去小睡一下，戴夫也躺平了。我可以休息一下，或許我的背就會比較好。就算沒有比較好，兩小時的休息也可能會讓我比較容易撐過最後一圈。

布魯斯補充道：「而且，只要等到七點，你就不需要走完整的一圈。因為他們會在這時開放選手做短距離折返，每一次來回的距離只有八分之一英里長，你可以來來回回往返，直到累積達七十英里。」

聽起來是個好主意。我沒費事跛行到他們提供行軍床的那棟建築，走到那裡似乎是個太大的挑戰了。此外，我怕我如果讓自己好好躺在一張真正的床上，我就再也不會及時趕回場上了。我轉而走向我的車，坐在駕駛座。這聽起來一點兒也不舒服，但我找到一個可以讓我的背不痛的姿勢，以當時而言，我所需要的舒服就這麼多了。

✦

我睡到六點多一點。我睡著睡著，雨又下起來了。但到我爬起來時，雨勢已經縮小成霧濛濛的雨絲。我朝布魯斯的棚子前進，不出十步，我就發現睡眠沒有任何神奇的療效。我的背沒有比較好，走起來也不愉快。

我弄了杯咖啡和一點東西來吃，坐下來聽布魯斯報告最新狀況。小睡過後，戴夫·道伯特和歐里·南伊斯都回到場上了，戴夫只是短暫躺一下，歐里休息得較久。一男二女三位當地參賽者已經提早棄賽了，累計里程數從二十五到五十六英里不等。在二十九圈後離場的馬歐爾則沒有回來過。

比我小一歲左右的當地競走選手芭爾芭·科諾還在那裡。她每年都來走FANS。以速度而言，她絲毫沒有過人之處，但這位太太從不停下腳步。之前我經過她幾次，但她現在還在那裡，就像勁量兔一樣精力充沛，一直走、一直走、一直走，而我卻只能坐在這裡。

七點，我走到起點／終點線。多數人都是在完整的一圈結束後來做短距離折返。比方說，一名跑者在七點四十分完成了某一圈，判定剩下的二十分鐘不足以讓他再跑一圈，就會轉而採取短距離折返跑的方式，直到時間用完為止。只有少數幾個人是直接以短距離折返開始這最後的一個小時，隨著時間一分一秒過去，其他人開始加入我們，我們的陣容也越來越龐大。

短距離折返的這一段路線從起點／終點線延伸八分之一英里，到了定點就折返。只要進行這種愚行三個回合，我的口袋裡就有了四分之三英里，如此一來，我就超越七十英里了。

這件事出乎意料地困難。我盡量加快腳步，不是因為步速到了這個節骨眼還有什麼重要，而是因為我想盡快結束這一切。我痛得不得了。整件事最可惡的一點在於：事後我得知他們每八分之一英里就算一趟，如此一來，我大可少走半趟。我可以走出去、走回來、走出去、走回來，再走出去，就好了。這樣我就有七十點零九英里，而且可以省掉痛苦的兩百一十碼。

話說回來，當最後一個小時還在如火如荼進行中，坐在場邊乾瞪眼是很困難的一件事。我不知道我是何時走完最後的第三趟，但四分之三英里頂多也就花了我二十分鐘吧。這讓我有四十分鐘都在看著別人善盡最後一秒累積每一吋的里程數。

我特別注意到歐里。躺了兩小時之後，他整個人精神奕奕，一直力拚到哨音響起為止。看著他的感覺很挫敗，不是因為他有可能贏過我——他以六十六點一一英里完賽——而是因為我覺得自己也應該像他一樣力拚到最後。不用擔心我會這麼做，我能夠承認我的比賽已經結束，但這並不表示我樂見這種結果。

✦

頒獎典禮上，戴夫．道伯特是競走組的第一名，以八十點七六英里完賽。（平均每雙鞋走了十英里多一點。）芭爾芭．科諾以七十五點四二英里名列第二。馬歇爾的二十九圈讓他奪得第三名。我第四。歐里第五。另外還有三個人勝過其餘選手。

我們五個人贏得烏里．康門獎，布魯斯承諾他會寄給我們。每位參賽者都去登記領了完賽獎，那是一小塊木頭獎牌，上面嵌了黃銅獎章；之後他們會再把刻了名字和里程數的金屬牌寄給我們。

嘿啦，最好是。我想著，一年半前他們在休士頓也是這樣說，而我可不是還在等那個烏里．康門獎的名牌嗎？

我走到我的車那裡，開車回旅館，沖了澡，躺上床。我的背沒事，現在沒事，躺下來的時候沒事。整體而言，我的感覺很好。我破了我的紀錄，而且破了將近四英里之多。我走的里程數相當於明年ＦＡＮＳ賽後兩週我才會滿的歲數。我幾乎達成了我所有的目標。

我沒達到七十五英里，更別提三場馬拉松或八十英里指標。但這一切我本來都能辦到，要不是有個人從背後捅我一刀。至於整整二十四小時全都待在場上的目標，我少了幾小時，但這次我沒有因為疲勞或意志不堅而退場。就心理層面而言，我一心一意要從第一秒走到最後一秒。出狀況的是我的身體，具體來說是我的背。我沒辦法再懲罰自己，就像奧茲·普爾曼不能再折磨他受傷的膝蓋。

除了我的背，其餘部分的狀況似乎都很好。我接受的急救措施對我的水泡有幫助，其中一顆水泡似乎在比賽過程中把液體重新吸收掉而自行復元了。我刺破另一顆水泡，把液體擠出來，在我看來它也沒怎樣。我的腳不是一百分，但走了那麼久以後，它們的狀況算不錯的了。而且，我認為它們在三星期內就能為安克拉治那場馬拉松做好準備。

我的背或許就不然了。我無從預測它會怎麼樣。

✦

第二天沒什麼大礙。

我起床、打包、吃早餐、開車到機場。我沒有快步趕到出境大廳，而是依我平常的步伐、平常的方式走動。我的背好好的，沒有一絲疼痛。

回到紐約家裡，我休息了兩天，接著不費力地回到輕鬆的訓練。如我所料，我的腳復元得很好。更重要的是，我的背也完全沒有找麻煩。在諾科米斯湖，它讓我不良於行，它讓每一步都成為一場噩夢。現在，它卻像是從來沒有出過一點狀況。

我想不透，至今想不透。從那之後，我又走過無數英里路，我的背再也沒痛過。相信我，我這不是在抱怨。我很樂意再也不必重來一次。但那到底怎麼回事？那種痛是打哪兒來的？

一直到我走了十八小時、六十英里以上，它才嶄露威力。在那之前，我從來不曾背痛過一下，但一旦痛起來就簡直沒辦法走路。我只能假設，我的下背部累積了一些壓力。不知不覺間，它肯定是不由自主地繃在那裡。如果能知道我做了什麼就太好了，如此一來，我就能避免重蹈覆轍。

但不管問題的源頭是什麼，反正它不痛了，而這就夠讓人開心的了。何況就算痛成那樣，我也走了超過七十英里。直到疼痛迫使我離場之前，我都留在場上，之後又重新回去，鞭策自己走完最後的四分之三英里。

再過不到兩個月就是三度挑戰威克菲爾德鎮耐力賽的時候了。他們可不管什麼短距離折返，只有完整的一圈才算數。二〇〇五年，我走了二十圈，一年後在高溫之下走了二十一圈。這次我是六十九歲，二十二圈就相當於我的年紀，再多一圈就刷新記錄了。在那之後，每一圈都會是一大里程碑：二十四圈、七十五點八四英里；二十五圈、七十九英里整，並且形同三場馬拉松；二十六圈、八十二點一六英里。

然而，首先，是時候飛到阿拉斯加再收集一州了。

25 開始寫回憶錄

我要尿尿。

唔，這完全在意料之內。我已經一如往常造訪過馬拉松預備區的一排流動廁所，但從那之後，我也已經走了幾英里路，是時候回應大自然的呼喚了。如果是在大城市裡擁擠的街道上，這可能很尷尬，但當你置身荒郊野外，這就真的沒什麼。而我們是在安克拉治的郊區，沿著一條柏油小路，穿越一片近乎荒野的公園用地。離開柏油小路走個十幾步，鳥兒和兔子就是唯一會看到你尿尿的目擊者。

還有麋鹿和熊——這就是問題所在，因為「離開柏油小路走個十幾步」已經超過適當的範圍了，可能還走不到一半就是森林，而你當然不會想當泰迪熊家庭野餐現場的不速之客。

前一年在雅典市——您還記得，那是在俄亥俄州，不是在希臘——我們也是在一條穿越公園用地的類似小徑上，比賽的規模很小，所以隱私不成問題。那場比賽就是沒有那麼多選手，而且他們都在我前面很遠的地方。比我還慢的人則忙著應付比賽，沒空注意一個澆花的老頭。

安克拉治就不然了。

幾年來，市長盃午夜太陽馬拉松吸引了大批全美最慢的跑者，有些人甚至根本稱不上是跑者。有將近六百位男選手和八百位女選手完成了這場比賽，其中很大一部分人是為團結力量團（Team In Training）而跑，那是一個為對抗白血病和淋巴瘤募款的全國組織，我必須要說，這個組織的理念之令人讚賞，就像它的縮寫之令人倒彈[55]。所有的團結力量團參賽者統一穿著紫色T恤，開始比賽前的預備區陷入一片紫海。除了西維吉尼亞州以外，每一州都有人來參加。我不知道西維吉尼亞州怎麼了。

對多數紫衫軍來說，這是他們人生第一場馬拉松。主辦單位為了鼓勵初馬選手，還特地將終點關門時間設為相當寬裕的八小時半。要完成一場馬拉松向來都是很大的挑戰，但如果你有八小時半可以慢慢玩，它就沒那麼令人望而生畏了。當然，你還是可以使出全力，但你也大可不必。你可以放鬆下來。你可以放慢腳步。你可以悠哉地澆澆花，或甚至聞聞花香。

紫衫軍的組成分子包括不少聞花人，有些人脖子上還掛了望遠鏡，以便好好看看那些花，幸運的話（或不幸的話，端看結果而定），他們也有機會看到麋鹿和熊。帶著相機的人又更多，他們不時停下來拍拍綺麗的風光，或拍拍不那麼綺麗的彼此。這些紫衫軍當中，很多人都不急，那有什麼不對呢？畢竟他們為了一個很好的理念在奮鬥，到一切都結束之後，他們也完成了一場馬拉松。

於是，我就這樣跨了出去，離小路一兩步，背對在我後面慢慢移動的跑者群，茫然呆望遠方。這時，有位穿著紫色T恤的年輕小姐中斷跑步，雀躍地趕過來站在我身旁，急切地想要知道是什麼盤據了我的注意力。

她說：「嗨！你看到什麼好玩的東西了嗎？」

你能想像我考慮並推翻了哪些回應。最後，我厲聲說出口的恐怕是：「走開。」她走開了。

---

55 Team In Training 的縮寫 tit 為「乳頭」之意。

一會兒過後，我也走開了。

✦

報名安克拉治的比賽時，我並不知道自己會不會真的去參加。它就在FANS過後三週，我無從猜測這場比賽會多費力，也無從得知三星期後我的狀況如何。我最後決定值得冒這個險，反正我都得去安克拉治，琳恩和我要從那裡啟航去白令海。而且，如同那名五十州俱樂部成員在密西西比馬拉松賽後所指出的，只要我人在那一帶，大可去參加一下。萬一結果證明我沒辦法去，我損失的也不過是報名費，外加更改機票可能產生的花費。（如果不去參賽，我實在沒必要提早十天到那裡。）

結果證明，我很容易就復元了，而且復元得很快。我以大可參加馬拉松的良好狀態抵達安克拉治。時間是六月下旬，午夜太陽不是誇張的說法，但我還是覺得這場比賽打著這個招牌很奇怪。如果有一場馬拉松叫做午夜太陽馬拉松，你會以為要在三更半夜上場。但我們的開賽時間是很典型的一大清早，跑得最慢的紫衫軍會在午夜之前整整八小時吃到他的賽後披薩。

比賽規劃得很好，有包租巴士到旅館把我們載到起點線，而後又在終點線把我們接起來送回家。

我讓自己慢慢來。我沒有停下來拍照，但也沒有要打破任何紀錄的意思。明尼蘇達州的七十英里長征才剛過三週，我主要是把這次的馬拉松當成一段漫長的復元之路。我優哉漫步，享受清新的空氣和周遭的景色。由於我在比賽或訓練時不會戴眼鏡，所以看到的景色很有限。我的視野不是那麼清晰，但景色還是一樣宜人。沒戴眼鏡看著路過的風光就像戴上眼鏡看著莫內的畫作，這有什麼不好呢？

有跑者表示看到熊和麋鹿。我確實看到一隻老鷹，在一棵枯樹上棲息，天空襯出牠的輪廓。但要不是有人大叫著指出來，我也不會注意到牠。

我的個人時間是六小時二十二分零六秒。我走了二十六英里，外加一點零頭。比賽過程中，不時也會這裡痛一下、那裡痛一下，但整體而言，我的狀況保持得不錯，結束時也還人模人樣。從杭亭頓海灘到紐奧良，連著兩場馬拉松都痛到無以復加的腳趾，這次沒有出狀況；在明尼蘇達州的時候也沒有。我猜這應該歸功於我換了一雙鞋。我比較擔心我的下背部，但它始終沒有痛一下。

我坐車回到旅館，站在熱水底下沖了一會兒。幾小時後，我走到市區，吃了鮭魚。

第二天一早，我起床，打開我的筆記型電腦，檢查了郵件，深呼吸一口氣，開始寫東西。

✦

說得更具體一點，我開始寫這本書。

針對我在競走這方面付出的努力，我斷斷續續一直在考慮要不要寫一本書。讓我卻步的其中一個原因，是我擔心除了親朋好友之外沒人有興趣。對我而言，這樣一本書似乎排不到優先順位，當我有別本依約該寫的書，當我有一本已經遲交的書——一本我本來應該來得及交稿的書，如果我不是日復一日在外面走來走去的話……

那本書是《殺手打帶跑》，我在馬拉松賽後逗留紐奧良期間寫完了。稿子一交出去，我就發現自己有股衝動想寫別的東西。四月裡的某一天，我著手寫起這本書的開頭；實際上是把我貼在網路論壇的紐奧良賽事報告重寫一番。我完成了一點進度，但是並不多。隨著為FANS加緊練習，我也把寫作丟到一邊。然而，現在我有整整一週的時間，獨自待在一座我一個人也不認識的城市。不會有訓練計劃來讓我分心，因為我的腳此時需要的是一點休息，而不是更多的里程數。

我在FANS的表現讓我由衷為自己的競走選手身分高興，而我在安克拉治的龜速漫步也沒有改變這一點。於是，我帶了筆記型電腦過來。星期天早上，我開始工作。

✦

這不是我第一次嘗試寫回憶錄。一九九〇年代中期，我曾入住羅格戴爾，那是芝加哥北邊、伊利諾州森林湖市的一個作家藝術村。我到那裡去寫的書後來成為柏尼・羅登拔推理系列的《圖書館裡的賊》（*The Burglar in the Library*）。我花了一個星期，終於確定我還沒準備好要寫那本書，接著就把它丟開，寫起別的東西——《作廢的捷克人》（*The Canceled Czech*）精裝本初版前言、兩篇後來成為《殺手》（*Hit Man*）章節的短篇故事。那次入住的成果豐碩，即使不是我訂房時打算要寫的東西。但在打包回家的期限到來之前，我還剩下十天的時間。一天早晨起床後，我敲起電腦鍵盤。那是最不同凡響的一次經歷，我停不下筆。

我一直有意無意地考慮著要不要寫一本有關我早年作家生涯的回憶錄。我起步得很早，還在念大學就開始了。早年的那些歲月，我以筆名製造了大量的垃圾，外加一些我對犯罪小說的初步嘗試。從那之後，我也寫了很多有關寫作的文章。從一九七七到一九九〇年間，我每個月在《作家文摘》有一篇教寫作的專欄。在那個專欄以及後續衍生出來的寫作指導書中，我無疑提出了我早年的一些經驗作為參考。但我從來不曾真的把我的故事說出來，也始終沒打算這麼做。事實上，我表明了不願接受有關早年那些歲月的訪問。

入住羅格戴爾前幾個月，我逐漸萌生或許有一天我會想要回顧那些早年歲月的念頭。不過顯然時候未到，我還沒準備好。

唔，但我似乎開始有準備好了的跡象，因為在入住的第一天，我就一股腦兒寫了六千字出來。我沒辦法把自己從電腦前拖走。我幾乎都沒及時到餐桌去，而我會延誤用餐還真是稀奇事。

第二天也一樣，第三天還是一樣。八天之內，我的產量超過五萬字。

那是一次不同凡響的經驗。我寫起一些已經數十年沒有想到過的事，幾乎在我結束探索記憶的某個密室之前，另一扇門就會彈開，我又會想起其他已經忘個精光的事。

以前我也有過下筆如此飛快的經驗。有些人愛說什麼某一本書是自己寫出來的，但話其實不能這麼說，因為若是如此，我在一天結束之後不會虛脫得那麼徹底。不過，不管累不累，我有些書是飛快寫出來的，而且沒有證據顯示成書的速度為它們帶來了什麼壞處。有些我最滿意也最受歡迎的作品孕期很短又生得很順。

但這次不同。我發現自己從早寫到晚，晚餐之後還繼續回去工作，因為我似乎離不開電腦，一件又一件往事紛至沓來，擋也擋不住。八天之內，我寫了五萬多字。（如果你不習慣以字數來思考長度，當我走筆至此時，你正在讀的這本書剛超過十萬字。而在成果豐碩的這四個星期，我每天的產量介於一千字到一千兩百字之間。）

我從羅格戴爾飛回家，也帶回了我估計是四、五成左右的成書量。這連完工的一半都還不到，因為我寫的是粗略的草稿，後續還有更多工作要做。事實上，它比我平常的初稿還要粗糙，因為我在寫的同時沒有花時間斟酌字句。我只顧趕緊把這天殺的東西寫出來。

但當我的經紀人去和出版商談一筆四本書的合作案時，它的完成度已經足以提交出去了。它充其量只是一個還不成氣候的雛型，絕非這整個案子的核心，但它確實白紙黑字寫在合約裡，也載明了一定比例的預付金。

幾年之後，當我必須把它買回來時，這讓事情比較簡單。

因為，令人匪夷所思的是，我再也沒為那本書寫過一個字。回到紐約後的第一個月左右，不管什麼東西，我都一個字也沒寫，除此之外也什麼事都沒做。我整個人筋疲力竭。每天早晨終於逼自己起床過後不久，我就又跑到客廳沙發上躺成一個大字，然後在那裡度過大半天，直到又到了該上床睡覺的時間為止。琳恩經過時偶爾會停頓一下，撢一撢我身上的灰塵。

我本來就知道，在投入那麼多精力之後，我會需要歇口氣，但這遠遠超過我的預期。過去我也曾密集工作過，事實上，那是我比較偏好的工作模式。我之所以會去作家藝術村，正是因為它們有助於這種完全埋首於工作的狀態。這次的經驗大不相同。幾星期後，當我終於有辦法思考任何事情，回想起這個過程，我明白到自己這次消耗的不只是腦力和體力，還有情緒。你可以說我歷經了一段自我心理治療的短期療程，而我或許因此成為一個更好的人，但在此同時，我僅剩咀嚼食物的功能。

到了可以再度提筆時，我把那本回憶錄擱置，著手寫起一本小說。接下來幾年，我甚至沒看過一眼我在羅格戴爾傾瀉而出的篇章。出版社從未提起這個話題。他們何必提呢？有那麼多書稿渾身散發出暢銷的味道，而我的回憶錄並非其中之一。如果哪天我完成了，他們也很樂意出版。但如果沒有，嗯，這件事絕對不足以踩到他們要和我翻臉的底線。最後，我們談了另一份合約，並將這本回憶錄的預付金挪給新的案子去用，這本回憶錄便不再構成罪惡感的來源。它絕對不是我唯一一件有頭無尾的作品，而且我說不定哪天又寫起它來。也說不定沒有這一天，誰在乎呢？

✦

而此刻我人在安克拉治，在我自己打造的作家藝術村，寫另一本不保證完成或完成後不保證有人想看的回憶錄。

那又如何？我寫得很開心。

我每天早上起床後以穩定的速度工作——也就是我們競走選手所謂的「定速」——直到吃中飯的時間到來，然後走一英里路到一家海鮮餐廳，我每天就在那裡吃一兩次的鮭魚（偶爾也把其中一餐換成大比目魚或帝王蟹，但整體而言吃鮭魚以外的東西似乎犧牲太大了）。接著我再走回旅館，多做一點工作，讀點東西，出門去吃鮭魚晚餐，回來再看書看到上床時間。

這本回憶錄讓我訝異。我從來不曾想過要寫我的童年和青春期。我早前的嘗試是讓一件完全以個人為中心的作品盡可能不那麼個人；我以厄斯金．考德威爾（Erskine Caldwell）的《姑且稱之為經驗》（*Call It Experience*）為範本，在這本書裡，他開宗明義就說他單純只想寫他的作家生涯，他的個人生活則不關任何人的事。我決定這就是我想做的，並坐下來開始著手進行——不是因為我想幫讀者省掉一些事不關己的東西，而是我暫時無意揭露私底下的自己。我會選擇當一個小說家不是沒有原因的。如果你有興趣，我完全樂意告訴你我所想像出來的一切情節。但如果你想知道關於我的事情，唔，那就太可惜了。

我想，後來的我有了改變吧，而且我懷疑這種改變和年紀頗有幾分關係。在我看來，年紀似乎也讓這本回憶錄更適得其所。第一次的時候，我想過自己憑什麼寫回憶錄，這會不會太狂妄了點，或至少也還不夠成熟。（那是在美國文學進入沉湎於回憶的時代之前，在那之後，學生靠著寫自己的人生故事就能拿到文學創作的碩士學位，有些故事甚至還是真實的。）

如今我再怎麼樣也虛長了幾歲，夠格玩玩寫回憶錄的遊戲了，而且我禁不起再等下去。如果要做這件事，最好是趁我還有記憶力可用的時候。尤其是在短程比賽中，我的成績顯示出我的退化跡象，至少在賽道上是退化了。如果在電腦鍵盤上還不那麼明顯，唔，這也是我可以預見之事，儘管我並不期待。所以，如果我有意與全世界分享我的回憶，現在就是時候。

✦

這次沒有我在羅格戴爾的經驗那麼如癡如狂。在新鮮空氣和鮭魚的推波助瀾之下，我每天寫出三、四千字，而我的運動主要侷限於每天來回餐廳兩趟，以及往反方向走到比較遠一點的超市。我確實有兩次整裝上陣到附近的公園競走一小時，但除此之外走路都是為了移動到另一個地方。

儘管沒那麼密集在做訓練，這本回憶錄卻讓我的心思都放在走路上。筆記型電腦再加上旅館的無線網路，又讓我輕易就可以計劃後續的幾個月。我已經報名威克菲爾德鎮的比賽，如今在FANS大獲成功的興奮之下，我又把今年剩餘的排程給定了出來。

秋天有更多場二十四小時耐力賽，包括威斯康辛州在一條四百公尺賽道上的比賽，以及另外一場在北卡羅萊納州的環湖賽。再來還有德州的超核心耐力賽，今年是在葡萄藤市舉行。他們安排了百英里王裁判的競走組，馬歇爾．金就是從那裡贏得這項頭銜，我還滿確定我想去的。

我大可在十一月中旬的超核心耐力賽之前安排威斯康辛州或北卡羅萊納州，我甚至考慮過三場都參加，但我的熱情在差點演變成瘋狂之前踩了剎車。我定出一個不那麼貪心的排程。我們會在七月中旬從海上玩回來，而我會在那個月的最後一個週末去威克菲爾德鎮。如此一來，我在參加阿布奎基市的馬拉松前還有五個星期的時間。我有個外甥女在那裡，她是我已故妹妹貝琪的女兒，我已經很多年沒看到她了。我也會有機會看看我其中一個同母異父的弟弟。而且我向來很喜歡新墨西哥州北部，這場比賽的介紹又很誘人——小小的場地、好走的賽道，再加上有機會為我的收藏多添一個州。

於是，我報名了勞動節那個週末的阿布奎基市賽。之後離超核心耐力賽還有六到七週，到時我會看看我能做什麼。我希望能在威克菲爾德鎮達到七十五英里，並夢想能達到八十英里。如果一切順利得無以復加，我可以在那裡立下一個高標，到了德州再超越它。

我再度符合了參加紐約市馬拉松的資格。十二月的十英里熱可可路跑是我二〇〇六年第十場紐約路跑俱樂部的比賽，比參賽保障名額需要達成的標準還多了一場。但我已經決定跳過它。在第一次和第二次參賽之間，我等了二十五年，到第三度上場之前，我無疑可以再多等幾年。

✦

在安克拉治一邊寫以前走過的路、一邊計畫未來要走的路時，我收到我的表親米卡·納森的電郵，他的父親是我的表哥大衛（換言之，米卡就是我的表姪或表甥——這要看誰在我外公外婆的餐桌上吵贏了而定。早在米卡出生之前，這個主題每隔幾年就會浮出檯面，每次都引發互不相讓的激烈爭論。我還滿確定米卡是我的表姪，而他將來可能孕育出來的子嗣就是我的表姪孫；另一方面，我的女兒們則是米卡的表姊妹，而我的外孫女呢……喔，算了。）

米卡住在波士頓，不在寫小說和劇本的時候，他就擔任私人教練的工作。我向他報告了我在

ＦＡＮＳ的成績，他回信來恭喜我，並表示我所做的事違背常理。他指出：「你已經走完四場這種長達一整天的比賽，每一次你都更老一點，每一次你卻又都比上一次進步一點。我不確定該不該這樣說，不過這有違常理。」

✦

琳恩在星期天飛過來。她一到這裡，我就火速帶她去吃鮭魚大餐。第二天，我們和史帝夫・舒沃莫及南西・舒沃莫碰頭。他們是我們的朋友，也是我們常常一起旅行的旅伴。第三天，海神號啟航展開為期兩週的阿留申群島及俄屬遠東之旅。航行期間，我完成了一點寫作進度，但談不上做了什麼訓練。船上有一小間健身房，裡面有兩台跑步機。但當船在行駛時，跑步機可不好玩。當船靠岸時，我們又下船去東看西看了。

我們回到家時正值七月中旬，還有兩個多禮拜，我就要三度挑戰瓜那波威特湖了。我不知道這兩個禮拜當中我做了什麼訓練，我的日曆上沒做任何紀錄，但我確定我走得不多，也走得不遠。

在一場長距離比賽前兩週，訓練的意義不大。古老的智慧告訴我們，在這麼接近比賽的時間勤加訓練非但不會有幫助，還可能有傷害。這是選手們減輕訓練強度、減少里程數、步伐放輕鬆的一個階段。

就某方面而言，打從ＦＡＮＳ之後，我就在減輕訓練強度了。安克拉治馬拉松賽前幾週，我走得不多，賽後又走得更少。ＦＡＮＳ和威克菲爾德鎮賽隔了八週，除了那場二十六點二英里的馬拉松，我簡直沒走什麼路。

好吧，現在我也無計可施。反正我只要人到那裡、盡我所能就對了。

26 祕訣就是留在場上，祕訣就是繼續前進

好消息是威克菲爾德鎮今年的太陽不會那麼毒辣，壞消息是有可能會下雨。

我們在星期四開車北上，當晚和我的童年玩伴及童子軍大露營的夥伴賴瑞・李維共進晚餐。星期六，我們則要和米卡・納森及瑞秋・納森一起吃飯，這樣米卡就有機會讚嘆我成功完成個人第五場二十四小時耐力賽，並再度破了紀錄。

回到威克菲爾德大人汽車旅館的感覺很棒，能在領T恤和號碼布時看到一些熟面孔也很棒。貝絲來了，安迪也是，此外還有幾個熟悉的名字或面孔。

貝絲和我對彼此說：一小時一圈。我們倆要做的只是每小時走完一圈三點一六英里，這樣就能打破七十五英里的紀錄，並輕輕鬆鬆超越之前的個人紀錄。所以，祕訣就是留在場上。祕訣就是繼續前進。

我有一個好的開始，不會太快也不會太慢。我猜在比賽初期我一定有哪裡會痛，因為我老是這樣，但我沒有任何具體的記憶了。我一直走，喝了很多水。無論冷熱，不分晴雨，威克菲爾德鎮似乎總是很潮濕。比賽場地熟悉得令人安心，我甚至不介意每一圈經過起點線後的一小段越野下坡路。每次走到那裡，我都離開始又遠了三英里多、離目標又近了三英里多。

剛開始的五圈花了四小時。

我覺得是合理的速度，也是我應該能無休無止保持下去的速度。如果能在整個賽程中都維持不變，我就會以三十圈完賽，走出超過九十英里的成績。但我知道這是不可能的，隨著時間過去，步速勢必越來越慢，休息也必定越來越頻繁。

但如果在前半場都維持這種速度，如果接下來我都能每四小時走完五圈，到了還剩十二個小時可走時，我的口袋裡就已經有四十七英里多的庫存了。剩下的賽程，我以每英里十二分鐘的均速去走即可，那可就像散步一樣，而且換算下來就等同於我和貝絲討論出來的一小時一圈。前半場走十五圈，後半場走十二圈，加起來是什麼？二十七圈、八十五點四英里。

這真的可能嗎？我看不出如何可能，尤其是在我迫不得已省略了訓練的狀況下。如果可能的話，那也只是在數學運算上。我能不能讓數字符合運算結果，可就得靠我自己去發現了。

此時，夜越來越深。我的皮膚覆蓋了一層鹽分，這是威克菲爾德鎮的濕度造成的結果。我每到一處補給站都要抓兩杯水，一杯拿來喝，一杯從我頭上澆下去。我在十一點走完五圈，四小時過後是凌晨三點，屆時我要達成十圈的目標。如此一來，我就超越了一場馬拉松的距離，五十公里啷噹入袋，我還有整整十六個小時可走。

而我的腳底開始有灼熱感。

✦

如果一注意到這個警訊就直接回旅館去，如果我當下的反應是停下來揉揉腳底，唔，結果或許就不一樣了，又或許還是一樣，我永遠也不會知道，因為我留在場上。當我的雙腳都磨出水泡的事實已經不容否認之後，我還繼續走，或許是希望我能打擊水泡，讓水泡投降；或許是以為走更多的路就能讓我的腳更強壯，水泡裡的液體會神奇地自行重新吸收掉，甚至這些水泡本身會變身成厚厚的繭。

想得美。

我猜我一定是在天亮前不久回到旅館、脫下鞋襪。琳恩在睡覺，我刺破水泡，擠出裡面的液體，到蓮蓬頭底下去沖掉已經結晶的汗水，盡我所能把腳包紮好。

我換上乾淨的鞋襪，回到場上強迫自己又走了幾圈，每一圈都更慢、更痛。要是能延續前八小時輕而易舉就維持住的速度，我就能在清晨七點走完第十五圈。事實上，我走完第十五圈時也才上午九點零三分，累計總里程四十七點四英里。天空烏雲密布，天上下起小雨，而我已經玩完了。

✦

我回到旅館，倒在床上。或許閉上眼睛過個一小時左右就能重振旗鼓，這段時間如果不去動到我的腳，它們的傷勢或許就會比較好。

我睡了兩小時，醒來的時候，外面下著傾盆大雨。我的腳不知怎的並沒有發生自行復元的奇蹟，而奔騰的雨勢更澆熄了我最後一絲重回場上的念頭。

想必是下午兩點左右，我下樓去看看大家的情況。雨勢緩和了，我或許想過我還可以再走幾圈，但從旅館大門走出去還不到五十碼，我就排除了這種可能。我的腳再也禁不起任何考驗了。

不過，我確實穿過停車場，走到計分員的帳篷去。他們正在拆設備，我已經知道剛剛的豪雨是雷陣雨，但還不知道主辦單位基於擔心雷擊而把比賽縮短，差不多在中午就已進行清場。（最後一名跑者是在一點零二分完成最後一圈。）

沒人達成一百英里，儘管冠軍很接近，他在十七小時半之內走了九十七點九六英里。貝絲和安迪都在二十圈之後被迫停止，兩位都可望走到八十英里，但都必須接受六十三點二英里的結果。整件事一定相當震撼，但在我聽到半點風聲之前，這一切就已經結束，基本上每個人都回家了。剩下來的一票志工當中，有一個給我看一整箱的能量果膠，總共七十二包。我把它搬上後車廂，然後上樓回房。

✦

儘管心情沒我想像的志得意滿，但我們還是和米卡及瑞秋共享了愉快的一餐。一早，我們開車回城，對彼此說著我有多幸運。假設我硬撐下去，不顧水泡的疼痛奮勇向前，設法逼迫自己繼續，而結果還是要提早離場，因為他們把場地給關閉了，那可不是更氣人嗎？

抑或是假設我根本沒有水泡的問題。到了中午，我就會像貝絲和安迪一樣走了二十圈左右，已經累積超過六十英里卻還剩七小時可走——嘖，這時如果有人要把賽道從我腳下抽走，我可是會大發雷霆。我會想殺個人洩憤。

天氣讓比賽結束得很不光彩，但就我而言卻是換來負負得正的結果。賽前準備不充分使得我提早離場，反倒讓我免去淋得一身濕又被迫停賽的沮喪。

所以，我怎能不覺得幸運？

27 是這本書要我參賽的

我打消了有關北卡羅萊納州二十四小時耐力賽的任何念頭，而且甚至沒去看紐約路跑俱樂部有什麼紐約當地的短程比賽。二〇〇七年剩餘的時間，我的個人排程上只剩兩場比賽——阿布奎基市的勞動節馬拉松和德州的超核心耐力賽，前者我已經報名了。

超核心耐力賽由各式各樣的比賽所組成，全都在同一個週末、同一個場地上舉行。項目包括六小時、十二小時、二十四小時、四十八小時耐力賽，外加半程馬拉松。六月時，有那麼一下子，被安迪·凱博參加六日賽的壯舉沖昏頭，我還真的考慮要挑戰超核心耐力賽的四十八小時組。但威克菲爾德鎮賽如果什麼也沒達成，至少成功制止我做出這種瘋狂的舉動。

我給我的水泡復元的時間，接著我又開始出去沿著哈德遜河練走，起先帶有一點試探。我找到超核心耐力賽的網站，報名了二十四小時競走組。然而，我卻一直忽略了一件事，那就是要訂去阿布奎基市的機票。後來有一天，我意識到我不想去。這是把新墨西哥州加到我的馬拉松清單的好機會，而且我有機會見見我的外甥女珍妮佛，還能第一次見到她的先生及他們的雙胞胎女兒。

但我不想坐上一班飛機，走一場我準備得不夠充分的馬拉松。而我已經付了報名費的事實，似乎也不足以構成我非去不可的理由。

我想，還是下次吧。而到了八月的最後幾天，我認真為德州訓練起來。

八月最後一週，我走了五十英里。我之所以會知道，是因為我把每天的里程數都記到日曆上。星期天六英里。星期一四英里。星期二走了漫長的十六英里。星期三四英里。星期四十二英里。星期五和星期六各四英里。（距離長度是估算值，因為我藉由計算我花的時間並推估我平均每英里十五分鐘來讓生活簡單一點。）

針對競走、跑步或任何體育項目的紀律，多數寫相關主題的人都會強調寫訓練日誌的重要。日誌內容從簡單記下時間或距離——或更常見的做法是時間與距離——到詳細的記述不等。詳細的日誌除了載明幾點幾分、天候狀況和當天路線，我猜也會記錄沿途觀察到的動植物。照理說，這一切資料都能供寫日誌的人日後參考之用，更別提它有朝一日在後世所扮演的角色。

唔，或許吧，但我傾向於只算算步數就夠了。為什麼我要知道在未來某一天某一次開始練走時恐有下雨之虞，但在走了三英里之後太陽就會破雲而出，而當我看到紅喉蜂鳥時，我的均速是每英里十四分二十一秒？

無論如何，我還是覺得記錄訓練狀況滿有用的，儘管我惜字如金，除了花多少時間練走以外什麼也不記。如果在為比賽做準備，我或許會想每週增加一定的里程數，到了賽前倒數幾週則減輕訓練量。日誌讓我比較容易掌握狀況。

但我還注意到寫日誌有別的作用，那就是我會因此多走一英里，只為了在日誌的紀錄上能多出一英里。話說，根本沒有別人會看到那份日誌，就連我自己也不會回頭去看——當然，除了現在我為了寫這件事而去參閱以外。

幾年前，我認識了一個多才多藝的人，他是書籍編輯，也是滑雪教練，我忘記還有什麼了。

他提到他即將成為一位合格的鑑定師，目前正在努力。就我看來，這件事和他人生的其他部分都沒什麼關係。他說：「這樣做有道理嗎？我問過一個朋友的意見，他說我真的應該試試看。他指出反正這對我來說輕而易舉，而且說不定很有趣，何況還有另一個值得這麼做的理由。他說：『兄弟，這是那種可以在訃聞上寫出來唬人的特殊成就。』」

為超核心耐力賽訓練時，我沒怎麼考慮我的訓練日誌呈現的樣貌，也暫時沒去考慮我的訃聞。第一週，我的進帳是五十英里。我決定我可以每週增加一成訓練量，安全地累積總里程數。我建立了一套長短訓練日交替循環的模式，目前在短訓練日是只走一小時，長訓練日則循序漸進逐步延長。按照這套模式，第二週我走了五十六英里，接著是六十二、七十和七十八——這樣就來到了九月底。星期二是我最長的訓練日，到了月底，我在星期二的訓練已經從四小時提高到七小時。其中一個星期二下雨，於是我的五小時訓練是在跑步機上完成。這我沒有問題，那個月最後一個星期二的七小時也沒問題。

二十八英里。沿河走上七小時，前四小時不斷繞著兩座碼頭兜圈子，後三小時走到曼哈頓島南端、繞到另外一邊再走回來，這樣來回了一次又一次之後，我告訴琳恩：「我完成一場傻瓜馬拉松了。」

而我的感覺很好。我的雙腳很穩當，腳底一如計畫越練越強健。走了七小時之後雖然會累，但沒有到筋疲力竭的地步。我的腳會痠，但也不嚴重。一切按照進度來，我要做的只是繼續前進。

十月的第一週是八十四英里，星期二的訓練延長到七小時半，亦即三十英里，我當下想著，只要再多加個十五分鐘，我就完成五十公里的競走訓練了。

我告訴自己，或許下星期吧。

但接下來那週，生活中的其他事務造成了一點小干擾。星期二的一次午餐約會迫使我調整排程，於是那週的長訓練日改到星期三，而且只走了六小時半。但這樣也還是一場馬拉松，或接近一場馬拉松。那週結束之後，我總計走了二十三小時、九十二英里。

九十二英里，而距離超核心耐力賽還有五週，我現在可以開始減輕訓練量，每週少走一點，到了賽前一週則不刻意做任何訓練。接下來去德州比賽時，我應該不會有問題。

八十英里似乎唾手可得。當然，到了場上總有可能出錯，不管是在休士頓的那場雨、二〇〇六年威克菲爾德鎮要命的高溫，或再來一個將比賽腰斬的雷陣雨。也可能是我本身出狀況，像是在杭亭頓海灘突如其來、在紐奧良又捲土重來的腳痛，或是在明尼蘇達州害我比了二十小時就沒戲唱的下背痛。

為了鍛鍊核心肌力以防背部問題，我也偶爾穿插健身房的訓練。我不認為我的腳趾這次會惹麻煩，因為我動了一個實驗性質的大手術——不是為我的腳，老天保佑，而是為我的鞋子。我把一雙紐巴倫舊跑鞋的鞋尖削掉——我是從安迪·凱博那裡得來的靈感，他現身威克菲爾德鎮時可真是裝備齊全，兩隻鞋子的前端都削得乾淨俐落，讓我一度懷疑是製造商特製的鞋款。我所有的訓練都是穿這雙紐巴倫或另一雙做過類似改造的鞋子進行，結果我的腳從來沒有絲毫不適。所以，那是我可能可以拋諸腦後的一個地雷區，但這並不表示不會有別的地雷爆炸。

管它的。設法預測不可逆料之事是沒有意義的。如果有什麼環節必定要出錯，那就由它去吧。以後還會有其他比賽，在那之前，我可以放輕鬆，心裡知道我已盡我所能做了萬全準備。我會以良好狀態參加超核心耐力賽。

我要做的只是繼續訓練下去。

✦

那就是我要做的，而且也不必做多久。說真的，不過四個星期罷了，因為最後一週什麼都不做才是明智之舉。第四週要做的也不多，充其量只是伸展伸展雙腳，每隔一天出去走個一小時之類的。

三週真正的訓練，里程數依序遞減。我已完成九十二英里的訓練，所以下一週可以減到七十英里，再來是六十英里，最後是五十英里。不用管速度，不用勉強，只要放輕鬆、好好走。

第一週，也就是七十英里的那一週，結果我休息了三天。那一週結束時，我走了八小時，總計三十二英里。

第二週是五小時、二十英里，不是我為自己設定的六十英里。

第三週的第一天，我出去走了一小時，然後就沒了。

✦

怎麼會這樣？

我想不透。情況並不是我有意要把訓練縮短，破壞自己的計劃。起初每當我漏掉一天，我就告訴自己第二天要補回來。然而，不久之後，我甚至懶得有這種想法了。我的訓練戛然而止，而我就以放牛吃草的方式去處理。就我記憶所及，我甚至沒去多想這件事情。我用來記錄訓練里程的月曆掛在浴室，每次刷牙或刮鬍子都會看到，但要視若無睹並不難。

接著，十一月到了，我可以把月曆翻過一頁。

十月的最後一週，我本來計畫走五十英里，結果總共只走了四英里。我和傑出的香港導演王家衛合寫了一部電影，《我的藍莓夜》（*My Blueberry Nights*）已經在坎城影展上映，我必須趕在美國上映前補寫一點旁白，而我的工作必須在美國編劇工會十一月一日罷工開始前完成。儘管如此，我還是有大把時間可以每天到河邊去走個一兩小時，而且走一走能讓腦袋有機會先理一理思緒，有助為寫作預作準備。一天，我散步到溫斯坦影業（Weinstein Company）位於翠貝卡區的辦公室，開完會後又走回來。我假設來回各走了一英里半左右，所以那天我走了三英里，但我不是用競走的方式，這一趟不足以讓我在月曆記上一筆。

十一月的第一週，我住在我女兒吉兒位於火島的家裡。我把那裡當成我的私人作家藝術村。就在寫到西班牙徒步之旅前，我停下了這本書的寫作進度，而西班牙徒步之旅的部分就是在火島寫成的。我寫作的時數很長，簡直從早到晚都在打字，但我還是能每天出去走一段長路，而且那裡是個再好不過的地點了。一個月前，趁著來這裡度週末，我在火島做了一次長距離競走訓練，現在甚至還更好，這一帶的人更少了。我把我的競走裝備帶了過來，也在抵達時拿了出來，然後又原封不動地打包回去，準備回家。

唔，我提醒自己，反正最後兩星期做什麼都沒幫助。現在再做訓練已經來不及了，但卻總有受傷的可能。

這是真的，無庸置疑。賽前倒數階段做重度訓練只會收到反效果，最明智的做法是寧可保守行事。儘管如此，看在之前三週沒怎麼訓練的份上，最後那兩週每天出去走一小時對我來說仍舊是個好主意，只是出去走一走就能防止我的雙腳變得太細嫩。它們在威克菲爾德鎮就是因為太細嫩才會磨出水泡，而在超核心耐力賽前一個月投入這麼少的時間訓練，我等於是在自取一模一樣的惡果。

我想到了這一點，但我沒有採取行動。

✦

過早停止訓練讓我能全心全意投入另一方面的賽前準備。

補充碳水化合物。

賽前狼吞虎嚥碳水化合物沒有實質的意義，尤其如果你是一個很慢的跑者，更尤其如果你是以十五分速步行。儘管如此，多數選手還是會在賽前一晚嗑掉一盤義大利麵，不是基於這有可能增進選手的表現，而是基於：一、傳統，二、無害，三、好吃。但即使是速度很快的馬拉松選手，就算補充碳水化合物有其作用，他們也只有一兩天會大吃特吃。

從十月中旬一直到賽前為止，我把大吃特吃當成一種生活方式。我不是故意的，但看起來一定很像故意的。我老是吃得太多，而每當我想起這件事，我所做的就是陷入憂鬱及自我憎恨之中，結果只是又讓我更餓。

我不知道我在那最後一個月增加了多少體重，因為我無疑沒有笨到站上體重計去。但我的衣服比較緊，而且我覺得懶洋洋的。這從來不是一種討人喜歡的狀態，就比賽而言又更討厭了。

過重有礙表現。無論你是慢速的步行者或快速的跑者，體重越重，你前進得就越慢，並且要耗費更多體力挪動你的身軀。體重越重，每走一步，你的雙腳及其他部位所承受的衝擊就越大。體重越重，距離和時間對你造成的負擔就越重。

不從事長距離跑步或步行運動的人普遍以為這麼做保證能瘦，而我們不難猜到這種誤會是怎麼來的。最成功的競走和跑步選手還真是一群瘦子，大家自然就會推斷是運動讓他們如此，甚至進一步認定只要像他們那樣訓練、像他們那樣比賽，最後肯定就會看起來像他們一樣。

再怎麼英明睿智的人都難免這樣想。二〇〇六年在休士頓，我看了一眼四十八小時組的選手名單，注意到其中一個夥伴指明他要３ＸＬ號的Ｔ恤。我告訴一個朋友：「嘖嘖嘖，結束之後他可能就變Ｍ號了。」

事情不是這樣的。就在那場比賽，補給站的一名志工本身也是超跑選手，他坦承說他每跑完一場超馬總會增加個一兩磅，從無例外。無論你繞著賽道兜多久的圈子，你所攝取的卡路里輕易就會多過燃燒掉的卡路里。

就我而言，我發現當我投入時間在路上或跑步機上時，體重總是比較容易控制在我要的範圍內。然而，我也發現這麼做並不保證我的體重不會失而復得。如果運動是一件了不起的事情，那麼食慾也絲毫不遑多讓，而且完全比運動還更具挑戰性。

有時候，運動的效用不在於它所消耗的卡路里，而在於它給人的動力。二〇〇四年八月，我因為對自己的體型大為不滿而站上跑步機。我開始為了減重而走，並且因為我也很注意自己吃了什麼，所以成效斐然。

一陣子過後，我從運動到訓練，再從訓練到參賽，接著我就發現自己不再是為減重而走，反倒是為能走得更快而減重。

開始為超核心耐力賽做訓練時，我不只執著於拉長里程數並讓雙腳練得更結實，也一心想讓自己盡可能以最佳狀態站上起點線，迎接即將到來的嚴峻考驗，而這意味著減掉幾磅的體重。所以，當我展開八月最後一週的訓練大計時，我也務求我的飲食得宜。那不是一套多麼苛刻的飲食法，而且效果很好，在砍掉磅數的同時也為高強度的訓練提供足夠的能量。

直到賽前倒數一個月，這一切突然分崩離析為止。

✦

我的機票買好了，我的旅館訂好了，而且已經預付了住宿費。

我卻想待在家裡。

因為我知道我不可能拿出好的表現。我密集訓練了整整兩個月，接著我莫名其妙做盡一切把訓練效果抵銷的事情，只差沒砍掉幾根腳趾，搞得我不能參加超核心耐力賽。

我覺得自己就像卡通裡那個女的：「喔，我的老天，我忘記生孩子了！」只不過我很清楚自己在做什麼，或沒在做什麼。我從頭到尾都知道自己疏忽了訓練，而這一疏忽的下場幾乎已經可以確定。並且，一次一天，我堅持疏忽下去。根據我的判斷，就連我也拿這件事沒有辦法。

所以，何必要去？我知道我不會走出漂亮的成績。我也看不出來我要怎麼玩得開心。我或許拿不回機票和旅館的錢，但那是否就表示我也必須浪費我的時間和精力？

何不待在家裡看大學盃美式足球賽？這一季我密切關注賽況，我真的想在俄亥俄州對上密西根州的時候磨出滿腳的水泡嗎？

我還真的想。要怪就怪維爾納．海森堡（Werner Heisenberg）。

✦

不是那個人，是那條原理。

充其量，我對那條原理也是模模糊糊只知字面的意思。但你還記得，稍早我引用了海森堡原理來解釋我們在追獵水牛時發現了什麼。那些城鎮就像次原子粒子，光是尋找它們的動作本身就會導致有更多新的冒出來。

據知，只要觀察一場實驗，你就必然會影響實驗的結果。你身為觀察者的存在改變了結果。

那麼，這為什麼會促使我在十一月中旬前往德州葡萄藤市？為什麼呢？天可憐見，因為我不只是一個心不甘情不願的選手，還是一個作者啊。

就是這本書要我去的。

這本書，您正在讀的這本，我在安克拉治寫得很高興的這本，就在馬拉松之後，趁著郵輪之旅前。這本書，我加了幾筆，帶上船，回到家再重新提筆。窩在我女兒位於火島的家中，鍥而不捨規避我的訓練計畫，三餐大吃特吃，三餐之間的點心也沒有少吃，我寫完西班牙徒步壯遊的一整個篇章。

走筆至此已大致完成，我的這本書。再一兩個月就會寫到我是怎麼在二〇〇四年開始到跑步機上訓練，並在新年伊始恢復比賽。接著，我要做的只是交代事情的現況，敘述我在FANS是如何堅持衝破逆境，以及我三度挑戰威克菲爾德鎮賽的挫折。還有，最後是我在葡萄藤市超核心耐力賽的表現。那場比賽是我這一整年的目標，對這本書來講也是一個很恰當的結尾，不管結果如何。我要做的只是出現在那裡，盡力拿出最好的表現，無論是我打破個人紀錄，或是這場比賽擊潰我的鬥志，我都會據實以告，結束這本書。

然而，這一切的必要條件，就是我得現身德州。我可以去到那裡，走一場漂亮的比賽，猶如乘著天使的翅膀飛越八十英里。如此一來，本書就有個燦爛輝煌的結尾。或者，我可以英勇上陣，然後被天氣、水泡、胃痛或牛皮癬爆發打敗，本書就會有個截然不同的結尾，但只要我好好寫，這種結局也完全可以成立。

或者，唔，這個怎麼樣？「於是乎，當月曆上那個命定的星期五到來，我決定管它去死，待在家裡好了。我任由那場比賽沒有我而逕自進行，所以我們永遠也不會知道我比得怎麼樣。就這樣。全劇終。」

別鬧了。我不可能這麼做。我必須搭上那班天殺的飛機，出現在那場天殺的比賽。是這本書要我這麼做的。

28 努力輸得光彩

這場比賽一切的一切都一如我所擔心的一般糟糕。

感恩節前的星期五，我坐計程車到紐華克機場，搭上往達拉斯市的飛機。落地之後，我領了行李，也領了我租的車，讓導航系統帶我到旅館。我走進罩著塑膠布的大廳，空氣裡瀰漫著裝潢施工中的厚重煙塵。我辦理入住，去到我的房間，這裡卻也在加緊趕工當中。開朗的櫃台人員很快給我另一個房間，毫不意外，他們有很多房間。

我開車到比賽地點，領了號碼布，四處看了看。我回到旅館，叫了披薩，把披薩吃掉，上床睡覺。早上，我起床，換上運動裝備，早早就出現在起點線。現場有好些競走選手，其中幾位看起來大有希望榮登百英里王，但我只認識歐里一個人，能再見到他很好。

我告訴他，我沒什麼好好表現的希望。我把我是怎麼荒廢訓練的魯莽過程娓娓道來，他聽了很同情。我們一致認為天氣應該會不錯，下雨的機率不大。日正當中時會是個負擔，而且夜裡可能比我們想要的還冷。但整體而言，我們應該沒問題。

路線夠簡單的了，賽道平坦好走。你往前走一英里，轉個身，走回來。一圈恰恰是兩英里。走個五十圈，你就是百英里王。就這樣，沒別的了。

我知道我不會走五十圈，或甚至四十圈。若是走個三十六圈，我就打破在FANS的紀錄了。若是走個三十五圈，那距離就等於我的年齡。二十四圈則是比我七月在威克菲爾德鎮的災難多一點，但就連二十四圈都似乎難以企及。我的腳怎麼可能撐那麼久？我怎能希望走那麼遠的距離？在我能棄賽回家之前，到底必須走多久的路呢？

✦

從第一圈開始，我的腳就感覺不對勁。我的感覺充其量只是一般的疼痛與不適，但我格外意識到那些不舒服。任何的僵硬與痠痛都適足以確認我已經認清的事實，亦即我不可能期望有好的表現，我勢必不得不棄賽，我至多只能希望自己盡力了，不要棄賽棄得太難看。

電視上有一位拳擊賽實況轉播播報員，有時他喜歡以「努力輸得光彩」來形容拳擊手。他的意思是這位老兄沒在朝打贏的方向努力，但設法裝出那個樣子。我在場上走了一圈又一圈，而我在做的就是努力輸得光彩。

有一陣子，歐里和我走在一起。我唱著某個版本的藍調歌曲，悲嘆我身為競走選手的未來大勢已去。我必須接受我的個人馬拉松最佳成績已經無法突破的事實，我要是能接近紐奧良的五小時十七分，哪怕還多出個半小時，都算幸運的了。我只會隨著年紀越走越慢。

而且，我繼續說，我怎麼會以為自己能超越我在ＦＡＮＳ的七十點二四英里呢？我永遠也當不成百英里王，我也永遠走不到八十英里。有兩次，我都可望走到那麼長的距離，一次是在ＦＡＮＳ，一次是在威克菲爾德鎮，但兩次都出了差錯，未來可以預期的是更多的差錯。

歐里告訴我，我的腳有走八十英里的本事。年齡或許會持續拖慢我的速度，我的馬拉松個人最佳成績確實可能再也無法進步，但總有那麼一次的二十四小時耐力賽，我會做足萬全的準備，我不會受到水泡或背痛的阻饒，下雨或高溫也都不至於擊退我。我或許永遠也走不了一百英里，但我沒道理不能走八十英里。或許不是今天，但可以是未來的某一場比賽，當一切都對了，千載難逢竟然沒有出錯的時候。

嗯，或許吧，我附和道，但不是今天。

✦

兩、三圈之後，我開始漫不經心地想著，今天終究或許會是不錯的一天。我算了算我走一圈的平均時間，把它往上乘，衡量著我能不能走出一個像樣的總里程數。說不定我甚至可以刷新紀錄，說不定我可以挑戰八十英里，說不定……

話說回來，也說不定不可以。

我的腳底是在第六圈開始有狀況，感覺很熱，就是水泡形成之前那種熱法。不過，這次我記取了威克菲爾德鎮那次的教訓。在那圈結束之後，我就直接朝我的車走去，我的急救箱在那裡待命。我在腳底貼了水泡貼片，再重新回到場上。

這讓我多走了兩圈，但我感覺得出來，我沒辦法撐太久。太陽高掛天空，氣溫越來越高。不管有沒有水泡貼片，我的腳都很痛。第八圈之後，我一屁股坐到一張椅子上，和格蘭・米澤聊了起來。二月在紐奧良的苦戰過後，我還沒見到他過。他住在這一區。一會兒過後，他就要展開六小時組的比賽。

我強迫自己回到場上，想著不知道什麼時候我會容許自己放棄。

就在此刻，寫到這裡，我上網打探了一下，發現了我在超核心耐力賽的各圈時間。我一開始走得很慢，均速是每英里十五分三十二秒。隨著比賽繼續進行，我只變得越來越慢。到了第十圈，我簡直是在散步。第十圈結束時，我總共花了五小時三十八分，合三十英里整。我的腳在第七圈和第八圈讓我很困擾，我必須強迫自己走完第九圈和第十圈。第十圈一結束，我也玩完了。

在最後一圈，我也向歐里和戴夫．葛溫宣布了這個消息，戴夫是競走組四位百英里王裁判之一。他倆都指出這是一場二十四小時耐力賽的事實，換言之，如果我的腳很痛，我可以離場休息一段很長的時間再回來。我心想，他們為什麼跟我說這個？是什麼讓他們認為我有可能想回來？

我坐進車子裡，開到我的旅館，從大廳的販賣機買了兩公升的可口可樂，從我的房間打電話給達美樂，並在等披薩送到的空檔喝掉一瓶可樂，又在大嗑披薩時喝掉另外一瓶。我打開電視，發現有一台在播足球賽。

東摸西弄之間，我脫掉鞋襪查看我的腳。我判定它們看起來沒有太糟。而且，我意識到當我一離開比賽場地，它們就不痛了。

29 疼痛、失望和挫敗

那年的超核心耐力賽，有六位競走選手榮登美國百英里王，三個來自荷蘭，一個來自澳洲，還有兩個美國人。第七名是一個比利時人，走了六十二英里；接著是一個美國人，六十英里；再來有兩個人走了五十八英里，其中一個是歐里。那場比賽唯一的女性競走選手是個美國人，她是美國和歐洲這一類比賽的常勝軍，這次她表現失常，走了十八英里就棄賽了。

我回到家，把髒衣服丟到洗衣籃，把我的超核心耐力賽紀念運動衫掛起來。那是一件穿得出去的運動衫，甚至還有個帽子，而且在所有那些T恤當中，它可以讓我換換口味，但我無法想像有什麼原因會促使我穿上它。我不想要一件助我想起那次比賽的東西。如果能助我忘記，我還比較感激。

不過，在遺忘之前，我想先把它寫下來。一連幾個早上，我都在電腦前敲敲打打。在聖雅各朝聖之旅結束過後一點點的地方，我中斷了這本書的寫作——是的，就是這一本。現在我跳來寫我剛剛經歷過的比賽。這可不好玩，寫了幾天、幾千字之後，我放棄了。那幾千字幾乎沒寫到這場比賽本身，而是沒完沒了地哀嘆著賽前的幾個星期。我告訴自己，過一陣子再回來繼續寫。接著我開始懷疑自己還會不會回來，或許事情已經劃下句點了。

或許競走這件事已經劃下句點了。

情況看來確實如此。我並不十分歡迎這種想法，但它似乎揮之不去。寫到超核心耐力賽的賽前準備時（或者更準確地說是「缺乏準備」），我強烈意識到自己那種有意無意擺爛的態度。經過幾星期的密集訓練，高里程數的那幾週走的是比馬拉松還長的距離，接著我貿然中斷訓練，極力以最差的狀態站上起點線。正如我懷著對棄賽的期待去走那二十英里，賽前倒數幾週我也是無所不用其極確保自己得到棄賽的下場。

回顧這一年，我看到的似乎盡是疼痛、失望和挫敗。針對在杭亭頓海灘和紐奧良的表現，我還有辦法將之視為一種英勇的壯舉，只因我不顧疼痛堅持到最後。這是看待這件事的一個角度，但說到底，這些是很辛苦的比賽，是這裡疼、那裡痛的比賽，唯一的樂趣就在於終於結束的那一刻。這次的威克菲爾德鎮賽是一場災難，我只能說我很幸運在大雨迫使比賽中止之前離場了。至於超核心耐力賽，唔，甚至在開始之前，它就已經成為我的一次失敗與挫折了。

我在二〇〇五年一月重返比賽的行列，三年之內，我參加了五十二場比賽，包括十一場馬拉松和七場超級耐力賽。我去走過馬拉松或耐力賽的州數是十四州，此外還有英國、西班牙、加拿大。

或許這樣就夠了。

✦

畢竟，這也不是我第一次半途而廢。我往往突然一頭熱，但卻只有三分鐘熱度。我一股腦兒栽進去，事情自然發展下去，接著有一天，我就不再感興趣了。這種人格特質或許很令人懊惱，有時我也確實覺得懊惱，但我似乎就是這個樣子。

畢竟，很久很久以前，我曾是個跑步和競走選手，訓練起來不屈不撓，也對參加比賽充滿狂熱。接著，我停了。後來又懷著一樣的熱情和執著，及時重新回到這項運動的懷抱。如果熱情冷卻了，我可以停下來，等到對的時候，我可以再開始。

喔，真的嗎？再停個二十五年，我就會是在九十四歲時綁上索康尼跑鞋的鞋帶。我猜好消息是我會在那個年齡組大獲全勝，如果我還記得怎麼走路的話。

✦

二〇〇七年剩下的時間，我多半是徒然坐看它流逝。我沒有在寫這本書，也沒有做其他任何工作。我沒有沿著哈德遜河練走，也沒有出現在健身房。

在我有感覺的時候，我的感覺是一種綿綿不絕的哀傷，背後還暗藏深深的恐懼。我長距離競走的活動顯然不會繼續下去，令人擔憂的不只是這件事本身，還有它透露出來的訊息。因為我彷彿可以看到，它只是「不再興致勃勃的活動」清單上的一個項目，這份清單會越來越長，其中有些甚至不是三分鐘熱度斷斷續續的那種，而是明明延續了一輩子但最近卻不再感興趣的樂事。

比方說閱讀。我當讀者的時間幾乎就和當步行者的時間一樣長，而我對小說的強烈共鳴大大影響我走上寫小說這條路。過去十多年左右，我卻發現自己很難再沉迷其中。

我從事了將近半世紀的工作要負一點責任。一天到晚做香腸，你就會對香腸倒盡胃口。我對於字句的排列組合和故事的起承轉合已經摸得滾瓜爛熟，而這使得我更難陶醉在我所閱讀的東西裡。

年齡也動搖了小說的地位。年輕時，我所讀的小說其中一個功能是向我解釋這個世界。隨著年齡漸長，我不再需要那麼多的解釋，而且對愛荷華寫作班新出爐的後起之秀幫忙勾勒的那個世界難以苟同。

我偶爾還是能埋首於一本書中，但那往往必須是我讀了很多年的作者所寫的，而且最好是我處於受困的狀態，比方說困在旅館房間或郵輪的客艙，手上有大把時間卻沒別的事好做。然而，多數時候，我拿起一本書，讀個幾章就失去興趣了。我猜得到作者接下來要往哪走，而我看不出來我為什麼要陪他走下去。又或者我會讀個半本，中途把它擱下，一心想要把它讀完，但最後只發現我沒有絲毫興趣再拿起來。

✦

我也不那麼熱愛寫作了。

我還是能做這件事。像是那年稍早在紐奧良寫的《殺手打帶跑》，每一個讀過的人都予以非同一般的熱烈回響。在寫作的過程中，我也確實完全投入其中。事實上，我對我近來的作品還算滿意，讀者似乎也欣然接受我寫的東西。

但在我看來，就某方面而言，這件事已經結束了。我還是持續在寫，只因這畢竟是我的職業，而且毫不意外地，我還是需要賺錢餬口。若是不缺錢，我還會繼續寫嗎？或許會，也或許不會。這件事不可能說得準。

我的著作清單再也無法塞進一頁裡，而且我顯然早就把我想說的都說了，把我內心深處渴望要寫的書都寫了。長達十六本的馬修．史卡德系列似乎找到了一個自然而然的句點，書中人物舒舒服服地退休了。我的雅賊柏尼．羅登拔或許可以繼續下去，既然他在各書之間不會變老或改變，但在未來我為他設計的任何冒險，我將只是不斷重複自己而已——在我看來，我似乎在前一兩本就有這種毛病了。至於我那睡不著覺的密探伊凡．譚納，他在第七次和第八次現身之間休息了二十八年。而我已經決定這位夥伴的生命週期就像蟬一樣，他下一次現身大可再等二十八年。

雖然不久前還很享受寫凱勒的故事，但我有預感《殺手打帶跑》後續恐怕無以為繼。我的人物顯然都準備好要下台一鞠躬了。

或許他們想試著告訴我什麼訊息。

✦

打從相識以來，琳恩和我就對旅行有著一樣的熱情，這份熱情也在消退。我們沒有任何旅行的計畫，而我發現自己在匆匆掃過一眼之後就會把郵輪和冒險之旅的傳單丟掉。

理智戰勝了熱情。首先，搭飛機一次比一次痛苦。其次，我們已經去過一百三十五個國家，剩下來的地方沒幾個是我們覺得迫切需要造訪的。最後，基於這樣那樣的原因，我們已有連續三次以失望收場的旅行經驗。我們不覺得有必要把行李箱當掉，也無意讓我們的護照逾期。但我們看得出來，在未來的年歲中，旅行扮演的角色將不再那麼重要。

還有其他的樂趣也不再有趣。近來我們幾乎不上電影院了，甚至光是想到這件事就感覺像一種懲罰。我要勉為其難才會去看電影。美國編劇工會會員的身分讓我受邀參加沒完沒了的試映會，而在奧斯卡電影季，我的美東編劇工會卡則讓我可以免費進入絕大多數的電影院。我幾乎不再去任何一場試映會，也難得憑卡走進一家電影院。待在家裡還比較容易。從電視上找點東西來看還比較容易。

不久之前的一個晚上，我們去參加一場派對。以派對而言，那是一場不錯的派對。我們和一些還算有趣的人聊了幾句，並預謀提早開溜。從地鐵站走回家途中，我轉頭面向琳恩，說：「我要記得再也不離開家裡。」

當然，我是開玩笑的。有那麼點開玩笑啦。

✦

我的擔憂超乎競走本身。文學家山謬・強生（Samuel Johnson）說過：「當一個人厭倦了倫敦，他便厭倦了人生。」我似乎厭倦了競走，厭倦了閱讀，厭倦了寫作，厭倦了四處遊歷。如果我在一個小說人物身上看到類似的症狀，我會假設他不久於人世了。瞧瞧他——從屋裡走過，關上燈，停下來，準備結束。

這是否就是此刻的我？

這個念頭讓我悲從中來。我一直都想長命百歲，就算只是為了看看接下來會發生什麼。但如果我再也無意把一本書翻到下一頁、知道接下來的劇情，或者在我自己寫的書裡，我也沒有類似的意願，那麼或許那份延續一生的好奇心也氣數已盡。

✦

有時我告訴自己，我的人生還沒走到盡頭，它只是在改變方向，而且以我的年紀來講，有這種改變並不奇怪。我還是有我的興趣和樂趣，甚至是熱情，只是這一切已經和過往不一樣罷了。

聖誕節，琳恩送我《火線重案組》（*The Wire*）前兩季的DVD。我之前嘗試看過這齣影集，但跟不上它複雜的劇情發展，也聽不明白劇中人物在說些什麼。現在，一集接著一集看下去，又有字幕幫忙釐清台詞，我完全迷上它了。兩星期內，我們就把整整兩季看完，並訂購了第三季和第四季。

我對集郵也還是有興趣。就像我那位戀舊的殺手凱勒，我從小到大都集郵。第一段婚姻結束時，我把我的收藏都賣了，之後便把這項嗜好拋諸腦後，要到一九九〇年代中期才重回它的懷抱。我可以花費數小時研究價目表和型錄、坐在拍賣會現場，或整理我的集郵冊。我全神貫注投入其中。

凱勒在考慮退休時重新開始集郵。他決定要無差別收藏全世界一八四〇至一九四〇年代間的郵票。（這項嗜好侵蝕掉他的退休基金，所以他還在努力工作。）我的收藏很類似，只不過沒那麼壯觀；我沒有他那份傲人的收入。

但集郵難道不是一個替代品嗎？它取代掉一度讓我如此著迷的旅行。比起收集五湖四海各個國家，集郵難道不是較為輕鬆而不手忙腳亂的活動嗎？

這是其中一個角度。另一方面，我的嗜好已經變得比較靜態、斯文、居家。相對於比賽，我寧可慢慢來。相對於出門旅行，我寧可待在家裡。相對於運動，我寧可看年輕人踢足球。相對於閱讀或寫作，我寧可看電視節目。

好極了。

當然，我很憂鬱，我也知道坐在那裡什麼都不做是延續這種憂鬱的妙方，但我似乎無意採取行動。

我告訴自己，新年的第一件事就是強迫自己動起來。首先，我要回健身房去。坐在電視機前看比較好動的小夥子踢足球、販毒或開槍射來射去不會燃燒掉太多的卡路里，坐在書桌前或埋首於集郵冊也一樣。既然這些是我的嗜好，再加上我吃得就像坐在受訓運動員餐桌前的進攻線球員一樣，唔，我最好做點什麼，而我假定新的一年一旦展開，我就會莫名找到動力。我會回到跑步機上，我會減少攝取碳水化合物。

我需要運動，因為我的衣服不合身。我需要寫點東西，因為我們的錢快花光了。我沒等一月就坐到電腦前面。我同意為一本選集寫一則短篇，他們已經預付了一半的稿費。這群善於操弄的渾球，搞得我不得不把那則天殺的短篇寫出來。何況，試著寫點幾天就能完成而不需耗費個把月的東西也不錯。

我花一星期完成了這則短篇，結果也沒什麼問題。這很振奮人心；這讓我知道我那些肌肉還沒壞死，而如有必要我隨時能迎接挑戰。

一月來了。一月二日的早晨，我鞭策自己出門去，穿過一個半的街廓，走到我的健身房。很不可思議，我還記得我的寄物櫃是哪一個，也還記得我的密碼。那天早晨，以及第二天早晨，還有第三天早晨，我都做了點運動。

然後就停了。

唔，我告訴自己，我顯然還沒準備好。目前還沒。此外，運動消耗掉我工作所需的時間和精力。所以我轉而回到電腦前，投入以我其中一個系列小說人物為主角的工作中。我想了開頭，也把開頭寫出來了。接著，我想起多年前考慮過的一個劇情元素。我把這個元素也融入其中，字數便開始累積。兩星期內，我就寫了兩千字左右。

我並不十分喜愛我寫出來的東西。我也不十分確定接下來的劇情。所以我停筆了，等它在我腦袋裡自行釐清。

我想著，或許我應該再寫一則短篇，或許寫點我知道我能完成的東西比較好。我有七萬五千字的回憶錄擺在那裡，而我擠不出一絲興趣繼續寫下去。現在我有兩萬字的推理小說，而它似乎也沒戲唱了。我催促著自己：完成一件作品，把它賣掉，為這個家賺進幾塊錢。

於是，我寫起一則短篇，寫了幾百字，第二天再繼續，又寫了幾百字。過了一兩天，我卻發現它不想成為一則短篇，我其實是為我的另一個系列小說人物，寫了另一部長篇小說的開頭。

而在它撞牆之前，能走得多遠呢？

我問自己這個問題，也思考了一下答案。第二天早晨，該上工的時間到了，我決定別再麻煩了。

✦

我本來滿懷期待地等著一月到來，而一月來了又去。這些年來，我學到一件事，那就是憂鬱是一種會自己好起來的症候群，發作完了就沒事了。但這次它似乎更新了它的條款，決定延續它的威力。

我沒去健身房。我寫了一點東西，但已經停筆了，我看不出有什麼理由回頭繼續寫。我有不會發展成任何一本書的兩萬字，還有另外一本的兩、三千字，兩本都沒了脈搏。

此外還有一個隱憂，我寫了或許已有三分之二內容的回憶錄，但我似乎覺得自己和它再無關係。那可是做了大量的白工。但這也不是沒有前例可循，它不是我第一部功虧一簣的回憶錄。

接著，發生了一件事。

30 做就對了

二月十日星期天中午，我和其他數十人一起，坐在離我家幾條街的一個房間裡。三十年前戒酒之後，我開始參加這群有志一同的人的團體聚會。這些年來，星期天的這場聚會成為我每週一次的例行公事。除非我出城去了，又或是在中央公園比賽，否則我基本上都在這裡。

聚會進行當中，我浮想聯翩了起來（老毛病了，沒什麼稀奇的），然後我發現自己在想所有那些我想做、需要做但卻似乎無能為力的事情。我必須去上健身房。我必須執行阿金飲食法。我必須寫點東西，並且寫完一件作品。

這也不是新聞了。日復一日，一天好幾次，我會把這三件非做不可的要事確認一遍，但我似乎也僅止於確認而已。日子繼續流逝，我還是一事無成。我坐在那裡無事可做，卻又從沒把時間拿來做我該做的事。

接著，我冒出一個想法。人有時候就是會這樣冒出想法來。我想起我在一次類似的聚會上聽過的話，很可能就是在這個房間，在將近三十年前，有個人說：「如果你需要有辦法為自己該做的事騰出時間，那就參加更多的聚會。」

這豈不自相矛盾？乍聽這句金玉良言，我聯想到一個古老的故事，故事裡有個傢伙向他的拉比抱怨他侷促的生活條件。他跟太太和四個小孩住在有兩個房間的小木屋裡，外加他太太的父母和他自己的祖母。屋裡沒有空間，他快受不了了。

拉比說：「嗯哼，你養雞嗎？把你養的雞都趕進屋裡一起住。」

幾天後，這傢伙又來找拉比，說有了雞之後甚至更糟了。「是嗎？嗯……那你有羊嗎？把羊也帶進屋裡。」

以此類推。我想還有另一隻動物。我還滿確定不是豬的。是狗嗎？還是牛？管它的。

這傢伙又來了，說情況前所未有地糟糕，沒有空間可容旋身。更有甚者，屋裡瀰漫那些動物的氣味。拉比說：「嗯……回家把所有動物都趕出屋外。」

這傢伙照做了，後來便興高采烈地回來，說：「拉比，你真是天才，我家空間大到像城堡！」所以，去參加更多聚會？當然了，有何不可？到有一天你停掉所有聚會，就會發現自己多出大把時間。

只不過，事情不是這樣的。參加更多聚會，接著再繼續參加更多聚會，你就會莫名地不那麼一事無成。我不知道為什麼這招有效。（我也不明白非歐幾里得幾何。我是說，兩條平行線怎麼會碰在一起呢？如果碰在一起，不就不叫平行線了嗎？）

很多很多年前，我體認到這招就是有效。我或許不知道它是怎麼發揮作用或它為什麼會有效，但我也不是真的很清楚電力的原理，缺乏這種知識卻不妨礙我把電燈打開。

我告訴自己，明天，我要六點起床，去上健身房。運動完後，我要去參加九點的聚會。在那之後，我則要回家到電腦前工作兩小時。喔，是的，還有，在這麼做的同時，我的飲食方式會讓阿金博士露出讚許的笑容。

而我還真的這麼做了。

星期一，我投入一小時在跑步機上，過程令人膽顫心驚。我從過去對我來說很輕鬆的速度開始，設定了一小時四英里、每英里十五分鐘，卻發現我沒辦法舒舒服服地保持這個步調。我必須把它往下調。到這一小時結束，我已經設法回到十五分速。我又花了十到十五分鐘練習舉重，接著沖了個澡，喝了點咖啡，去參加聚會。十點，我回到家，坐到書桌前。

第二天再來一次，第三天也一樣。我就這樣一路保持到星期五，在跑步機上運動的時間長度不等，但從不超過一小時，有時限制在四十五分鐘。每天早上，我從健身房去參加聚會，再從聚會到我的電腦前面，讓那則想要成為長篇小說的短篇故事有一點進度。

但這件事似乎也不急。我在前三天完成了一點，星期四則睡了個午覺。星期五離開聚會之後，我及時攔了計程車到機場；琳恩和我那個週末要去佛羅里達州，拜訪我的舅媽阿敏。

阿敏是我上一輩僅存的一個親戚了，自從舅舅阿漢幾年前過世之後，我還沒見過她。前一年秋天，在德州那場災難之前，我本來計畫要趁A1A馬拉松的機會去佛羅里達州。那是一場小型的比賽，起點和終點設在羅德岱堡，途中就從我舅媽在龐帕諾海灘的公寓大樓前經過。我從未真的去報名那場比賽，反而還徹底放棄比賽這件事了。我轉而挑了一個我表弟彼得要去看舅媽的時間，結果剛好就是馬拉松舉行的那個週末。（它的路線確實是從阿敏家門前經過，而且也會經過幾英里外我們在海灘旁的旅館。我們本想及時趕出去看看那些跑者，但到我們吃完早餐時，他們已經在回羅德岱堡的路上了。

在佛羅里達州，我沒去參加任何聚會。其中一天早上，我用了旅館的跑步機。來回阿敏家的路途長得足以讓每一天都像上過健身房一樣。我還是勵行阿金飲食法，我也放鬆下來享受有舅媽和表弟作伴的好時光，然後我想了一些事情。

我體認到我那套新的作息必須做個調整。該有的要素都在，只不過順序不對。到我坐到書桌前的時候，我已經因為運動累壞了。那種疲累並不討厭，但它將我寫出好作品所需的敏銳頭腦磨鈍了。如果我把寫作排在第一，接著再去參加聚會，唔，到了上健身房時，我可能頭腦已經變鈍了，但那又怎樣？敏捷的思考和對文字的敏銳在跑步機上反正是白費。

隨著這個週末過去，我也想通另一件事。我需要做的是把一本書完成，而我手上有一本比其他作品都更接近完成的書，就是這一本。何不回來寫這本回憶錄呢？

如果每天早上聚會之前可以投入兩小時寫作，一兩個月內就能大功告成了。其他我可能寫出來的東西都要花更久。最重要的是，其他任何東西其實都是讓我迴避掉真正該做的事，那就是完成這本回憶錄。打從我擱下它以來，它就變成一件眼不見為淨的東西。我必須處理它，否則我永遠也無法處理其他任何事情。

✦

我們在星期二下午飛回家。第二天早晨，我的第一件事就是上健身房，接著去參加聚會，下午則把我的回憶錄看了看，做好重新回到這本書的準備。當晚，我把鬧鐘設定成提早一小時響。第二天一早，我五點就起床準備開工。我在六點坐到電腦前，八點三十抵達聚會地點，而到了這時，我的回憶錄已經多出一千個字。

我沒有重新進入狀況的問題。我就從我在火島擱下的地方接著寫，也就是差不多在西班牙朝聖之旅結束那裡。重新進入這本書簡直易如反掌，我不禁疑惑自己當初幹嘛擱下它。

我並不以此為傲，不過幾天之後，我恍然大悟到我突然重新有能力寫競走經驗和我每天去走跑步機或許有關聯。這兩者的關聯看來似乎很明顯，不是嗎？

✦

我懷著信徒般的狂熱堅守我的作息，每天一早五點起床、六點坐到書桌前、為我施工中的作品添加至少一千個字，接著再去參加聚會、上健身房。

我不時會想到一星期休息個一天也不會死。我沒有排除這種可能，但我也不覺得很想冒險改變這套固定模式。這套模式有效，而且我喜歡這種過日子的節奏。上午忙完了，整個下午和晚上就都任憑我自由支配，一週七天奉行不渝並不覺得有壓力。我無疑可以繼續保持到這本書完成為止。

我的跑步機運動通常為時一小時，但一星期有一兩次，純粹為了換換口味，我會只運動四十五分鐘。天氣夠冷的了，所以我從來沒有改成去戶外練走的衝動，而且我在跑步機上也不會無聊。我會輪流採取不同的方式，有些日子挑戰速度，有些日子則輕鬆一點，間或穿插坡度訓練。

幾星期之後，我發現自己考慮起比賽來了。中央公園總有紐約路跑俱樂部的比賽，布魯克林半程馬拉松也快到了。我或許可以應付中央公園裡的五英里，或甚至布魯克林街頭的十三點一英里。但再多想一下，我就想起我為什麼變得不愛參加短程賽事。它們的重點都在於時間，而我的時間是不會進步的了。再說，我要更多的T恤幹嘛？

我可以再試一次FANS。

這個念頭不請自來。我把它玩味了一番，發現自己並不覺得畏懼。但我瘋了嗎？我真能面對沒完沒了逆時鐘繞行諾科米斯湖的景況嗎？每繞一圈還要在諾科米斯山爬上爬下一次。好吧，或許我可以。哦，真的嗎？我忘了我的背在那最後幾圈的感覺了嗎？嗯，我沒忘，但我也沒忘了在那之後的感覺——走出七十點二四英里刷新紀錄的感覺。

嗯哼。

FANS的傳單在一月寄到我家時，我想都沒想就把它否決了。不只因為我顯然永遠退出了競走界，也因為我那個星期預計要去布達佩斯，為我的書的匈牙利版做宣傳。

現在，我認真考慮起這場比賽。算起來，我有將近三個月的時間可以把體能練回來。而且，正當我在那邊想東想西的時候，布達佩斯之旅泡湯了。

所以那個日期空出來了，但我有足夠的時間做準備嗎？

依我看，有個辦法可以知道。我可以在四月下旬參加一場馬拉松試試身手。如果行不通，對於該不該挑戰FANS，我心裡就有個底了。

我上網找到了四月十九日的鹽湖城馬拉松。這場比賽的一切看來都很不錯，而且我可以在我的馬拉松清單上加上猶他州。我都準備好要報名了，卻突然天外飛來一筆，西班牙的出版社邀請我去萊昂的一場藝文研討會。徒步朝聖的過程中，琳恩和我在萊昂待過幾天。印象中，那是一座迷人的城市，值得再去一次。研討會是在馬拉松之前兩天舉行，所以不是這個就是那個。

我接受了邀請，不過有兩個前提：一是琳恩也要去，二是我們要坐商務艙。（出席研討會沒有酬勞可拿，所以如果不能舒舒服服地去，又何必要去？）出版社立刻回覆說應該沒問題，於是我又上網去找後一週的比賽。我發現在華盛頓州的溫哥華市有一場。

接著，西班牙那邊又來了消息。主辦的那所大學不會招待我們商務艙的機票。我雖然失望，卻也鬆一口氣。一方面，我沒有機會去萊昂了；但另一方面，我不必去了。現在我要做的，只是在猶他州和華盛頓州之間選一個。

✦

我在衡量兩場比賽的優劣之時，我的表姪米卡出現在紐約。自從威克菲爾德鎮那場因雨喊停的比賽之後，我還沒見過米卡。在一月的一封電子郵件裡，我告訴他說我成為競走逃兵了。現在，我則趁著共進晚餐的機會，向他報告說我對這個體育項目的退休宣言就像馬克．吐溫的死訊一樣[56]，似乎言過其實了。

我說：「我真的以為我不玩了。」並向他解釋說我一直以來都是一個只有三分鐘熱度的人。米卡自己也是這樣的人，他提了一個建議給我。我有沒有想過自己可能訓練過度了？我說我想過，德州賽前的那些個禮拜，我走的里程數很高，但我的身體沒有顯露出任何訓練過度的症狀。

「『訓練過度』這件事很微妙。」他說：「在西方，我們只看它的生理層面。疲勞性骨折是其一，還有其他生理上的損傷也被視為證據。但東歐人的觀點不一樣，在東歐，訓練過度的症狀完全是精神上和態度上的。運動員喪失了銳氣，並且再也無心於此。」

我們繼續聊著其他話題——米卡自己的作品，還有在這一方面乃至於各個方面如何保持動力。

事後，我想了想他說的話，我在十月到十一月間自暴自棄的行為似乎有了道理。我沒有疲勞性骨

56 馬克．吐溫生前曾兩度傳出錯誤的死訊，他在《紐約新聞報》（*New York Journal*）澄清時說：「我的死訊言過其實了。」這句話也成為他的名言。

折，也沒有足底筋膜炎。走路的時候，我沒有不明疼痛，我的肌肉沒有造反。生理上，一切都沒有問題。但心理上起了變化，之前無論是什麼促使我上場、推動我向前，現在都突然煙消雲散了。

這本天殺的回憶錄反正迫使我一路去到德州。沒有這本書，我就會略過這場比賽，也略過阿布奎基市的馬拉松。這本書讓我站上起點線，並讓我沿著兩英里長的路線來回十次。但這本書能做的也就這麼多了，我能做的也就這麼多了。

✦

鹽湖城馬拉松是一場很正規的比賽，看起來也規劃得很好。而溫哥華市提供的選擇則顯得與眾不同，就在波特蘭市對岸，那是一場為時三天、各種長度不等的走路活動。這些活動不是真的比賽，儘管有些參賽者會盡快抵達終點線。但絕大多數的人只會享受走路的過程，主辦單位稱之為趣味徒步賽（Volksmarch）。

儘管如此，其中一項走路活動是馬拉松的距離長度。無論他們會不會記錄完賽者的時間，終點線那裡總會有時鐘，而且，去它的，我會戴著手表，不是嗎？

這說不定是一次有趣的經驗。我參加過有些選手似乎並不在乎花多久完賽的馬拉松，例如安克拉治的紫衫軍，但我還沒參加過一場不是比賽的比賽。差不多所有選手都不是跑者，而是步行者。絕大多數的步行者只是來散散步，我說不定會是領先群雄的佼佼者，而不是像往常一樣居於吊車尾的位置。

我感覺得到我的想法漸漸塵埃落定。我試圖抵擋，試圖用意志力趕走它，但這樣做的效果就像試圖趕走灰塵一樣。

何不兩場都參加？

唔，有何不可呢？就邏輯而言，這麼做有一定的道理。我可以飛到鹽湖城參加馬拉松，接著到拉斯維加斯去和我的親戚待幾天，然後再到波特蘭市，最後懷著激動不已的勝利心情回到家——又或者只是激動不已而已。

但除此之外，還有什麼道理嗎？唔，或許吧。到鹽湖城那場比賽舉行的時候，我或許已經為馬拉松做好準備了。這場比賽可以讓我知道六月FANS的二十四小時耐力賽和我有沒有關係，而比賽的過程也有助我為FANS做準備。

在鹽湖城，我不會勉強求快。我只求以舒服、穩定的速度完賽。他們讓競走組提早出發，所以我可以慢慢來，不用擔心他們會在我越過終點線前就關門了。

如果我真的慢慢來，這場比賽就不見得會消耗我那麼多的元氣。累人的不只是距離本身，我參加過比長程比賽更令人筋疲力竭的短程比賽，五英里賽和十公里賽確實比有些馬拉松還更難恢復過來。

我對琳恩說：「聽起來可能很瘋狂。」接著我把我的想法告訴她。容我先聲明一下，當你準備要聽理性的忠告，而不是一個跟你一樣瘋狂的人的瘋話時，那種心情是很不安的。我想我早該料到了，這可是那個當我戒慎惶恐提出水牛追獵之旅的建議時斬釘截鐵宣布說要把所有水牛都找出來的女人。

她說：「我認為這主意一級棒。慢慢來的話，沒道理你不能參加兩場相隔一星期的馬拉松。大家都這樣做，不是嗎？」

我回憶道：「我在密西西比州碰到的那些瘋子，還打算第二天去莫比爾市參賽呢。在剛比完一場馬拉松二十小時之後，他們就要去比另一場。」

她說：「那太誇張了，我不認為你會像他們那樣，但相隔一週聽起來很合理啊！」——合理！——「而且你還可以在賭城和派提共度幾天愉快的時光，然後如果你不想去參加第二場比賽了……」

「我就說老子不去了。」

「完全正確。」

「如果我當真這兩場比賽都完成了，我就知道自己的狀況可以去六月在明尼蘇達州的FANS。而最後不管我做了什麼，做就對了，對吧？」

她想了想，然後點點頭，說：「為了你自己，而不是為了寫那本書。」

31 你必須繼續。我無以為繼。我會繼續

四月十七日星期四，我飛到鹽湖城。星期六早晨，我現身參加馬拉松。我報名了提早出發的組別，他們讓我們在六點十二分出發，緊接在自行車組之後。自行車組沒有要比賽，他們的速度有上限和下限，我始終不太明白他們來幹嘛，不過仔細想想，我也不明白自己來幹嘛。

一開始很涼爽，但也沒有太涼爽，而且空氣很乾，又吹著強勁的逆風。路線的起終點不同，一路都是陡降坡，但也有兩段費力的爬坡路。我不時看看手表，我的步速沒有很大的改變。第一個小時，我走了四英里，之後的每個小時亦然，就這樣直到最後一小時，這時我找到了一股蓄積的力量，因而加快了速度。我不知道逆風造成多大的阻礙，一流的跑者抱怨它，而他們的成績沒有多突出。我不知道海拔高度扮演了多吃重的角色。我只知道我走這段距離沒有問題，並以六小時二十六分的個人時間越過終點線。

全身上下都沒痛。我搭輕軌電車回旅館，當晚招待自己好好吃一頓比目魚大餐，接著回到旅館房間，打開HBO電視台，看拳擊手喬．卡札格（Joe Calzaghe）打敗貝爾納．霍普金斯（Bernard Hopkins）。

第二天一早，我去旅館的健身房，在跑步機上運動了半小時。第三天也一樣，再來就飛到賭城，我的親戚派提來機場接我。我在他家住了三個晚上。每天一早，我都到他們社區大門外的街道練走。他們最近才鋪上柏油，感覺就像走在橡膠跑道上似的。我每天早上去走一小時，為溫哥

華市的比賽做好準備。

一直到星期四之前，我都保留略過第二場比賽、直接飛回家這個選項。我甚至還沒報名這場比賽，你不需要事先報名。只要我高興，我隨時可以更改機票、取消預定的旅館。但我覺得還好，而就算鹽湖城的比賽消耗掉了一絲元氣，我也察覺不到自己少了什麼。星期四下午，派提開車送我到機場，我飛到鹽湖城，再轉機到波特蘭，搭計程車穿過哥倫比亞河，來到華盛頓州溫哥華市。第二天早上，我在跑步機上投入半小時。

我預定在星期六參加的賽事是馬拉松，但它不是一場比賽。整個週末的活動都打著「走路節」的招牌，內容囊括各種各樣不是比賽的比賽。它們不是比賽，而是不同距離長度、按照個人步調去走的徒步活動。在一段長達數小時的時間內，你自由選擇開始的時間。你要結束就結束，沒人在那裡記錄你的時間。

也沒人在那裡防止你迷路。出發的時候，他們給你一份地圖，以及一張詳細的路線說明，告訴你該在哪裡轉彎，還有哪些街道過馬路要小心。沒有交通管制，有時你還得停下來等紅燈。

他們稱之為Volksmarch，這是一個德文字，它的意思似乎不用翻譯就很明顯。它比較像健行而不像比賽，儘管你大可卯足全力盡速完賽，因為一旦完賽了，嗯，你就可以停下來，去忙你別的事情了。

有意思。

為了體驗一下，也為了找點事做，我報名了星期五下午的五公里組。他們也有十公里組，但我判定在馬拉松前一天去走十公里有點太多了。我把卡片拿去蓋章——你要隨身攜帶這張黃色的卡片，在沿途各個檢查站拿給他們看，證明你真的走了這段路，而不是在酒吧裡坐了一兩個小時——然後我就出發了。走到某個地方，五公里組的人突然往左一轉，十公里組的人卻往右轉。結果就在我前面的人變成是十公里組的人，至於我呢，老天爺，我在應該左轉的時候右轉了，到頭來還是走了整整十公里。我猜這可能很蠢吧，但你也可以說相隔一週走兩場馬拉松的主意很蠢，所以管它的。我好好看了看這座當地人稱之為「美國溫哥華」的城市，並決定我喜歡它。第二天一早，我穿上我的鹽湖城T恤和跑步短褲，出現在報到桌，給我的黃色卡片蓋個章。

那是一次奇特的經驗。一場不是比賽的馬拉松。跟著指示走的元素讓它富有和定向越野競賽一樣的色彩。我採取了競走的技法，以我的定速前進。看到有這麼多人穿著平常的服裝、揹著背包、以一種非競賽的尋常方式走路，卻不知怎麼走得比我還快，讓我覺得自慚形穢。老天在上，他們只是在走路，我卻完全不是他們的對手。

他們為我們策畫的路線是二十一公里的環狀路線。如果你報名了二十一公里組，你只要走一圈就大功告成了。至於馬拉松組，你則要繞場兩圈。

繞場第一圈的過程中，我冒出或許一圈就夠了的念頭。我的速度快不起來，一方面每隔幾條街就得查看一下那張路線說明，一方面每隔幾英里就得從腰包掏出我的黃色卡片，到檢查站蓋個章。除了清楚詳盡的路線說明之外，樹上和路燈上不時也有小小的標誌，是橘色的長方形硬紙板，上面有箭頭指示我們該去的方向。此情此景彷彿似曾相識。過了幾英里，我才反應過來。¡Flechas! ¡Flechas naranjas![57]這可不是聖雅各之路整個重來一遍？而且，毫無疑問，我一度迷失方向，開始兜圈子繞來繞去。¡Ay, perdido!

57 西班牙文，指「橘色箭頭」。

大概是在迷路的時候，我漫不經心地考慮起走完二十一公里就停的想法。這時想必剛過整條路線的一半，內心有個聲音勸我別傻了。它想知道：什麼樣的阿呆會飛越整個國家來走一場半馬？

大概是個有全馬選手一半蠢的阿呆吧。但我知道我不會停下來，除非我的腳不聽使喚，除非我的水泡很嚴重，除非出了什麼狀況迫使我退出這場比賽，或這場健行，或這場 Volksmarch。管它是什麼。

✦

沒出任何狀況。我花了三小時半回到旅館，但到了那時，我已經開始享受這場活動的愚蠢之處——查看地圖，還有那種很像尋寶遊戲的色彩。我把我的護照拿去蓋章（他們稱那張黃色卡片為護照），蓋完章再重新上路，這次路線就熟悉了。我這次沒有迷路，儘管有一兩次差一點點。我放鬆下來慢慢走，享受新鮮的空氣和四周的景色。我戴著眼鏡——如果要看清楚路標，我就得戴——結果我把景色看得比一般比賽或練走時更清楚。

不痠也不痛，沒有起水泡。整個二十六點二英里都談不上有任何生理上的不適。完賽時，我還是身強力壯，而我那沒有官方紀錄的成績是六小時四十五或五十分。這次的成績不能拿來和真正的比賽相提並論，事實上，它不能和任何東西相提並論。我覺得無所謂。相隔一週，我走了兩場馬拉松，哪裡都沒痛，當晚或第二天甚至也不覺得特別痠。

星期天早上，我去了健身房，在跑步機上很悠閒地走了半小時。鹽湖城比賽過後第二天，我去參加了一次聚會。我在溫哥華市也找到一場聚會，會後回到旅館才九點，我還有時間再去走最後一次。我可以選擇六公里或十一公里，而我選了六公里。這次不同了，我在該左轉或右轉時沒轉錯方向。我想，差不多這個距離長度，輕鬆走一走應該能把雙腳殘餘的疲勞紓解掉，結果也一切順利。

✦

為什麼這麼順利？

我知道才有鬼。在鹽湖城，一直到站上起點線，我都不知道自己是否準備充分。連續十週，我每天練走，但每一步都是走在健身房的跑步機上，而且沒有一週一次的長程訓練來為二十六點二英里做準備。有一次走了兩小時，另一次走了一小時半。除此之外，每天的訓練都在一小時以下。我沒有記錄訓練狀況（不做紀錄已經變成我新的紀律之一），但我還滿確定我一週累積的距離沒有超過二十英里。

唔，顯然這樣就夠了。

鞋子呢？我穿的就是那雙破舊的索康尼，和六月繞行諾科米斯湖時一樣。不，我不認為是鞋子的緣故。

態度嗎？我沒有刷新個人紀錄的意圖。在鹽湖城和在溫哥華市，我不時想到自己第一次走紐奧良的成績是五小時十七分。如今在我看來那就像是上輩子達到的一個成就。是的，我做到了，但那是一七九八年的事。當時的我是凱利麾下的韋克斯福德反叛軍，你知道，就是那個來自奇拉尼的男孩[58]，所以情況不可同日而語。

58 此指約翰·凱利（John Kelly），一七九八年愛爾蘭反抗運動領袖，住在愛爾蘭韋克斯福德鎮的奇拉尼。

沒了壓力反倒比較容易嗎？嗯，或許吧。但我還是試圖盡快抵達終點線，而且我有辦法做到後段加速。每一場比賽的後半段，我花的時間都比前半段還少。

管它的。基於某種原因，我的身體和精神似乎喜歡我為這些比賽做準備的方式——每天走半小時以上，但很少超過一小時。這就是我做的準備，效果也很好，所以，我決定以後就這麼辦。

✦

這本書始於回顧我競走的那一年，再來就一件接著一件寫下去。花了比我預計的久，也寫得比我預計的長，並且，就像一場路線標示不明的比賽，偶爾會岔到不知哪裡去。我沒想過我的童年或少年歲月會在這本書裡找到一席之地。

坐在安克拉治的旅館房間裡，我已經想好這本書的結尾要收在德州葡萄藤市二十四小時耐力賽的勝利——我希望是勝利，是又一次破紀錄的表現，不然的話，我想我也可以寫一個苦樂參半的結尾。

天曉得。結果它還差半步就停了。

而這在我看來也是恰如其分。因為重要的是走路本身，不是時間，不是距離，不是獎牌，不是獎盃，不是T恤。

你必須繼續。我無以為繼。我會繼續。

這就對了。

八百萬種走法：一個小說家的步行人生

Step by Step：a pedestrian memoir

作　　者　勞倫斯・卜洛克
譯　　者　祁怡瑋
封面設計　許晉維
行銷企劃　林芳如
行銷統籌　駱漢琦
業務統籌　郭其彬、邱紹溢
責任編輯　吳佳珍
副總編輯　何維民
總 編 輯　李亞南
發 行 人　蘇拾平
出　　版　漫遊者文化事業股份有限公司
地　　址　台北市 105 松山區復興北路 331 號 4 樓
電　　話　（02）27152022
傳　　真　（02）27152021
讀者服務信箱　service@azothbooks.com
漫遊者書目：www.azothbooks.com
漫遊者臉書：https://www.facebook.com/azothbooks.read
發行或營運統籌　大雁文化事業股份有限公司
地　　址　台北市 105 松山區復興北路 333 號 11 樓之 4
劃撥帳號　50022001
戶　　名　漫遊者文化事業股份有限公司
香港發行　大雁（香港）出版基地・里人文化
地　　址　香港荃灣橫龍街七十八號正好工業大廈 22 樓 A 室
電　　話　852-24192288，852-24191887
香港服務信箱　anyone@biznetvigator.com
初版一刷　2016 年 1 月
定　　價　台幣 380 元

國家圖書館出版品預行編目 (CIP) 資料

八百萬種走法 : 一個小說家的步行人生 / 勞倫斯・卜洛克 (Lawrence Block) 作 ; 祁怡瑋譯 . -- 初版 . -- 臺北市 : 漫遊者文化出版 : 大雁文化發行 , 2016.1
368 面 ; 14.8X21 公分
譯自 : Step by Step：a pedestrian memoir
ISBN 978-986-5671-83-9(平裝)

1. 卜洛克 (Block, Lawrence) 2. 傳記

785.28　　104027431

Step by Step: A Pedestrian Memoir © 2009 by Lawrence Block
Published in the United States by HarperCollins Publishers, New York, New York
Copyright licensed through the Chinese Connection Agency, a division of The Yao Enterprises, LLC.
Complex Chinese translation copyright © 2016 by AzothBooks Co., Ltd.
All RIGHTS RESERVED

I S B N　978-986-5671-83-9
版權所有・翻印必究（Printed in Taiwan）
本書如有缺頁、破損、裝訂錯誤，請寄回本公司更換。